계몽주의 시대의 신학과 교회

볼프강 게릭케 지음
이은재 옮김

호서대학교 출판부

저자　볼프강 게릭케 (Wolfgang Gericke)

1932년 본(Bonn) 대학과 할레(Halle) 대학
1939년 교회사 분야에서 신학박사 취득(Dr. theil.)
1942년 교수자격 취득(Habil.)
1946년 목사로 봉직
할레(Halle) 대학 교회사 교수
1950년 대학 단을 떠나 핀스터발데(Finsterwalde) 목사로 시무

역자　이 은 재

감리교신학대학(신학사)
감리교신학대학교 대학원(신학석사)
독일 튜빙엔(Tübingen)대학교 신학박사 학위 취득
現 감리교신학대학교 교회사 교수

Wolfgang Gericke

Theologie und Kirche im Zeitalter der Aufklärung

Kirchengeschichte
in Einzeldarstellungen

III-2

Herausgegeben von
Ulrich Gäbler und Johannes Schilling
Gert haendler und Joachim Rogge

Evangelische Verlagsanstalt

발 간 사

풍성한 결실의 계절 만추(晩秋)에 기다리던『KGE 교회사 전집』15권을 발간했습니다. 이는 그 동안 우리 교회사 학계의 소원 하나가 이루어진 것이어서 마음이 쾌한 것이 그지없습니다.

우선 돈독한 신앙과 학문적 열정으로 4년여에 걸친 지난한 번역의 작업을 묵묵히 감내해온 열일곱 분의 번역자께 존경과 감사의 말씀을 드립니다. 또한 발간이 되기까지 노고를 아끼지 않은 한국과 독일의 출판사 대표, 한국개신교단의 총회장님들, 그리고 한국과 독일의 가교가 되어준 네 분의 독일 학자들께도 심심한 감사의 말씀을 올립니다. 그러고 보니 '모든 것이 협력하여 선을 이루는'(롬 8:28) 일이 바로 여기서 이루어졌습니다.

이 전집은 교회사 전반을 아주 상세하게 기록한 문헌 자료로서도 그 의미가 클 뿐만 아니라, 높은 학문적 성취로 그 가치를 크게 인정받고 있습니다. 그렇기 때문에 이 전집은 교회사와 같은 신학의 분야는 말할 것도 없고 로마사와 같은 서양사 분야, 또는 중세 지성사와 같은 인문학 분야의 연구를 진작하고 견인할 것으로 기대를 모으고 있습니다. 또한 영성을 형성하고 길러내는 데에도 큰 기여를 할 것입니다. 저는 이 일에 힘쓰신 번역자 및 관계자 여러분의 숭고한 뜻과 호서대학교 출판부의 도움을 역사의 한 기록으로 남겨 소중히 보전하고자 합니다.

앞으로도 한국의 교회사학자 여러분께서는 학문적 열정으로 한국 교회와 신학 연구 및 교육 발전에 크게 기여하실 것을 축원하는 바입니다.

호서대학교 총장 / 철학박사

강일구

추 천 사

2011년 봄에 두란노아카데미에 의해 출판된『기독교 고전총서』는 영미권 출신 학자들이 즐겨 사용해 온 LCC (Library of Christian Classics)를 기본으로 한 교회사 관련 원전 번역 시리즈의 한글번역으로, 한국교회사학회 회원 학자들의 적극적인 참여와 원로교회사가들의 오랜 염원이 맺은 결실이었습니다.

이번에 번역된『KGE 교회사 전집』은 세계교회사를 독일학자들의 시각에서 정리한 시리즈이기에 이 가치를 잘 아는 독일권 유학 학자들의 오랜 염원의 결실이라고 믿어집니다. 물론 세계교회사를 다룬 책은 단행권과 시리즈로 다양하게 있고 번역된 것도 많이 있지만, 이 전집만큼 방대한 분량의 전집은 일찍이 없었습니다. 또한 교회사의 각 시기와 분야에서 최고 수준의 독일 학자들이 교회사 전체를 심도있게 다룬 것이라, 독일권 학자들의 교회사에 대한 관점을 더 잘 이해하고 나눌 수 있는 기회가 될 것입니다. 이번 출판을 크게 기뻐하며,『KGE 교회사 전집』을 적극적으로 추천합니다.

『기독교 고전총서』가 두란노출판사의 당시 대표 故 하용조 목사님의 배려가 없이 나올 수 없었던 것처럼,『KGE 교회사 전집』은 호서대학교 강일구 총장님의 결단과 후원 없이 불가능한 일이었습니다. 척박한 출판문화와 현실 가운데서도 문서사역의 가치를 새롭게 하시고 교회사 연구의 외연을 확장시켜 주신 두 분께 특별한 감사를 드리며 독일과 한국의 후원자들께 깊은 감사를 드립니다. 또한 보다 적절한 단어와 표현을 찾아내며 독자들에게 그 원 뜻을 전하고자 노고를 아끼지 않으신 번역자 교수님들과 이 시리즈의 일체 진행을 맡으셨던 염창선 교수님의 수고에 큰 존경과 감사를 표합니다. 한국교회사학회를 통해 이룬 이 두 가지의 귀중한 번역 자료를 보면 전자는 교회사의 주요 인물들의 글을 통해 교회사를 관통하는 주요주제들을 배우는 것이라면, 후자는 교회사 전체를 아우르며 정리해 주는데 다수에게 익숙해져 있는 교회사의 주요 내용들을 새로운 관점으로 소개하고 있어 두 자료의 활용도는 상호보완적입니다. 따라서『KGE 교회사 전집』은 독일어 자료의 활용이 제한되어 있을 수 있는 학자들이나 학생들, 교회사 일반 독자들을 고려할 때 참으로 의미있고 유익한 성과입니다.

『KGE 교회사 전집』은 다수의 한국교회와 교인들이 간과하고 있는 교회 역사에 대한 다양하면서도 깊고 넓은 이해를 제공할 것이며, 어리석고 무지한 인간들의 역사가운데 면면히 흐르고 있는 교회를 향한 하나님의 뜻을 깨닫고 그것을 현실화해야 할 성도의 마땅한 의무를 되새길 수 있는 귀한 기회를 마련해 줄 것으로 기대됩니다.

횃불트리니티 신학대학원대학교 총장

이 정 숙

감 사 의 글

하나의 일을 이루기 위해서는 수많은 준비 작업이 필요한데 이 시리즈의 출판을 위해 애쓰신 많은 분들께 지면을 통해 감사를 드립니다. 먼저 이 책을 출판하도록 적극적으로 도와주시고 출판되는 일을 가능하게 하신 호서대학교의 강일구 총장님께 진심으로 감사드립니다. 강 총장님의 결단이 없었더라면 이 책이 출판되지 못했을 것입니다.

이와 함께 출판 작업에 애쓰신 호서대학교 고중세문헌연구소와 호서대학교 출판부 담당자 여러분께 감사드립니다. 특히 이 시리즈의 편집을 위해 수고해주신 호서대학교 고중세문헌연구소장이신 염창선 교수님께 감사드립니다.

다음으로 감사드릴 분은 독일에서 이 시리즈의 출판을 위해 애쓰신 분으로, 이 시리즈의 번역을 맨 먼저 저에게 제안한 신실한 친구인 욥스트 렐러 박사(Dr. Jobst Reller)에게 감사를 드립니다. 그는 독일출판사에 내야할 인세를 독일루터교연합회(Die Vereinigte ev.-lutherische Kirche Deutschlands)와 노이엔데텔스아우(Neuendettelsau)에 있는 독일 바이에른 루터교의 선교부(Die Mission EineWelt)의 도움을 받아 해결해 주었습니다. 또한 이 책의 출판을 위해 계속 독일의 출판사와 연락을 취하면서 자기 일처럼 수고해주었습니다.

또한 독일 라이프치히(Leipzig)에 있는 출판사인 Evangelische Verlagsanstalt의 A. 바이트하스 박사(Fr. Dr. Annette Weidhaas)에게 감사드립니다. 번역 출판의 판권 문제에 관하여

애를 써주셨고 출판의 지연에도 불구하고 인내를 가지고 응원해주셨습니다.

세 번째로 감사드려야 할 분들은 이 시리즈의 번역을 맡아 수고해 주신 여러 교수님들입니다. 강의와 연구 그리고 학교의 행정일로 매우 바쁘신 가운데도 귀한 시간을 내어 주신 교수님들께 감사드립니다.

네 번째로 이 시리즈의 출판을 위해 재정적으로 후원해주신 많은 독지가들입니다. 이 분들의 정성스런 후원이 있었기에 출판에 많은 도움을 받을 수 있었습니다.

마지막으로 이 시리즈의 출판을 위해 번역위원회를 결성하고(2011년 10월 21일에 열린 한국교회사학회 임시임원회) 번역위원으로 수고 하신 배재대학교의 이성덕 교수님, 협성대학교의 한정애 교수님, 호남신학대학교의 홍지훈 교수님께, 번역 추진을 위해 보이지 않은 많은 수고를 해주신 것에 심심한 감사를 드립니다.

독일 루터교 연합회와 바이에른주 루터교 선교부에 이 시리즈 번역의 성사를 위해 대한예수교장로회(통합) 박위근 총회장님, 기독교대한성결교회 주남석 총회장님, 기독교한국루터회 엄현섭 총회장님께서 추천서를 써주신 것에 감사드립니다. 실로 이 시리즈 번역은 한국의 여러 교단과 여러 신학대학교수들, 그리고 독일의 루터교회가 함께 일구어 낸 글로벌한 에큐메니컬 운동의 열매입니다.

이 시리즈가 신학대학교와 대학원에서 그리고 목회자와 교회사에 관심을 가진 많은 평신도들에게 좋은 양식이 되고 한국신학교육 발전에 큰 진전을 이루는 일이 되리라 믿습니다.

KGE 번역위원장 / 평택대학교 교수

김 문 기

한국어판 서문

이 한국어판 『KGE 교회사 전집』은 독일 라이프찌히에 있는 출판사(Evangelische Verlagsanstalt)에 의해 'Kirchengeschichte in Einzeldarstellungen'이란 제목으로 1978년에 첫 출판된 『테르툴리아누스부터 암브로시우스까지』(I/3, Gert Haendler, 조병하 역) 이래 현재까지 나온 36권 중 우선 15권만 선별하여 번역한 것이다. 번역에 동참한 17명의 교회사학자들과 더불어 한국교회사학회와 호서대학교 고중세문헌연구소 및 호서대학교 출판부가 2011년 12월부터 2015년 11월까지 오랜 기다림과 수고 끝에 얻은 소중한 학문적 결실이다.

이 전집은 신학, 교회사 및 일반 서양사를 배우는 학생들은 물론 그것을 가르치는 자들과 이 분야에 관심이 있는 자들을 염두에 두고 집필되었으며, 1세기 기독교 시초부터 현대까지 시대를 대표하는 인물들과 중요한 신학개념들이 이해하기 쉽도록 설명되어있다. 또한 단순한 개론서 수준을 넘어선 이 전집은 대학(원) 강의교재 및 연구 자료로 사용하기에도 매우 적합할 것이다. 더욱이 시대연구나 신학주제들을 좀 더 심화하려는 독자들에게는 별도로 수록된 역사자료에 대한 도표, 연대표, 색인, 도서목록 및 지도들이 큰 도움이 될 것이다.

이제야 비로소 오랜 산고 끝에 결과물을 손에 넣게 된 것은 오직 학문적 동기로 번역에 동참하신 교회사학자들과 이 일이 가능하도록 실제적인 도움을 준 여러 손길들에게도 참으로 감사할 일이다. 물론 이런 감사가 몇 마디 문장으로 다 표현될 수는 없으나, 도움을 주신 고마운 분들과 기관들의 큰 뜻을 감사의 마음을 담아 여기에 적어둠으로써 길이 기억될 발자취로 남기고자 한다.

감사의 마음을 표하고 싶은 단체 및 기관으로는 호서대학교(강일구 총장)와 한국교회사학회(이정숙/ 김문기 회장), 독일 루터교연합(VELKD) 및 독일 바이에른 루터교 선교부인 'Mission Eine Welt'가 있으며, 개인적으로 힘을 모아주신 고마운 분들 - 남신현(카페포레 사장), 이계자(서울소망교회 권사), 이종목(안산광림교회 권사), 장광석(해창평화교회 목사), 정하성(평택대학교 교수), 차광선(호서대학교 교수), 채재수(전 우원건설회장), 한정희(전남대학교 교수) - 께도 감사드린다.

이 일이 진행되기 위해서 먼저 학자적 안목과 열정에서 번역사업을 흔쾌히 허락하시고 적극적으로 지원해주신 본교 강일구 총장님께 큰 감사를 드리며, 시작단계에서 독일 출판사 측에 추천서를 써주신 한국루터대학 엄현섭 총장님과 기독교대한성결교회 주남석 총회장님과 예수교장로회(통합) 박위근 총회장님, 그리고 독일과 한국 측에 다리 역할을 해주신 한국 루터대학교 M. 리노 교수님(Prof. Malte Rhinow)과 독일 라이프찌히대학교 P. 찜머링 교수님(Prof. Peter Zimmerling)과 특히 J. 렐러 박사님(Dr. Jobst Reller)과 독일 출판사의 A. 바이트하스 박사님(Fr. Dr. Annette Weidhaas)께도 깊은 감사를 드린다. 마지막으로 KGE 번역위원위원장 김문기 교수님(평택대)과 15명의 번역자들에게도, 끝으로 이 사업의 실질적인 손과 발이 되었던 호서대학교 출판부 김애리 팀장에게도 진심으로 감사드린다.

이렇게 여러 손길들을 통해 이루어진 이『KGE 교회사 전집』이 교회사 연구에 기여하고, 한국교회의 일꾼들을 배양하는 교재로 사용되며, 교회의 역사와 전통의 중요성을 널리 알리는데 쓰인다면, 번역에 열정을 바친 학자들과 이 훌륭한 뜻에 마음을 보탠 손길들에게 더 큰 기쁨이 되기에 한국어 번역본 출판을 계기로 이번 일의 품과 꼴을 밝힌다.

KGE 편집인 / 호서대학교 고중세문헌연구소장

염 창 선

번 역 지 침

1. 번역 기본 지침사항

- 표기법은 기본적으로 '국립국어원'의 맞춤법을 따랐다.
- 한글성경 인용의 경우, 개역개정판을 기본으로 하고, 그 외의 성서인용은 출처를 밝혔다.
- 원서에서 사용한 부호를 가능하면 그대로 사용했다.
- 역자가 필요에 따라 첨가한 '역자 주'(각주와 설명) 표기는 각주나 본문에 표기했다.
- 각주 번호는 통일성을 위해 각 장별로 새로 시작했다.
- 외래어는 처음 1회에 한하여 한글과 병기하고, 그 후는 한글 번역만 사용했다.
- 인명과 지명이 외래어인 경우, 기본적으로 '한국교회사학회 용어(인명 • 지명) 통일 원칙'을따랐다.
- 그 외 기본적인 외래어는 '국립국어원 - 외래어 표기법'을 따랐다.

2. '국립국어원' 외래어 표기법 (1986년 문교부 고시)

1) 언어별 표기법이 공유하는 공통적인 특징

- 현지에 해당하는 국가에서 쓰는 언어 표기를 쓰는 것을 원칙으로 한다.
- 경음(ㄲ, ㄸ, ㅃ, ㅉ)과 격음(ㅋ, ㅌ, ㅍ, ㅊ)이 대립하는 언어가 아닌 경우 격음으로 쓴다.
- ㅈ, ㅉ, ㅊ 다음에는 [j] 발음이 들어간 이중 모음(ㅑ, ㅒ, ㅕ, ㅖ, ㅛ, ㅠ)은 쓰지 않는다.

2) 일반적인 외래어 표기법

- 외래어는 국어의 현용 24자모만으로 적는다.
- 외래어 1음운은 원칙적으로 1기호로 적는다.

- 받침에는 'ㄱ, ㄴ, ㄹ, ㅁ, ㅂ, ㅅ, ㅇ'만을 쓴다.
- 파열음 표기에는 경음을 쓰지 않는 것을 원칙으로 한다.
- 이미 굳어진 외래어는 관용을 존중하되 그 범위와 용례는 따로 정한다.

3) 독일어 표기법

- 독일어의 표기세칙은 기본적으로 영어의 표기 세칙을 준용한다.
- [r]
  ① 자음 앞의 [r]는 '으'를 붙여 적는다.
  ② 어미의 [r]와 '- er[ər]'는 '어'로 적는다.
  ③ 복합어 및 파생어의 선행 요소가 [r]로 끝나는 경우는 위의 ②규정을 준용한다.
- 어말의 파열음은 '으'를 붙여 적는 것을 원칙으로 한다.
- 철자 'berg', 'burg'는 '베르크', '부르크'로 통일해서 적는다.
- [ʃ]
  ① 어말 또는 자음 앞에서는 '슈'로 적는다.
  ② [y], [ø] 앞에서는 'ㅅ'으로 적는다.
  ③ 그 밖의 모음 앞에서는 뒤따르는 모음에 따라 '샤, 쇼, 슈' 등으로 적는다.
- [ɔy]로 발음되는 äu, eu는 '오이'로 적는다.

4) 라틴어 표기법

- y는 '이'로 적는다.
- ae, oe는 각각 '아이', '오이'로 적는다.
- j는 뒤의 모음과 함께 '야', '예'등으로 적으며, 어두의 'L+모음'도 '야', '예'등으로 적는다.
- s나 t 앞의 b와 어말의 b는 무성음이므로[p]의 표기 방법에 따라 적는다.
- c와 ch는 [k]의 표기 방법에 따라 적는다.
- g나 c 앞의 n은 받침 'o'으로 적는다.
- v는 음가가 [w]인 경우에도 'ㅂ'으로 적는다.

5) 그리스어 표기법

- y는 '이'로 적는다.
- ae, oe, ou는 각각 '아이', '오이', '우'로 적는다.
- c와 ch는 [k]의 표기 방법에 따라 적는다.
- g, c, ch, h 앞의 n은 받침 'ㅇ'으로 적는다.

역 자 서 문

지난 200년 동안 계몽주의 시대의 경건, 교회, 신학에 대한 연구는 주로 역사가들에게 의해 좌우되었다. 비록 신학자들의 연구업적이 당시의 철학, 역사, 문헌에 대한 연구 상황을 만족할 정도로 충분하게 제시하지는 못하였지만, 이 시대를 향한 관심은 한층 고조되었다고 볼 수 있다. 무엇보다 사람들은 현대인들의 사유와 행동양식이 계몽주의로부터 깊게 각인되었다고 생각한다.

새로운 인식의 전환, 즉 개인의 합리적이고 이성적인 판단, 인간은 그 자체로 충분히 문화적이라는 발상은 자신들을 중세로부터 마침내 해방시켰다는 자부심을 갖게 했다. 더구나 계몽주의의 유산은 현재를 가능케 할뿐만 아니라 미래를 위한 필수부가결의 자산이라는 시각도 형성되어 있다. 인간의 자율성에 대한 낙관적인 방점, 계몽주의.

그런데 정작 계몽주의에 대해 우리는 무엇을 알고 있는가? 즉, 계몽주의를 역사철학적인 명제 그 이상의 실질적인 사안으로 받아들일 각오가 되어있는지를 물어야만 한다. 구체적으로 말하자면, 자유로운 이성의 사용 혹은 이성의 자유로운 활용을 통해서 합리성을 도출해내는 과정에 대한 진지한 성찰이 삶에 배어나도록 하지 않는다면 계몽주의란 그저 한 시대의 단면에 그치고 말 것이기 때문이다.

흔히 17세기 중엽부터 18세기 말까지로 구분된 계몽주의 시대구분에 맞서 저자는 계몽주의를 불러온 종교개혁 이후의 정황에 대해 다음과 같이 말하고 있다.

"16세기 중반기부터 유럽은 종교전쟁으로 가득한 무대가 되었다. 예를 들자면, 가톨릭의 스페인으로부터 자유를 위해 투쟁을 벌인 네덜란드, 영국 내에서의 종교적이고 정치적인 대결, 독일의 30년 전쟁, 프랑스 안에서 위그노파와의 전쟁 등이다. 네덜란드와 영국에서는 신교가 널리 받아들여지고 있는 동안 영국 내에서는 부분적으로 새로운 형태인 청교도주의가 생겨났고, 독일의 뮌스터와 오스나부뤽에서는 루터파와 구교가 균형을 이루면서 평화가 왔다. 그와 더불어 칼빈파도 동등한 권리를 가진 종교로 인정을 받았다. 그에 반해 프랑스에서는 낭트칙령(1685)의 폐지 이후 루이14세가 위그노교도의 신앙고백을 근절시키고자 했다. 합스부르크 지방과 폴란드에서의 급진적인 반종교개혁은 신교의 제거라는 결과를 가져왔다. 이 모든 것들은 중부유럽의 기독교와 교회에서 인간의 감정에 대한 중대한 영향력을 가져왔다."

저자는 계몽주의가 그 자체로 지난한 과정을 거쳐 형성되고 습득된 가치라고 주장한다. 이 책을 통해 독자들은 이 말의 의미를 쉽게 이해할 것이다. 그리 두껍지 않은 분량임에도 너무 많은 지식과 정보, 그리고 인물과 그들의 저작과 사상을 담아내고 있어서 누군가 보충설명을 하지 않는다면 많은 부분에서 길을 잃게 될지도 모른다. 교과서로 기획된 시리즈의 한계를 감안하더라도 분명히 벅찬 과제임에 틀림이 없다. 그런데 이런 무모한 작업의 이면에는 역사의 형성과 발전이 언제나 간단하지도, 이상적이지도 않았다는 것을 암묵적으로 말하려는 것이 아니었을까? "명확성", "빛"과 관련되어 있는 계몽주의조차 그 과정은 역사라는 긴 터널을 통과하지 않으면 안 되었기 때문이다. 어쨌든 저자는 불가능해 보이는 과제를 나름대로 종합하고 정리해서 계몽주의 시대의 신학과 교회가 지녔던 문제의식을 선명하게 기술해주고 있다.

끝으로 저자의 문제의식을 인용함으로써 미궁에 빠진 현대교회 앞에 서 있는 우리의

자세와 태도를 밝히고자 한다.

“계몽주의를 포괄적이고 전체적인 크기로 묘사해서 다루는 것이 이 책의 과제일 수는 없다. 오히려 우리는 계몽주의를 교회사적인 측면에서 설명하고자 한다. 개신교 교회사의 한 부분, 즉 공동체의 역사가 중요한 것은 이것이 복음을 통해 요청된 까닭이며, 동시에 공동체의 가장 중요한 특징이 바로 복음인 때문이다. 그러므로 계시는 예수 그리스도를 통해 그리고 예수 그리스도에 의해 우리의 방향점이 되어야만 한다. 계몽주의가 이 문제를 이성으로써 취급하고자 했기에 그 시대의 계시와 이성의 관계라는 역사적 물음이 우리에게도 제기되는 것이다.”

역자는 이런 과제를 얼마만큼 정당하게 묻고, 정직하게 실천에 옮기느냐가 한국교회의 미래와도 직결된다고 생각한다. Sapere aude!

冷泉洞에서 뜨거운 여름을 맞으며

이 은 재

목 차

제1장 문제의 사전역사 "계시와 이성"

제2장 새로운 인식과 학문의 방법

제3장 이신론

머 리 말

계몽주의에 관한 신학사적 논의에서 사회사적 질문 제기에 대한 집중적인 강조가 다시 퇴보하였고, 최근에 신학사적인 맥락에 관한 강력한 관심사에 대하여 처리가 이루어지고 난 후, '계몽주의 시대의 신학과 교회'라는 관점을 묘사하는 것이 그 중심으로 떠올랐다. 계몽주의 시대를 문화적인 총제적 변화로서 삶의 모든 영역을 규정하고, 무엇보다 정치적인 과정사(進行史)에 따라 연대순으로 앞서 간 경건주의에 관한 묘사를 강력하게 고려하는 사건사적인 연관으로 놓고 볼 때, 이 같은 연구의 정리와 분류는 '교회사 단일연구' 시리즈에 상응하는 것이라고 할 수 있다.

우리는 계몽주의가 신학적으로 영적이고 인격적인 크기와 도덕적이고 종교적인 크기의 구분을 통해 성서문자와 하나님의 말씀을 구별함으로써 교회로 하여금 성서 본문을 이전 시대와는 다르게 보아야만 한다는 필요성을 제시한 점에 대해 감사를 표해야 한다. 이에 걸맞게 본서에서는 다방면의 이질적이고 복잡했던 시대의 사유방식을 전개할 것이다. 여기에서는 문자와 영(또는 이성)이 구별되고, 그 안에서 특히 독일을 중심으로 개신교 교회와 신학이 활동하는 것을 보여주고자 한다. 계몽주의 시대에서 철학과 정신적인 삶에 관한 교파를 초월한 포괄적인 정세 외에 개신교 신학과 교회가 설명의 중심에 놓여 있는 반면에 가톨릭주의는 다른 책에서 다루어져야 할 것이다. 이러한 정신적 이해의 출발점을 소개하기 위해 이미 종교개혁시대에서 접했던 사안들이 서론에서 제시될 것이다.

2003년 늦은 가을 취리히에서

볼프강 게릭케 (Peter Schicketanz)

약 어 목 록

JBrKG	Jahrbuch für Brandenburgische Kirchengeschichte
KGiE	Kirchengeschichte in Einzeldarstellungen
NZSTh	Neue Zeitschrift für systematische Theologie
RE	Realencyklopädie für protestantische Theologie und Kirche
ThLZ	Theologische Literaturzeitung
ThStKr	Theologische Studien und Kritiken
ThV	Theologische Versuche
TRE	Theologische Realencyklopädie
WA	Luther, Martin: Werke. Kritische Gesamtausgabe [Weimarer Ausgabe]
WATR	-Tischreden

참 고 문 헌

Ⅰ. 원전

Arnold, Gottfried, Unpartheyzische Kirchen-und Ketzer-Historie, 2 Bde., Frankfurt am Main 1699 u. 1700

Bahrdt, Karl Friedrich, Geschichte seines Lebens, seiner Meinungen und seiner Schicksale, 4 Teile, Berlin 1790/1791

Bayle, Pierre, Dictionnaire historique et critique, 4 Bde., Amsterdam 1740(dt.: Herrn Peter Baylens... Historisches und Critisches Wörterbuch nach der neuesten Auflage von 1740 ins Deutsche übersetzt... von Johann Christoph Gottscheden, 4 Bde., Leipzig 1741-1744

Bayle, Pierre, Verschiedene Gedanken über einen Kometen (Reclam - Philosophie 592), Leipzig 1975

Bengel, Johann Albrecht, Gnomon Novi Testamenti, Tübingen 1742

Berlinische Monatsschrift (1783-1796), hg. v. Friedrich Gedike und Johann Erich Biester. Auswahl (Reclam - Philosophie. Geschichte. Kulturgeschichte 1121), hg. v. Peter Weber, Leipzig 1985

Böbme, Jakob, Glaube und Tat. Auswahl aus dem Gesamtwerk, hg. V. E. H. Pältz, Berlin 1976 2 Aufl.

Das Buch "De Tribus Impostoribus" (Quellen, NF 2), hg. v. Wolfgang Gericke, Berlin 1982

Descartes, Rene, Ausgewählte Schriften (Reclam - Philosophie. Geschichte 787), Leipzig 1980

Deutsche Literatur. Sammlung literarischer Kunst-und Kulturdenkmäler in Entwicklungsreihen. Reihe Aufklärung, hg. v. F. Brüggemann, 15 Bde., Weimar und Leipzig 1928-1938

Diderot, Denis, Artikel aus der ",Enzyklopädie" (Reclam – Philosophie. Geschichte. Kulturgeschichte 90), Leipzig 1984 2 Aufl.

Edelmann, Johann Christian, Moses mit Aufgedecktem Angesichte, Freyburg′1740

Französische Aufklärung (Reelam – Philosophie, Geschichte 562), Leipzig 1979 2 Aufl.

Friedrich der Große, Theologische Streitschriften, hg. v. Rudolf Neuwinger, Berlin 1941

Friedrich Ⅱ. von Preußen, Schriften und Briefe (Reclam – Philosophie, Geschichte, Kulturgeschichte 1123), hg. v. Ingrid Mittenzwei, Leipzig 1985

Funke, Gerbard, Die Aufklärung, in ausgewählten Texten dargestellt, Stuttgart 1963

Goethe, Johann Wolfgang von, Aus meinem Leben. Dichtung und Wahrheit, Berlin/Weimar 1984

Herbert von Cherbury, Edward, De Veritate (Auszüge) – (Studien zur Geschichte des neueren Protestantismus, 5. Quellenheft), hg. v. H. Scholz, Gießen 1914, Neudruck Stuttgart-Bad Cannstatt 1966

Kant, Immanuel, Schriften zur Religion (Texte zur Philosophie- und Religionsgeschichte), hg. v. Martina Thom, Berlin 1981

La Mettrie, Julien Offray de, Der Mensch eine Maschine (Reclam Philosophie. Geschichte. Kulturgeschichte 110), Leipzig 1984 2 Aufl.

Leibniz, Gottfried Wilhelm, Kleinere philosophische Schriften, (Reclam – Philosophie 59), Leipzig 1966

Leibniz, Gottfried Wilhelm, Die Theodizee (Philosophische Bibliothek 71), Hamburg 1968

Lessing, Gotthold Ephraim, Gesammelte Werke Ⅰ-Ⅹ, hg. v. P. Rilla, Berlin 1954-1958

Lessing, Gotthold Ephraim, Sechs theologische Schriften (Quellen, NF 3), hg. v. Wolfgang Gericke, Berlin 1985

Locke, John, The Reasonableness of Christianity (Vernünftigkeit des biblischen Christentums) 1695, (Studien zur Geschichte des neueren Protestantismus, 4. Quellenheft), hg. v. Leopold Zscharnack, Gießen 1914

Locke, John, Bürgerliche Gesellschaft und Staatsgewalt – Sozialphilosophische Schriften (Reclam – Philosophie. Geschichte 829), Leipzig 1980

Müntzer, Thomas, Schriften und Briefe. Kritische Gesamtausgabe, hg. v. Günther Franz, Gütersloh 1968

Nicolai, Christoph Friedrich, Das Leben und die Meinungen des Herrn Magister Sebaldus Nothanker (Deutsche Literatur, Reihe Aufklärung 15), hg. v. F. Brüggemann, Leipzig 1938. - Neue Ausgabe, Berlin 1960

Nicolai, Christoph Friedrich, Vertraute Briefe (Märkischer Dichtergarten), hg. v. Günter de Bruyn, Berlin 1982

Paracelsus (=Tbeophrastus Bombastus von Hohenbeim), Das Licht der Natur. Philosophische Schriften (Reclam – Philosophie 534), Leipzig 1973

Reimarus, Hermann Samuel, Apologie der Schutzschrift für die vernünftigen Verehrer Gottes. Im Auftrag der Joachim–Jungius-Gesellschaft der Wissenschaften Hamburg hg. v. Gerhard Alexander, 2 Bde., Frankfurt a. M. 1972

Rousseau, Jean-Jacques, Emile, Mit einer Einleitung von Stefan Zweig, Potsdam 1919, Neudruck Leipzig/Weimar 1980

Spalding, Johann Joachim, Bestimmung des Menschen, 1748, (Studien zur Geschichte des neueren Protestantismus, 1. Quellenheft), hg. v. H. Stephan. Gießen 1908

Spinoza, Baruch, Der Theologisch-politische Traktat (Reclam - Philosophie 320), Leipzig 1967

Spinoza, Baruch, Ethik (Reclam – Philosophie 56), Leipzig 1975 2 Aufl.

Teller, Wilhelm Abraham, Die Religion der Vollkommeneren, Berlin 1793 2 Aufl.

Thomasius, Christian, Theses Inaugurales de crimine magiae, Halle/Saalfeld 1701

Thomasius, Christian, De tortura ex foris Christianorum proscribenda; deutsch: Beweis, daß die Tortur aus den Gerichten der Christen verband werden müsse, Halle 1705

Toland, John, Christianity not mysterious (Christentum ohne Geheimnis) 1696, (Studien zur Geschichte des neueren Protestantismus, 3. Quellenheft), hg. v. Leopold Zscharnack, Gießen 1908; Neudruck besorgt v. Günter Gawlik, Stuttgart-Bad Cannstatt 1964

Die Umformung des christlichen Denkens in der Neuzeit. Ein Lesebuch von Emanuel Hirsch, Tübingen 1938

Voltaire, François Marie, Abbe Beichtkind Cartesianer. Philosophisches Wörterbuch (Reclam – Philosophie. Geschichte. Kulturgeschichte 107), Leipzig 1984 4 Aufl.

Voltaire, François Marie, Erzählungen, Dialoge, Streitschriften, hg. v. M. Fontius, 3Bde., Berlin 1981

Voltaire, François Marie, Sämtliche Romane und Erzählungen (Sammlung Dieterich Bd. 58 u. 59), 2 Bde., Leipzig 1982 8 Aufl.

Weigel, Valentin, Ausgewählte Werke (Texte zur Philosophie- u. Religionsgeschichte), hg. v. Siegfried Wollgast, Berlin 1977

Wolff, Christian, Vernünfftige Gedancken von Gott, der Welt und der Seele des Menschen, Halle 1741 8 Aufl. – Abdruck des 5. Und 6. Kapitels der ersten Auflage (1720) in : Deutsche Literatur, Reihe Aufklärung, hg. v. F. Brüggemann, Bd. 2, 47-139.

II. 계몽주의 역사

Aner, Karl, Die Theologie der Lessingzeit, Halle 1929, Hildesheim 1964 2 Aufl.

Aufklärung. Erläuterungen zur deutschen Literatur, Berlin 1977 6 Aufl.

Die Aufklärung, (Gestalten der Kirchengeschichte 8), hg. v. Martin Greschat, Stuttgart/ Berlin/ Köln/ Mainz 1983

Aüfklärung – Gesellschaft – Kritik. Studien zur Philosophie der Aufklärung Ⅰ, (Schriften zur Philosophie und ihrer Geschichte 38), hg. v. Manfred Buhr und Wolfgang Förster, Berlin 1985

Aüfkläung - Geschichte – Revolution. Studien zur Philosophie der Aufklärung Ⅱ, (Schriften zur Philosophie und ihrer Geschichte 42), hg. v. Manfred Buhr und Wolfgang Förster, Berlin 1986

Bahner, Werner, Aufklärung als europäisches Phänomen (Reclam – Philosophie. Geschichte. Kulturgeschichte 1109), Leipzig 1985

Balet, Leo/ Gerhard, E., Die Verbürgerlichung der deutschen Kunst, Literatur und Musik (Fundus-Bücher 61/62), Dresden 1979

Barth, Karl, Die protestantische Theologie im 19. Jahrhundert. Ihre Vorgeschichte und ihre Geschichte,

Zürich 1960 3 Aufl., Berlin 1961

Bauer, Bruno, Geschichte der Politik, Kultur und Aufklärung des 18. Jahrhunderts, 4 Teile, Berlin 1843-1845, Neudruck Aalen 1965

Blumenberg, Hans, Die Legitimität der Neuzeit, Frankfurt a. M. 1966

Blumenberg, Hans, Der Prozeß der theoretischen Neugierde. Erweiterte und überarbeitete Neuausgabe von "Die Legitimität der Neuzeit", Frankfurt a. M. 1973

Böhi, Hans, Die religiösen Grundlagen der Aufklärung, Zürich/Leipzig/Stuttgart 1933

Busson, Henri, La pensee religieuse française de Charron a Pascal, Paris 1933

Cassirer, Ernst, Die Philosophie der Aufklärung, Tübingen 1932

Eberhardt, Walter, Aufklärung und Pietismus, hg. v. der Gemeinschaft der Siebenten-Tags-Adventisten, Berlin 1979

Erdmann, Johann Eduard, Philosophie der Neuzeit: Der deutsche Idealismus (Geschichte der Philosophie Ⅵ), rowohlts deutsche enzyklopädie (rororo rde 364), Hamburg 1981

Erforschung der deutschen Aufklärung (Neue Wissenschaftliche Bibliothek, Literaturwissen schaft 94), hg. v. Peter Pütz, Königstein/Taunus 1980

Feiereis, Konrad, Die Umprägung der natürlichen Theologie in Religionsphilsophie. Ein Beitrag zur deutschen Geistesgeschichte des 18. Jahrhunderts (Erfurter Theologische Studien 18), Leipzig 1965

Die französische Aufklärung im Spiegel der deutschen Literatur des 18. Jahrhunderts (Deutsche Akademie der Wissenschaften zu Berlin, Schriftenreihe der Arbeitsgruppe zur Geschichte der deutschen und französischen Aufklärung 10), hg. v. Werner Krauss, Berlin 1963

Gawlik, Günter, Der Deismus als Grundzug der Religionsphilosophie der Aufklärung, in: Hermann Samuel Reimarus, ein „bekannter Unbekannter`` der Aufklärung in Hamburg (Veröffentlichung der Joachim-Jungius-Gesellschaft der Wissenschaften Hamburg), Göttingen 1973, 15-43

Gericke, Wolfgang, Glaubenszeugnisse und Konfessionspolitik der Brandenburgischen Herrscher bis zur Preußischen Union 1540-1815 (Unio und Confessio 6), Bielefeld 1977

Graff, Paul, Geschichte der Auflösung der alten gottesdienstlichen Formen in der evangelischen Kirche Deutschlands Ⅱ. Die Zeit der Aufklärung und des Rationalismus, Göttingen 1939

Greschat, Martin, Die Aufklärung – ein Prozeß gegen das Christentum?, Kerygma und Dogma 22 (1976), 299-316

Grotegut, E. K./ Lenaux, C. F., Das Zeitalter der Aufklärung, in: Handbuch der deutschen Literaturgeschichte 6, Bern/München 1974

Habermas, Jürgen, Philosophisch-politische Profile, Franfurt a. M. 1973 2 Aufl.

Hägglund, Bengt, Geschichte der Theologie, Berlin 1983

Harksen, Sibylle, Rokoko, Leipzig 1983

Hazard, Paul, Die Krise des europäischen Geistes, Hamburg 1939

Hazard, Paul, Die Herrschaft der Vernunft. Das europäische Denken im 18. Jahrhundert, Hamburg 1949

Heimsoeth, Heinz, Die sechs großen Themen der abendländischen Metaphysik, Stuttgart o. J.

Heimpel-Michel, Elisabeth, Die Aufklärung, Langensalza 1928

Hettner, Hermann, Geschichte der deutschen Literatur im achtzehnten Jahrhundert, 2 Bde., Berlin/ Weimar 1979 2 Aufl.

Hirsch, Emanuel, Geschichte der neuern evangelischen Theologie, 4 Bde., Gütersloh 1949-1952

Holl, Karl, Die Bedeutung der großen Kriege für das religiöse und kirchliche Leben innerhalb des deutschen Protestanstismus, in: Gesammelte Aufsätze zur Kirchengeschichte Ⅲ, Der Westen, Tübingen 1928, 302-384 Horkheimr, Max/Adorno, Theodor, W., Dialektik der Aufklärung (Fischer Taschenbuch, Bücher des Wissens 6144), Frankfurt/Main 1978 (46.-50. Tausend)

Kantzenbach, Friedrich Wilhelm, Protestantisches Christentum im Zeitalter der Aufklärung, Gütersloh 1965

Kondylis, Panajotis, Die Aufklärung im Rahmen des neuzeitlichen Rationalismus, Stuttgart 1981

Krüger, Renate, Das Zeitalter der Empfindsamkeit, Leipzig 1972

Mauthner, Fritz, Der Atheismus und seine Geschichte im Abendlande, 4 Bde., Stuttgart/Berlin 1922/23

Merker, Nicolao, Die Aufklärung in Deutschland, München 1982

Metzke, Erwin, Coincidentia oppositorum, Witten 1961

Nigg, Walter, Geschichte des religiösen Liberalismus, Zürich/Leipzing 1937

Oehler, Klaus, Vernunft und Verstand, RGG Ⅵ, 1364 f.

Oelmüller, Willi, Die unbefriedigte Aufklärung. Beiträge zu einer Theorie der Moderne von Lessing, Kant und Hegel, (suhrkamp taschenbuch wissenschaft 263), Frankfurt/Main 1979

Philip, Käte, Julianus Apostata in der deutschen Literatur (Stoff- und Motivgeschichte der deutschen Literatur 3), Berlin/Leipzig 1929

Philipp, Wolfgang, Das Werden der Aufklärung in theologiegeschichtlicher Sicht, Göttingen 1957

Philipp, Wolfgang (Hg.), Das Zeitalter der Aufklärung, Bremen 1963

Piepmeier, Rainer/Schmidt, Martin, Aufklärung, Ⅰ. Philosophisch; Ⅱ. Theologisch, TRE Ⅵ, Berlin/New York 1979, 575-608

Pütz, Peter, Die deutsche Aufklärung (Erträge der Forschung 81), Darmstadt 1979 2 Aufl.

Reuter, Hermann, Geschichte der religiösen Aufklärung im Mittelalter vom Ende des 8. bis zum Anfang des 14. Jahrhunderts, Ⅰ u. Ⅱ, Berlin 1875 u. 1877

Röd, Wolfgang, Die Philosophie der Neuzeit 1. Von Francis Bacon bis Spinoza (Geschichte der Philosophie 7), München 1978

Röd, Wolfgang, Die Philosophie der Neuzeit 2. Von Locke bis Rousseau (Geschichte der Philosophie 8), München 1984

Schöffler, Herbert, Deutsches Geistesleben zwischen Reformation und Aufklärung. Von Martin Opitz bis Christian Wolff, Frankfurt/Main 1956

Scholder, Klaus, Grundzüge der theologischen Aufklärung in Deutschland, in: Geist und Geschichte der Reformation. Festgabe Hanns Rückert zum 65. Geburtstag (Arbeiten zur Kirchengeschichte 38), Berlin 1966, 460-486

Schulz, Walter, Der Gott der neuzeitlichen Metaphysik, Pfullingen 1957

Sparn, Walter, Vernünftiges Christentum. Über die geschichtliche Aufgabe der theologischen Aufklärung im 18. Jahrhundert in Deutschland, in: Wissenschaften im Zeitalter der Aufklärung, hg. v. Rudolf Vierhaus, Göttingen 1985

Thielicke, Helmut, Offenbarung, Vernunft und Existenz. Studien zur Religionsphilosophie Lessings, Gütersloh 1959 4 Aufl.

Troeltsch, Ernst, Aufklärung, RE Ⅱ, Leipzig 1897, 225-241

Troeltsch, Ernst, Die Soziallehren der christlichen Kirchen und Gruppen, Tübingen 1912, 1923 3 Aufl.

Ueberweg, Friedrich, Grundriß der Geschichte der Philosophie Ⅲ, Philosophie der Neuzeit bis zum Ende des 18. Jahrhunderts, hg. v. M. Frischeisn-Köhler/V. Moog, Tübingen 1953 12 Aufl.

Valjavec, Fritz, Geschichte der abendländischen Aufklärung, Wien/München 1961

Vorländer, Karl, Philosophie der Neuzeit: Descartes, Hobbes, Spinoza, Leibniz (Geschichte der Philosophie Ⅵ), rowohlts deutsche enzyklopädie (rororo rde 261), Hamburg 1980

Voländer, Karl, Philosophie der Neuzeit: Die Aufklärung (Geschichte der Philosophie Ⅴ), rowohlts deutsche enzyklopädie (rororo rde 281), Hamburg 1980

Winter, Eduard, Frühaufklärung, Berlin 1966

Wolff, Hans Martin, Die Weltanschauung der deutschen Aufklärung in geschichtlicher Entwicklung, München 1949

Wundt, Max, Die deutsche Schulphilosophie im Zeitalter der Aufklärung, Tübingen 1945, Neudruck Hildesheim 1964

Ⅲ. 각 장에 대한 참고문헌

제1장

Gericke, Wolfgang, Thomas Müntzer als Theologe des Geistes und seine Sicht von der Erziehung der Menschheit, in: Herbergen der Christenheit 1977/78, 47-63

Gericke, Wolfgang, Die handschriftliche Überlieferung des Buches von den Drei Betrügern, in: Studien zum Buch- und Biblothekswesen 6, 1988

Goertz H.-J., Die Täufer. Geschichte und Deutung, München 1980; Berlin 1987

Hershberger, Guy F. (Hg.), Das Täufertum. Erbe und Verpflichtung, Stuttgart 1963

Lemper, E.-H., Jakob Böhme. Leben und Werk, Berlin 1976

Pinomaa, L., Sieg des Glaubens. Grundlinien der Theologie Luthers, Berlin 1964

Rogge, J., Der junge Zwingli 1484-1523 (Kirchengeschichte in Einzeldarstellungen Ⅱ/4), Berlin 1983

Steinmetz, Max, Das Müntzerbild von Martin Luther bis Friedrich Engels, Berlin 1971

Troeltsch, E., Vernunft und Offenbarung bei Johann Gerhard und Melanchthon, Göttingen 1891

Watson, Ph, S., Um Gottes Gottheit. Eine Einführung in Luthers Theologie, Berlin 1952

Wolf, E., Deus omniformis. Bemerkungen zur Christologie des Michael Servet, in: Theologische Aufsätze. Karl Barth zum 50. Geburtstag, München 1936, 443-466

Wollgast, S., Der deutsche Pantheismus im 16. Jahrhundert, Berlin 1972

제2장

Bienert, W., Der Anbruch der christlichen deutschen Neuzeit, dargestellt an Wissenschaft und Glauben des Christian Thomasius, Halle 1934

Bohrmann, G., Spinozas Stellung zur Religion (Studien zur Geschichte des neueren Protestantismus, 9. Quellenheft), Gießen 1914

Dessauer, F., Naturwissenschaftliches Erkennen, Frankfurt a. M. 1958

Klaer, I., Descartes ' Gottesbeweis, in: ThV 5, Berlin 1975, 159-174

Nisbet, H. B., Spinoza und die Kontroverse De Tribus Impostoribus (Wolfenbüttler Studien zur Aufklärung XII), Heidelberg 1984

Weizsäcker, C. F. von, Zum Weltbild der Physik, Stuttgart 1958 7 Aufl.

제3장

Gericke, W., Zur Geschichte der deutschen Frühaufklärung. Matthias Knutzen, der erste deutsche Atheist, in: ThV 5, Berlin 1975, 83-108

Lechler, G. V., Geschichte des englischen Deismus, Stuttgart 1841, Neudruck Hildesheim 1964

Troeltsch, E., Artikel: Deismus, Re3 Ⅳ, Leipzig 1898, 532-559

제4장

Holz, H. H., Gottfried Wilhelm Leibniz (Reclam – Philosophie. Geschichte 964), Leipzig 1983

Sparn, W., Das Bekenntnis des Philosophen. Gottfried Wilhelm Leibniz als Philosoph Und Theologe, NZSTh 28 (1986), 139-178

제5장

Christian Wolff 1679-1754. Interpretationen zu seiner Philosophie und deren Wirkung (Studien zum 18. Jahrhundert 4), hg. v. W. Schneiders, Hamburg 1983

Stephan, H., Artikel; Wolff, Christian, RE3 XXI, Leipzig 1908, 452-464

Utiz, Emil, Christian Wolff (Hallische Universitätsreden 45), Halle 1929

제6장

Stolenburg, A.F., Die Theologie des Jo. Franc. Buddeus und des Chr. Matth. Pfaff, Berlin 1926

제7장

Reventlow, Graf H., Das Arsenal der Bibelkritik des Reimarus, in; Hermann Samuel Reimarus, ein „bekannterUnvekannter" der Aufklärung in Hamburg (Veröffentlichung der Joachim Jungius-Gesellschaft der

Wissenschaften Hamburg), Göttingen 1973, 44-65
Stemmer, P., Weissagung und kritik. Eine Studie zur Hermeneutik bei Hermann Samuel Reimarus (Veröffentlichung der Joachim-Jungius-Gesellschaft der Wissenschaften Hamburg 48), Göttingen 1983
Wolf, E., Sigmund Jakob Baumgarten, in: 250 Jahre Universität Halle, Halle 1944, 68f.

제8장

Zeller, E., Friedrich der Große als Philosoph, Berlin 1886

제9장

Aner, K., Friedrich Nicolai als Zeuge des Kirchlichen Lebens in Berlin zur Zeit der Aüfklärung, JBrKG 9. u. 10, Jg., Berlin 1913, 244-267
Aner, K., Friedrich Germanus Lüdke, JBrKG 11. u. 12. Jg., Berlin 1914, 160-232
Gabrel, P, Die Theologie W, A. Tellers (Studien zur Geschichte des neueren Protestantismus, H.10), Gießen 1914
Möller, H., Aufklärung in Preußen. Der Verleger, Publizist und Geschichtsschreiber Friedrich Nicolai, Berlin 1974
Müller, W, E., Von der Eigenständigkeit der Neologie Jerusalems, NZSTh 26 (1984), 289-309
Schollmeier, J., Johann Joachim Spalding. Ein Beitrag zur Theologie der Aufklärung, Gütersloh 1967
Thadden, R. v., Die Brandenburgisch-Preußischen Hofprediger im 17. und 18. Jahrhundert (Arbeiten zur Kirchengeschichte, H. 32), Berlin 1959
Wendland, W., Die praktische Wirksamkeit Berliner Geistlicher im Zeitalter der Aufklärung, JBrKG 9. u. 10. Jg., Berlin 1913, 320-376; 11. u. 12. Jg., Berlin 1914, 233-303

제10장

Barnikol, E., Johann Salomo Semler, in: 250 Jahre Universität Halle, Halle 1944, 70-76
Hornig, G., Die Anfänge der historisch-kritischen Theologie. Johann Salomo Semlers Schriftverständnis und seine Stellung zu Luther, Göttingen 1961
Schmittner, W., Kritik und Apologetik in der Theologie J. S. Semlers (Theologische Existenz heute, NF 106), München 1963
Scholder, K., Ursprünge und Probleme der Bibelkritik im 17. Jahrhundert. Ein Beitrag zur Entstehung der historisch-kritischen Theologie (Forschungen zur Geschichte und Lehre des Protestantismus XXXIII), München 1966

제11장

Amberg, E.-H., Lessings Gottesanschauung in heutiger Sicht, ThLZ 106 (1981), 466-472
Barner, W., Lessing. Epoche - Werk - Wirkung (Arbeitsbücher für den literaturgeschichtlichen Unterricht), München 1981 4 Aufl.

Heftrich, Eckhard, Lessings Aufklärung. Zu den theologisch-philosophischen Spätschriften, Frankfurt a. M. 1978

Liebmann, K., Das Beispiel Lessing (Fundus-Bücher 50), Dresden 1977

Loofs, F., Lessings Stellung zum Christentum, ThStKr 86 (1913), 31-64

Mehring, F., Die Lessing-Legende (Bücherei des Marxismus-Leninismus 25), Berlin 1953

Schultze, H., Lessings Toleranzbegriff, Göttingen 1969

Schultze, H., Religionskritik in der deutschen Aufklärung, ThLZ 103 (1978), 706-713

Sichelschmidt, G., Lessing in Berlin, Berlin 1979

Thielicke, H., Glauben und Denken in der Neuzeit, Tübingen 1983

레싱에 대한 그 밖의 문헌은 다음을 보라.

Gericke, W., Sechs theologische Schriften Gotthold Ephraim Lessings (Quellen NF 3), Berlin 1985, 3. Umschlagseite

제11장 부설(附設): 멘델스존

Altmann, Alexander, Moses Mendelssohn. A biographical study, Alabama 1973

Simon, H. u. M., Geschichte der jüdischen Philosophie, Berlin 1984, 208-212

제12장

Buhr, Manfred, Immanuel Kant (Reclam – Philosophie. Geschichte 437), Leipzig 1981 3 Aufl.

Buhr, M. (Hg.), Revolution der Denkart oder Denkart der Revolution, darunter verschiedene Aufsätze über Kant (Akademie der Wissenschaften der DDR, Schriften zur Philosophie 1), Berlin 1976

Buhr, M., Vernunft, Mensch, Geschichte, darunter verschiedene Aufsätze über Kant (Akademie der Wissenschaften der DDR, Schriften zur Philosophie 7), Berlin 1977

Fritzsche, H.-G., Lehrbuch der Dogmatik, Teil Ⅰ, Prinzipienlehre (129ff.: Kants Forderung eines „vernünftigen“ Glaubens), Berlin 1982 2 Aufl.

제13장

Dietze, W., Johann Gottfried Herder, Berlin/Weimar 1983

Herder, J. G, Mensch und Welt. Eine Zusammenfassung des Gesamtwerkes von Erich Ruprecht (Eugen Diederichs), Jena 1942

Seils, Martin, Theologische Aspekte zur gegenwärtigen Hamann-Deutung, Berlin 1957

계몽주의 시대의
신학과 교회

도입

A 17/18 세기 정치적 - 교파적 발전

16세기 중반부터 유럽은 종교전쟁으로 가득한 무대가 되었다. 예를 들자면, 가톨릭의 스페인으로부터 자유를 위한 투쟁을 벌인 네덜란드, 영국 내에서의 종교적, 정치적인 대결, 독일의 30년 전쟁, 프랑스 내에서 위그노파와의 전쟁 등이다. 네덜란드(오렌지가의 윌리엄 1세 Wilhelm I von Oranien부터) 와 영국(엘리자베스 1세, Elisabeth I와 올리버 크롬웰, Oliver Cromwell 때부터)에서는 신교가 널리 받아들여지고 있는 동안 영국 내에서는 부분적으로 새로운 형태인 청교도주의가 생겨났고, 독일의 뮌스터(Muenster)와 오스나브뤼(Osnabrueck, 1648)에서는 루터교와 구교간의 균형을 이루면서 평화가 왔다. 그와 더불어 칼빈파도 동등한 권리를 가진 종교로 인정을 받았다. 그에 반해 프랑스에서는 낭트칙령(Edikt von Nantes, 1685)의 폐지 이래로 루이 14세가 칼빈주의(위그노교도)의 신앙고백을 근절시키고자 했다. 합스부르크 지방과 폴란드에서의 급진적인 반종교개혁은 신교의 제거라는 결과를 가져왔다.

이 모든 것들은 중부유럽의 기독교와 교회에서 인간의 감정에 대한 중대한 영향력을 가져왔다.

a) 수 없이 국토를 황폐화시킨 종교전쟁 이후 보다 많은 신념들이 획득되었다. 무력을 사용한 믿음의 대립과 신앙고백의 대립의 경우, 그 당면한 지역의 셀 수 없이 많은 도덕적, 물질적인 자산들의 피해를 발생시키고서 분쟁이 해결되었다. 종교정당과 교회 지도자 그리고 종파별 특정 정치가들의 과도한 요구들은 내부와 외부의 평화를 위태롭게 했다. 이러한 원칙적인 요구로부터 야심을 억제하는 것은 결국 논쟁을 불러 일으켰다.

b) 교회주의(Kirchentuemer)라는 정황에서 분열을 통해서 진리에 대한 물음이 새로운 방식으로 제기되었다. 수많은 종교공동체들이 서로 다투면서 그 가운데 누군가 절대성에 대한 요구와 전체성에 대한 요구를 행사한다면 도대체 진리는 어

디에 있는가? 이것은 한편으로는 소위 무신론자와는 구별되었지만 다소간에 강력한 회의주의를 이끌었으며, 다른 한편으로는 공통적인 것에 질문을 던졌다. 그래서 모든 종교나 종파의 근간이 되는 자연종교에 대한 견해가 형성되었으니, 반면에 특별히 교파적인 독특성은 별로 중요하지 않거나 혹은 하찮은 것으로 여겨졌다.

c) 이러한 견해는 종교의 독립성이 교회주의(Kirchentuemer)에 대하여 대단히 크게 성장했음을 보여준다. 적어도 교육을 받았던 교양인 계층의 사람들은 모든 것을 신앙적으로 받아들일 준비가 되어 있지 않았었다. 개별적으로 이성과 양심은 각각 높은 수준의 위상을 획득하게 되었다. 정치가들은 국가 권력이 교회로부터 독립적이고 그 권력은 교회 권력보다 우위에 두어야 한다는 원칙을 내세웠다. 루터로부터 긴급조치를 경험했던 지방영주들의 교회 통치는 분명하게 그들의 통치기구라는 것을 느끼게 했다. 브란덴부르크-프로이센은 1613년 군주가문이 개혁주의를 받아들였고, 백성들 대부분은 루터파를 믿었기에 국가가 교파적으로 혼합된 형태를 이루었다. 이것은 한 지역의 교파 상태가 그 지역 군주의 신앙고백에 따라 세워진다는 사실(cujus regio, ejus religio)이 더 이상 적용될 수 없었음을 의미한다. 마찬가지로 작센에서는 루터파가 지배적이었으나, 폴란드 왕실의 선제후 아우구스트 2세 강건왕(August der Starke, 그는 폴란드 국왕과 작센의 선제후를 겸했다. 1670~1733년 재임)이 1697년 가톨릭 신앙으로 돌아섰다. 이에 따라 국가의 일치는 더 이상 신앙고백의 단일성이 아니라 새롭게 통일된 국가의식에 달려 있었다.

d) 교리주의 대신에 세속적이고 이성적인 합목적성이 전면에 등장했다. 정치에서 실용주의가 점점 더 많이 받아들여졌다.

e) 지금까지 알려지지 않았던 나라와 대륙을 발견함으로써 지리학적인 지평선이

넓어졌다. 선박 제조와 항해기술의 새로운 경험들, 좀 더 멀리 떨어진 민족들 간의 무역의 확대, 여행의 강화 등 이러한 것들이 전제조건이 되어 사람들은 다양한 나라들을 서로 인식하고 가치를 인정하게 되었다. 이때 종교나 종파의 차이는 더 이상 중요한 역할을 하지 않았다. 분명 초기 자본주의의 발달과 해외 식민지로부터의 수입을 위해서는 낯선 민족을 착취하고 억압하는 방향으로 자연스레 나가게 되었다. 그와 동시에 표면적으로는 억압정책의 한 구실로 기독교로의 개종이 강요되었다.

f) 영국에서 청교도주의의 발생과 퀘이커파나 침례교파 같은 종파의 형성은 언제나 교회적이고 종교적인 관용을 강력하게 이끌었다. 그 중심에는 점점 더 '새로운 세계'를 향한 발전이 있었다. 청교도 조상들이 매사추세츠(1620년)에 이주한 이래로 침례교도인 로저 윌리엄스(Roger Williams)에 의해 식민지화된 로드·아일랜드와 퀘이커교의 영토로서 펜실베이니아 수도인 필라델피아(1682)에서는 전반적으로 종교의 자유를 누릴 수 있었다. 이것은 결국 모든 인간은 본성상 동일하게 자유롭고 독립적인 존재라는 신념의 토대에서 보편적인 인권선언(1776)을 이끌어내었고, 같은 해 7월 4일 북아메리카 13개 주의 독립선언으로 이어졌다. 여기에서부터 1789년 프랑스 대혁명에 이르는 직접적인 연장선이 이루어졌다.

g) 유럽에서 종교적 관용의 선구자는 영국과 네덜란드를 이어 브란덴부르크·프로이센 제국이었다. 위대한 선제후 프리드리히 빌헬름(Friedrich Wilhelm)은 1685년 '포츠담 칙령'(Potsdamer Edikt)을 발표했고, 이로써 프랑스로부터 추방된 상당수 위그노파 난민들을 자신의 영토로 받아들였다. 프리드리히 빌헬름의 이러한 종교적 관용의 원칙은 그의 후계자인 프리드리히 2세(Friedrich II)에 의해 널리 확장되었다.

h) 적어도 개신교 입장에서 볼 때 교회의 속박에서 벗어난다는 것은 국제적 학술

과 연구의 발달을 가져왔고, 이것은 유럽을 문명화로 이끄는 진보적인 움직임이 되었다.

i) 시민계급의 성장과 함께 시민 지식계층이 형성되었고, 상업 자본주의 세력과 수공업 자본주의 세력의 발전은 이러한 계층들에게서 교육과 부양에 대한 특별한 요구를 일으켰다. 이로써 점증하는 서적 출판 및 저널과 잡지가 더 많이 출판되는 결과를 불러왔다.

j) 그러나 독일에서 시민계급의 발달은 영국과 프랑스보다 늦었다. 그 이유는 시민의 정치적 요구가 관철되기는커녕 표현조차 쉽지 않았기 때문이었다. 17세기 말 독일에서 거대한 시민계급이 출현한 것은 한자도시와 서부독일과 남부독일의 큰 도시들에서였다. 비엔나의 유대인들(1671년부터)과 프랑스의 개신교도들인 위그노교도들이 이주한 이래 비로소 베를린에서 시민계급의 출현이 시작되었다.

k) 결국 프로이센의 프리드리히 2세와 황제 요제프 2세에 의해 구체화된 18세기의 계몽된 절대주의는 다양한 변이를 가져왔다는 점이 중요하다. 두 군주들의 상이한 국가교회 실행은 주목할 만한 것이었다. 프리드리히는 어떤 종파나 그것의 고유한 반(反)-교회적인 신념을 고려하지 않은 채 실용주의적인 관점에서 다음의 모토에 따라 교회들을 지배했다. 즉 "종교는 모든 것에 관용적이어야만 한다." 프리드리히는 가능한 한 종교의 내적인 삶을 간섭하는 것을 피했다. 그에 반하여 요셉 황제는 합스부르크 왕가의 가톨릭교회의 내적 용무들을 강력하게 개혁주의 입장에서 개입했다. 개신교와 그리스-정교회와 관련해서 요셉 황제는 1781년 유명한 관용칙령을 공포하였다. 두 군주는 분명한 범위 안에서 언론의 강제를 완화하였고, 문화적이고 경제적인 삶을 요구하였으나, 그럼에도 불구하고 지배적인 봉건적 사회질서를 변화시키지는 않았다. 이런 모든 발달은 새로운 시대, 즉 '계몽주의'의 태동을 요청하는 것이었다.

B "계몽주의"라는 개념이해

'계몽주의'라는 개념은 '명확성', '빛'과 관련되어 있고, 근본적으로는 기상학에서 사용되었던 개념이다.[1)]

카스파 슈틸러(Kaspar Stieler)는『독일어 어휘사전』(Teutschen Sprachschatz, 1691)에서 기상학적인 의미에서 사용하는 '(하늘이) 개다'(aufklaren)라는 단어를 끄집어내었다. 또한 그는 이 단어를『신문의 흥미와 사용』(Zeitungs Lust und Nutz, 1695)에서 '이해의 계몽과 개선'이라는 다른 의미로 사용했었다.

그러나 '계몽하다'(aufklaeren) 그리고 '계몽'(Aufklaerung)이란 단어가 '학문적 개념과 원칙의 해명과 명료화'란 의미로 사용되기까지는 상당히 오랜 시간이 걸렸다. 신학의 범주에서 처음으로 그 단어가 나타났을 때는 주목할 만한 것이었다. 신학자 요아힘 슈팔딩(Joachim Spalding)은 자신의 저서인『Betrachtung ueber die Bestimmung des Menschen』(인간의 규정에 관한 고찰, 1748)에서 이성을 통해 전래된 긍정적인 종교의 '계몽주의' 같은 것을 말하는 것이 아니라, 오히려 계시를 통한 이성적, 자연적 종교의 계몽에 관해 말했다는 것이 주목할 만한 것이었다. 자연적인 종교는 "복음의 빛이 영적인 사람들을 계몽한 곳에는 언제나 최상의 깨달음과 가르침이 있었다." 비로소 1766년에 한 평론가가 니콜라이(Nicolais)의「Allgemeiner deutscher Bibliothek」(일반 독일 도서관)이라는 잡지의 한 신학서적에서 이성을 통해서 "우리들의 종교 시스템 가운데 아직 충분히 설명되지 않은 여러 명제들 중의 하나인 계몽주의"를 환영했다. 이에 따라 2년 후에 '이성적인 계몽주의'는 우리들의 종교개념으로 인정되었다. 곧이어 '계몽주의'라는 단어는 모든 학문적인 연구에 관련되었다. 이미 데카르트는 인식이 책임을 요청하고 단순히 망상으로부터 구별되기 위하여 "명확하고 분명"(clare et distincte)해야만 한다고 요구했다. 그래서 독일 계몽주의 작가들, 특히 레싱(Lessing)은 "명확한 개념"을 요구했던 것이다.

---

1) 비교하라. P. Puetz, Die deutsche Aufklaerung (Ertraege der Forschung 81), Darmstadt 1979. 2 Aufl. 12ff., 24ff.

우리는 시대적 개념으로서 모든 시대와 관련되어 있는 '계몽된'(aufgeklaert)이라는 형용사를 1741년 함부르크의 <국가와 학자들을 위한 신문>(Staats-und Gelehrter Zeitung)에서 접하게 된다. 학문을 개념적으로 파악하려는 이러한 노력은 우리가 이 시대를 계몽된 시대라고 부르는 좋은 결과를 가져왔다. 같은 의미로 '계몽주의'란 명사는 독일 작가 뷔란트(C. M. Wieland)의 『Bekenntnisse des Abulfauaris』(아불파우아리스의 고백, 1770)에서 나타났다. 작가는 그 시대를 이렇게 말했다. "그때 하층민은 명백하지 않은 사물에 대해 이성적으로 생각하는 것을 배우고", 그렇게 함으로써 "계몽주의의 높은 수준에 도달할 수 있었어야 했다."

계몽주의의 개념내용을 결정하기 위해서는 칸트의 저 유명한 표현에 기초를 두는 것이 제일 좋다.[2] 즉 "계몽이란 인간이 자신에게 책임이 있는 미성숙함으로부터 벗어나는 것이다. 이 미성숙함은 다른 사람의 인도 없이는 자신의 오성을 사용하지 못하는 무능력을 말한다. 그런데 이 미성숙함의 원인이 오성의 결핍에 있지 않고, 다른 사람의 인도 없이 오성을 사용할 결단과 용기의 결핍에 있다면, 그것은 스스로 자초한 것이다. '사페레 아우데!'(Sapere aude), 즉 네 자신의 오성을 사용할 용기를 가져라! 이것이 계몽주의의 표어이다."

칸트는 자신의 논문에서 아래와 같이 논했다.

a) '계몽'은 단지 오성(Ratio)의 일이 아니라, 무엇보다도 결단이고 의지의 사건이다. "Sapere aude! 너의 지적 능력을 너 자신을 위해 사용하는 용기를 가져라!"

b) 계몽주의는 개별적인 일이다. 칸트는 "개개인의 사람들을" 향했고, "스스로 생각하도록 각 사람의 소명"을 생각했다.

c) "이런 계몽에는 단지 자유만 요청될 뿐이다." 물론 개별적인 인간을 위해서는 여전히 "자주 제한적"이긴 하지만 말이다.

2) 물음에 대한 답변: Was ist Aufklaerung? in: Berlinische Monatsschrift, 1784, 12. Stueck, Dezember, 491ff.

d) 계몽은 "정신의 자유", 즉 "자유로운 사유에 대한 성향"에 여지를 제공할 뿐만 아니라, "행동하는 자유"의 장도 열어주었다. 이러한 점에서 계몽은 실천과 관계한다.

e) 성숙한 사고, 권위에 종속적인 사유의 거부 그리고 "솔직한 비평"에 대한 요청은 계몽주의를 스스로 과대평가하는 것을 의미하지 않는다.

칸트는 스스로 말한다. "우리는 아직 계몽된 시대에 살고 있지는 않지만, 계몽주의의 시대에 살고 있다." 칸트는 이성의 한계에 대해서 비평적으로 질책했을 뿐만 아니라, 이성 자체의 구조를 파헤치는 것까지 "해명하려고" 했다. 적어도 가장 의미심장하고 깊이 있는 사상가들에게서 계몽주의는 이성신앙으로부터 멀리 떨어져있다.

계몽주의는 "노력을 기울였다." 즉, 계몽주의 이후에 언급된 시대는 계몽을 위해 노력했다. 계몽주의의 주요증인은 레싱(Lessing)이었는데, 그는 자신의『Duplik』(제2답변, 1778)에서 다음과 같이 설명했다. "그 누군가가 소유하거나 그럴 수 있다고 억측하는 것은 진리가 아니며, 오히려 진실 뒤에 따라오는 것에 적응하려는 올바른 노력만이 인간의 가치를 만든다."

C "진보적인 세계화"(보편화)와 계몽주의의 변증법

계몽주의는 진리에 대한 인식을 추구함에 있어 모든 영역을 거쳐 발전하였고, 각 영역마다 연구가 뒤따랐다. 오늘날 계몽주의 개념의 "진보적인 세계(주의)화"를 말할 때, "계몽주의라는 개념은 그의 역사이다"[3]라는 모토로 이야기된다.

시간이 경과하면서 언제나 인간의 사유와 창조의 영역은 더욱 더 계몽주의 연구에 관련되었다. 19세기에 이르기까지 계몽주의적인 노력의 주된 관점은 신학적인 것이었다고 간주된다. 그러나 또한 아주 일찍부터 철학적인 영역도 고려되었다. 무엇보다 종교의 계

3) P.Puetz, a.a.O., 6.

몽으로부터 철학의 계몽에로의 진전은 칸트가 이루어냈다. 오늘날 사람들은 또 다른 관점들을 강조한다. 딜타이(W. Dilthey)이래 계몽주의는 매우 강력하게 정신사적인 고찰방식으로 이해되었다. 이점에서 예술과 문학 그리고 학문과 더불어 모든 영역에 대한 계몽주의의 영향이 정신적인 실행으로 연구되었다. 더구나 퓌츠(Puetz)는 문화사적인 영역도 언급하는데, 여기에는 정신의 고양(高揚)뿐만 아니라, 도구(工具)에서 미술품(공예)과 산업에 이르는 당대의 물질적인 생산물도 연구되었다. 특별히 중요한 것은 사회사적인 고찰방식인데, 이는 계몽주의 시대의 사회적인 발전과 경제적인 생산방식의 변화를 연구하는 것이다. 계몽주의의 사회사적인 측면은 매우 특별하게 폭발적이며 혁명적인 순간을 그 자체 안에 포함하고 있다. 바로 이점에서 계몽주의는 "하나의 전투적인(투쟁적인) 철학운동"이었다고 말할 수 있으며, 이때 시민적이고 정치적인 삶의 폭넓은 영역에서의 변화와 시민계급, 즉 제3계급이라는 이데올로기의 발생이 독일에서 문제시되었는바, 이는 분명 제한적인 방식으로 해당되는 것이었다.[4] 계몽주의의 사회사적인 고찰방식은 특별히 마르크스와 엥겔스 그리고 역사적인 유물론에 대해서 우려했다.

계몽주의는 자신에 의해 선전된 자유, 평등, 박애(형제애)라는 이상이 정치적인 실재로 변환될 수 있는 것이 아니라, 전체 국가의 시민계급에 대한 역사적인 종국을 불러왔다는 경험은 계몽주의에 내재되어 있는 변증법에 대한 숙고를 발동시켰다. 『Dialektik der Aufklaerung』(계몽주의의 변증법)[5]이라는 책에서 자신들의 첫 번째 표현을 발견했던 아도르노(Adorno)와 호르크하이머(Horkheimer)의 역사철학적 구상은 논의를 불러 일으켜 계몽주의의 두 얼굴을 분명하게 했다. 그것은 한편으로 낯선 결박의 해방이며, 다른 한편으로 인간적인 고려로부터 일탈된 기술의 관철을 위한 이성의 사용이다.

4) N. Merker, Die Aufklaerung in Deutschland, Muenchen 1982, 13.

5) Amsterdam 1947; Fischer Taschenbuch, Buecher des Wissens Nr. 6144, 46-50. Tausend, Frankfurt a. M. Maerz 1978.

D 교회사적인 설명의 과제: 계시와 이성의 관계에 대한 문제

계몽주의를 포괄적이고 전체적인 크기로 묘사해서 다루는 것이 이 책의 과제일 수는 없다. 오히려 우리는 여기에서 계몽주의를 교회사적인 측면에서 설명하고자 한다. 개신교 교회사의 한 부분, 즉 공동체의 역사가 중요한 것으로 이는 복음을 통해 요청된 것이며, 공동체의 가장 중요한 특징이 바로 복음인 까닭이다. 그러므로 계시는 예수 그리스도를 통해 그리고 예수 그리스도에 의해 우리의 방향점이 되어야만 한다. 계몽주의가 이성으로써 취급하는 것이므로 이 시대에 계시와 이성의 관계라는 역사에 대한 물음이 우리에게 제기되는 것이다. 이 문제는 이 시리즈의 앞선 책에서 다루어진 본래적인 주제였다. 여기에서 관철되어야 하는 강조점은 이 문제의 해결이 당시 개신교 진영에서 어떻게 추구되고 발견되었는가 하는 점이다. 덧붙여 신학사와 철학사가 연관된다. 이때 교회는 진공상태에서 살아가는 것이 아니기 때문에 정치적인 것과 경제사 그리고 사회사로부터의 개별적인 것들도 다뤄져야만 하는 것이다. 비록 영국과 프랑스로부터의 영향이 무시되지 않는다고 하더라도 여기에서 고려되어야 하는 것은 전적으로 독일에서의 발전이다.

근본주의자들은 계몽주의가 기독교와 교회를 오류에 빠뜨렸다고 비난한다. 사람들은 새로운 정통주의를 위하여 제거되어야만 했어야 하는 계몽주의와 자유주의라는 '신학적인 쓰레기'에 대해 말한다. 그러나 계시라는 사실은 이성을 닫아둠으로써 요청될 수 있는 것이 전혀 아니며, 그 완전한 크기란 전혀 가능한 것이 아니다.

이성의 기능은 우선적으로 계시의 메시지, 즉 하나님의 말씀인 복음의 청취에서 존재한다. 이것은 필수적인 기능이다. 그러나 계몽주의 시대에 또 다른 이성의 기능이 본질적인 역할을 감당했는데, 이는 성서에 토대를 두고 그때마다의 선포를 통해 행해졌던 계시의 전통에 대한 비평이었다. 어쨌든 이 기능은 자격을 갖고 있다. 말하자면 선포는 지적으로 이해될 수 있고 무리가 없는 한 행해져야만 한다. 그러므로 이제 신학은 이성의 비평적인 사용이 자신의 한계를 벗어나지 않고 계시전통에 대한 비평으로부터 계시의 메시지 자체가 변하지 않도록 깨어있어야 한다. 이점에서 신학은 계몽주의에 대한 반(反)-비평으로 요청된다. 이러한 반(反)-비평의 경과는 다음에서 증명된다. 예를 들어 크리스티안 볼프(Christian Wolff)가 대변했던 완전이라는 철학적인 이념은 그리스도의 십자가에서 하나님의 겸비라는 개신교의 메시지를 엇나가게 하며, 따라서 하나님 혹은 그리스도가 단지 조건적(제한적)으로 적용될 수 있다. 회피되어야만 하는 모순에 관한 문장이 근본적으로 헤르만 사무엘 라이마루스(Hermann Samuel Reimarus)의 비평에는 해당하지만, 복음을 위해서는 결코 타당성을 갖지 않는다. 어떠한 경우에도 계시를 전적으로 옆으로 밀쳐놓는 합리주의는 거부되어야 한다. 그럼에도 불구하고 계몽주의는 일괄적으로 합리주의와 뒤바뀌어서는 안 된다.

그 밖에 계몽주의의 대표자와 관련해서는 구별되어야만 하는 것이 있다. 라이프치히 대학의 시문학과 웅변술 교수인 크리스티안 겔레르트(Christian Fuerchtegott Gellert, 1716-1769)와 이미 언급했던 베를린 수석교구장 요한 요아힘 슈팔딩(Johann Joachim Spalding) 같은 이들은 계시신앙에 솔직했다. 전자는 교회음악의 창조자로서 그 가운데 몇 개가 오늘날까지 찬송가에 포함되어 있으며[6], 후자는 설교자요 신학저술가이다. 이러한 사례는 일괄적인 판단으로부터 우리를 지켜줄 수 있다.

6) 예를 들어, "이날은 주님이 만드신 날이요." "예수는 사시고 그와 함께 나도 사나니." "전능자의 선하심이 어찌 그리 큰지요." "주여, 나로 강하게 하사, 당신의 고난을 생각하게 하소서."

제1장

문제의 전(前)역사에 대하여 : '계시와 이성'

A 개괄 : 계시 개념과 이성 개념의 두 가지 방식

교회의 계몽주의는 지금까지 계시와 신학의 시녀로서 그 역할을 감당하던 이성과 철학이 자신의 고유한 진리에 관한 요구를 주장하면서 시작되었다. 계시에 반대하는 이성의 진군은 지금까지는 교회로부터 철저히 해체되었지만 라이프니츠 이후부터는 달라졌다. 독일의 계몽주의는 17세기 말 레싱과 칸트 때 절정을 이루었다.

중세 시대부터 계몽주의에 대한 다양한 서술이 반복적으로 강조되었다. 중세시대와는 달리 계몽주의는 전 세계적으로 오랜 시간 동안에 걸쳐 누적된 현실이해성과 학문적인 자연주의 연구의 전혀 다른 태도로 접근하는 것이 현실 이해성과 자연에 대한 학문적인 연구가 전혀 다른 태도로 다루어졌다. 비록 이곳에서는 몇몇의 차이점들을 좀 놓칠 수도 있다.

블루멘베르크(Blumenberg)는 다음과 같이 말했다.

> "계몽주의는 오직 중세시대와 대립되는 것 뿐만 아니라, 중세시대때 부터 지속적으로 연구되어 오던 것 들, 즉 중세 시대에 미해결 되었던 질문들이나 다시 제기되는 문제들에 대한 해답을 찾고 그 문제들을 통해 사고하는 능력을 키우면서 해결해 나가는 것이다."[1)]

계시와 이성에 대한 질문은 교회적 계몽주의의 문제점으로 중세시대 때부터 핵심적으로 제기 되었던 것이었으며, 각 시대마다 신학에서는 그 해답이 제시되며 발달되긴 하였으나, 순서상 계시가 상위에 있다는 최소한의 근본사상은 언제나 그 자리를 차지하고 있었던 것이다.

---

1) H. Blumenberg, Die Legitimitaet der Neuzeit, Frankfurt a. M. 1966; ders., Der Prozess der theoretischen Neugierde, Frankfurt a. M. 1973; vgl. 앞의 저작에서 발췌본 in: Erforschung der deutschen Aufklaerung, hg. v. P. Puetz (Neue Wiss. Bibliothek 94, Literaturwissenschaft), Koenigstein (Taunus) 1980, 81ff. Vgl. H. Reuter, Geschichte der Aufklaerung im MA von Ende des 8. bis zum Anfanf d. 14.Jh., I, 1875; II, 1877.

그래서 중세시대부터 그 이후 세대에서 계시와 이성의 개념은 원칙적으로 차이가 있었지만 그 개념은 다음과 같이 정립되었다.

a) 그 첫 번째 방향은 스콜라 철학을 통해서 그 다음으로 인문주의, 개혁주의, 정통주의(Orthodoxie) 그리고 소지니주의(Sozinianismus)를 통해서 다가왔다. 계시는 현실세계 밖에서 존재하는 신으로부터 온 진실의 시스템으로 평가했기에 성경과 교회의 권위를 통해서 전달되었다. 이렇게 주어진 것과 논쟁을 벌였던 인간적인 이성은 추리적이고 논증적인 이성(dianoia, ratio)이 우세하였다.

b) 두 번째 방향은 독일 신비주의에 바탕을 둔 것으로 영성주의(Spiritualismus)와 재세례파(Taeufertum)에 발판을 두고 있다. 그들에게 있어서 계시는 신으로부터의 열린 마음이고 그들의 이성에 불을 밝혀주는 것이었다. 여기에서 이성이란 본질적으로 직관적인 이성(nous, intellectus)이다. 이 이성은 칸트 이전에 이해력(사고력, Verstand)이라는 언어 사용으로 표현되었다.

B 외부로부터 오는 계시를 주창한 학자들

1. 스콜라주의

스콜라주의는 아리스토텔레스의 철학을 바탕으로 하고 있다. 인간은 외부로부터 지식을 그리스 철학자로부터 받아들였다. 인간의 이성이란 오직 '수동적인 이성'(leidende vernunft)이며, 단순한 '성향', '백지상태'(tabula rasa)라고 할 수 있다. 이러한 수동적인 이성은 일종의 신적인 능력으로서 외부로부터 인간에게 '활동적인 이성'으로 나타나는데, 이는 사물의 형식들인 개념들이 영혼의 밀랍칠판에 새겨지는 것과 같다. 수동적인 이성(leidende Vernuft)과 적극적, 활동적인 이성(taetige Vernunft)은 서로가 마치 소재와 형태, 가능성과 현실성과 같은 상태에 있다. 이러한 인지이론이 토마스 아퀴나스(Thomas von Aquino, 1225-1274)에 의해서 스콜라주의의 기본개념으로 받아들여졌다. 그는 이러한 기본개념에 따라 계시의 내재를 설명했다. 이것은 교회의 중재와 성서를 통해서 외부로부터 유래되었고, 중요한 초자연적인 지식의 총체였다. 믿음은 아우구스티누스와 마찬가지로 내면의 깨달음이 아니라 지식의 수용이다. 비록 신학은 그것을 원칙적으로 증명할 수는 없지만, 다른 학문과 마찬가지로 하나의 학문이다. 왜냐하면 이런 원칙은 신학이 초자연적인 지식의 내용이기 때문이며, 그것은 이 땅의 순례자들에게 단지 믿음 안에서만 파악될 수 있기 때문이다. 그들의 논증은 비로소 다른 세계에서 인식될 수 있었다. 여기에서 토마스는 오직 학문으로만 불렸던 아리스토텔레스적 학문적 개념의 기초에만 더 이상 머무르지 않고, 직접적이고 이성적인 기록을 알아냈다. 그는 많은 부분을 아우구스티누스의 학설에 의존하였는데 - 후에는 캔터베리의 안셀름의 학설도 논했다 - 단어를 사용하여 묘사했던 그의 견해는 유효했다. 우선 믿음은 깨달음이다.

이러한 관점을 둔스 스코투스(Duns Scotus, 1270-1308)는 비평을 했다. 둔스는 아우구스티누스의 학문적 개념을 반대했고, 토마스보다 더 강하게 아리스토텔레스의 학문적 견해를 내세웠다. 여기에서 논증으로부터의 인식이라는 지식은 일반적(보편적)이고 필연적인 것이다. 반대로 계시를 통해서 중재된 '지식'은 그 자체로 '할당된 것'(Kontingentes)이다. 성서에서 보도되었던 구원행위들은 다른 방식으로도 발생할 수 있었으리라. 라이프니츠와 레싱은 '필연적인 이성의 진리'와 '우연한 계시의 진리'의 차이점이 지닌 근원을 밝혔다. 그래서 둔스에게 있어서 이성과 계시 사이에는 균열이 있었다. 그에게 신앙은 토마스처럼 높은 수준 정도로 이론적이지 않았고, 오히려 보다 실천적인 인식이었다.

이러한 발달은 후기 중세시대에 유명론(Norminalismus, Wilhelm von Ockham, 1285-1349)으로 계속되었다. 오캄에 따르자면 신학은 전혀 학문적인 성격을 갖지 못했다. 그의 명제는 성서가 권위적임을 뒷받침하는 훨씬 더 순전한 믿음의 명제(Glaubensaetze)였다. 이러한 것은 이성과 묵시, 학문과 믿음을 각각 철저하게 나누었고, 그것은 결국 개념과 신학의 명제에 대해 이성적, 논리적, 변증법적인 방법으로 다뤄지는 것을 불가능하게 하다.

이렇게 이성의 경계가 확정됨으로써 이미 아리스토텔레스적인 견해를 주장하는 토마스로부터 벗어나게 되었다. 토마스적 견해에 따라 이러한 관점의 후기 스콜라학파도 인간의 영혼은 밀랍칠판에 새겨진 것이라는 아리스토텔레스의 견해인 본질적인 것을 수용했다. 인간은 비록 여러 부분에서 신의 존재에 대한 자신의 이성의 한계, 신의 전능과 신의 현명함 그리고 자비에 대한 이성의 한계를 느낄지라도 신의 사랑과 인간의 사랑에 대한 본질적인 의무를 납득시킬 수 있다. 아주 엄격하고 본질적인 의미에서의 계시(Offenbarung)는 믿음의 신비함에 있고 (삼위일체, 성육신), 부가적으로 그리스도교의 도덕성을 요구한다. 토마스 이래로 중세 신학은 신의 교리와 율법교리로 초자연주의적인 부분과 이성적인 부분으로 나뉘어졌다.

툴루즈의 신학교수인 라이문트 폰 자분데(Raimund von Sabunde, 1436년 이후 사망)는 그의 『Theologia naturalis』(자연주의 신학)에서 지금까지 알려지지 않은 이성적인 하느님 인식을 정리했다. 라이문트가 말하기를, 자연주의적 신학은 인간의 치유와 완성을 위해서 무엇이 필수적인 것인가를 가르치고, 그것을 통해서 소위 영원한 생명에 이른다고 했다. 자연주의적 신학은 아마도 세상이 창조되면서 인간에게 주어진 첫 번째 책이 되었을 것이었다. 성서는 그 두 번째로 인간에게 주어진 책이 되었을 것이다. 두 권의 책 사이에는 "위대한 일치, 위대한 화합, 위대한 합치"(summa concordia, summa consonantia et summa convenientia)가 존재한다. 라이문트는 원칙적으로 계시의 권리를 고수했다. 성서가 단지 성직자들만을 위한 책이라고 여겨지는 동안에도 자연주의적 신학이 모든 인간을 위한 것이라는 것은 확연히 주장했다.

라이문트 폰 자분데의 작품은 1581년에 미셸 드 몽테뉴(Michel de Montaigne)에 의해 프랑스어로 번역되었고, 계몽주의에 이르는 실제적인 연결고리가 되었다. 이 작품에서 스토아 사상으로부터 유래한 '자연의 빛'(lumen naturale)이라는 고대의 유산이 생생하게 드러났다.

2. 인문주의와 종교개혁

자연신학에 대한 파악은 이미 고대의 그리스, 로마 시대로 소급된다. 스토아주의자 크리시포스(Chrysippos, 280-207 v. Chr.)는 모든 이성적인 사람은 보편개념(Allgemeinbegriff, koinai ennoiai, notitiae communes)을 공유한다는 견해를 최초로 주장했다. 여기서 보편개념이란 마지막으로 모든 삶의 의문과 양심의 의문, 기만하지 않는 진실의 기준이 걸려있는 것이다. 인간의 영혼이란 아리스토텔레스가 논한 '밀랍칠판'은 아니라는 것이다. 이 이론은 키케로(Cicero)와 세네카(Seneca)에 의해 받아들여졌다. 그들은 설명하기를 보편개념 (Allgemeinbegriff)은 인간의 타고난 천성이라고 했다. 두 개의 종교적 기본개념은 '자연의 빛'(lumen naturae, Cicero, Tusc. disp. III, 2)에서 보여주듯이 신의 현존과 영혼의 불멸이다. 거기에 도덕적인 이성의 법이 추가된다. 또한 토마스 아퀴나스는 '자연의 빛'과 '자연적인 빛'(lumen naturale)을 각각 분석했지만, 그럼에도 그는 계시된 진리의 우위성 아래에서 보았던 것이다. 계시된 진리란 어떠한 경우에도 모든 것을 포괄하며 깊이 있게 관찰하는 것이며, 법정에서와 같이 공개적인 질문 앞에서도 자연적인 인식은 언제나 책임적인 것이었다.

이미 중세시대의 신학은 스토아 철학의 유산을 사용하였고 그래서 인본주의의 유효성이 더더욱 커졌다. 고대 종교적인 이교도의 평가에 근거를 두었기 때문에 인본주의자들의 주요 요구사항은 종교적인 분별력에 대한 신뢰였다. 계시 없는 인간의 분별력/이성(Vernunft)이 종교적 지식에 이르렀을 때, 그 지식은 산상수훈의 제일 꼭대기에 위치해 있는 것과 같았다. 그래서 전혀 해독 불가능한 아우구스티누스 학설은 자연적이고 종교적인 판단으로는 잘못되었고 인간의 본래 타고난 판단은 인간의 정신세계의 수용으로 옳다고 여겨졌다.

로테르담의 에라스무스(Erasmus von Rotterdam, 1469-1536)는 다음과 같이 말했다.

> "성서는 어디서나 가장 최고의 자리에 놓여 있어야만 하지만, 이따금 옛 이교도에 의해서 또한 시인과 잠언 그리고 대단히 순수하고, 성스럽고, 신적인 것에 대해 쓰여 있는 서적들, 그 안에서 선한 신의 존재가 그들의 마음을 움직였다지만 나는 그곳에서 종교적 확신을 분리해 낼 수 없다. 또한 그리스도의 영은 우리에게 알려짐으로써 지속적으로 그리고 널리 영향을 준다. 그리고 많은 이들은 영적 카탈로그에 기재되어 있지 않은 성령의 공동체를 발견한다. 나는 노년에 관해서, 우정과

> 의무에 관한 그리고 투스쿨라눔인(Tusculanen)에 관한 키케로의 저서들에 대해서 각각의 책들에 입맞춤을 하고 신의 입김이 깃들어져 있는 것에 거룩한 심정으로 존경하는 마음을 갖지 않고서는 읽을 수가 없다."

에라스무스는 죽어가는 소크라테스를 지시했다.

> "정말로 그는 그리스도교와 성서를 모르면서도 경탄할 가치가 있는 정신세계를 가진 사람이다. 내가 그를 읽었을 때 나는 그것을 감당할 수가 없어서 외쳤다. 거룩한 소크라테스여, 우리를 도우소서!"[2]

루터는 에라스무스에 반대하여 자유의지를 제기했고, 이성과 관련해서 극단적으로 반대인 인본주의에 대하여 의견을 제시했다. 그는 철학은 전반적으로 신학의 보조물이라고 말했다. "자연의 이성의 빛은 신을 자비롭고, 가엾게 여기며, 긍휼하며 관대하다고 생각하는 것이다." 그러나 "신이 존재한다는 것을 아는 것과 무엇이 신이고 누가 신인지를 아는 것은 필시 커다란 차이이다. 전자는 자연을 알고 모든 이들의 마음에 기록된 것을 아는 것이다. 후자는 오직 성령이 가르치는 것을 통해서만 알게 된다."[3] 모든 도달 가능한 지식의 수준에서 루터는 '자연의 빛'은 신앙적 사물로는 결코 자격이 안 되고 오히려 현혹시킨다고 주장했다. 왜냐하면 그러한 것은 적극적이고 고유한 종교로 우뚝 서려고 애쓰며, 그것은 또한 이단(잘못된 종교)이나 우상숭배로 이끌 수 있기 때문이다. 신에 대한 인식의 수단으로서의 분별력은 주시되었고, 경계선을 넘어갔다. 루터의 근본 신념은 다음과 같다. 그리스도 안에서 하나님의 은총은 이해하기 어렵고 무한한 것이다. 불가해하다는 말은 사람이 은총을 획득하는 것도 아니고 "자연적인 빛"(natuerliche Licht)을 통하여 이해할 수 있는 것도 아니다. 여기에는 오로지 믿음만이 있을 뿐이고, 그것은 성서의 증거로부터 유래한다.

---

2) Colloquia, Convivium religiosum, 1516.

3) 예언자 요나서 주해에서. 1526, 요나서 1,5절; WA XIX, 206f.

츠빙글리는 이 부분에서 달리 생각했다. "'이성의 빛'이라는 생각은 성서의 말씀(Wort)이 없는 직접적인 상상력이므로 에라스무스와 츠빙글리는 그 관계에 있어서 루터보다 더 가깝게 놓여있었던 것이다." 그래서 츠빙글리는 "고대의 위대한 철학자들을 하나님의 선택가능성"으로 포함시켰을 때, "적어도 한때는" 에라스무스를 따랐던 것이다. "하나님은 자신의 구원사건을 기독교의 특별한 사유방식을 넘어서서, 성서의 계시언어를 뛰어넘는 방식으로 실현하실 수 있다. 이점에서 정확히 루터와의 긴장이 형성된다."[4]

처음에는 전적으로 루터식으로 생각했던 필립 멜란히톤(Philipp Melanchthon)은 1530년대에 들어 점점 더 그가 청년기에 가졌던 스콜라적이고 인문주의적인 입장에로 회귀하였다. 그는 자신의 신학총론(Loci communes, 1521)과 아우구스부르크 신앙고백(Confessio Augustana, 1530)에서 단지 종교개혁적인 관점의 대변인이길 원했다. 신학적인 발전에 있어서 결정적인 분기점은 그의 로마서 주석(1532)에서 이루어졌다. 그는 신학총론(Loci communes, 1521)의 개정판(1535)에서 자신의 표현을 발견함으로써 분명히 전환점을 드러냈다. 그의 성숙한 관점에 대해서 우리는 요나스(J. Jonas)가 주의 깊게 독일어로 번역한 신학총론(1555 비텐베르크판, '하나님에 대하여'라는 항목에서)에서 접하게 된다.

> "모든 사람은 본성상 영원하고 전능한 존재가 있다는 것과 그가 완전한 지혜와 거룩 그리고 정의로써 모든 피조물을 창조하였으며 보존한다는 것을 안다. 그런데 우리가 바로 그 동일하신 전능하고 지혜로우시며 선하시고 의로우신 주님을 자연적인 이성으로써 하나님이라고 명명한다는 것도 알고 있다."

정확하게 동일한 것을 루터도 설명하였다. 그러나 멜란히톤은 이교도들이 '자연적인 빛'이라는 능력에도 불구하고 참되고 실제적인 하나님을 붙잡지 못하며, 그들은 단지 불완전하게 인식할 수 있을 뿐이라고 주장한 루터에 대해 더 이상 동의하지 않았다.

> "자연적인 이성은 단지 율법과 징계에 관해서만 말할 뿐, 당신의 아들로 인하여

4) J. Rogge, Der junge Zwingli 1484-1523 (KGiE II/4), Berlin 1983, 255.

하나님이 은혜로써 우리의 죄를 용서해주시고 우리에게 정의와 영원한 지복을 주시길 원하신다는 것에 대해서는 말하지 않는다. 이점에 대해 소크라테스와 크세노폰, 플라톤과 아리스토텔레스 및 키케로와 카토는 아는 바가 전혀 없다."

3. 개신교 정통주의

마침내 멜란히톤은 스콜라주의에로 소급되는 철학과 신학, 이성과 계시의 연결을 새롭게 대변하였다. 그의 이러한 조합은 루터의 결단보다 인문주의적인 경향에 더 가깝다. 왜냐하면 루터에 의해 폐기된 아리스토텔레스에게 돌아가는 방법과 결부되었기 때문이다. 예나대학의 요한 게르하르트(Johann Gerhard, 1582-1637)[5] 같은 정통주의 신학자들은 아리스토텔레스의 보편지식(모든 이들의 일반적인 지식)이 유일한 것임을 확신하였던 것이다. 거의 2000년 동안 지배했던 자연적인 인식의 법전 편찬(성문화)은 그 자체가 전적으로 성서의 비-신비적인 구성요소들과 일치해야만 했다. 왜냐하면 단지 하나의 이성만이 있기 때문이다. 이러한 신념(확신)이 가능했던 것은 아리스토텔레스주의 자체가 이미 철학적으로 수정되어 기독교적으로 변형되었기 때문이었다.[6] 더구나 성경의 사실들은 '아리스토텔레스주의'의 의미에서 전적으로 자명하게 해석되었다. 그래서 역사철학자인 야콥 부룩커(Jakob Brucker, 1696-1770)는 정통주의 체계를 '성경적이고 아리스토텔레스적인 혼합주의'(Syncretismus biblico-Aristotelicus)라고 지칭하였다. 인간적인 인식이 두 개의 근본적으로 상이한 국면으로 분열되어 그 하나는 이성의 인식으로, 다른 하나는 계시에 속하는 것으로 되었다는 사실이 근본적인 문장이다. 또한 이는 하나님인식과도 관련된다. 여기에서 자연적인 하나님인식(notitia Dei naturalis)과 계시된 하나님인식(notitia Dei revelata)으로 구분된다. 전자(자연적인 하나님인식)는 실행에 있어서 계시를 섬긴다(tamquam famula et ministra). 이때 자연적인 인식은 이미 자연적인 마음에 계시의 토대를 마련하였다. 그러므로 계시는 인간에게서 접촉점을 전제로 해야만 하는 바, 그것은 성령에 의해서 여전히

---

5) Vgl. E. Troeltsch, Vernunft und Offenbarung bei Johann Gerhard und Melanchthon, Goettingen 1891, 86.

6) 예를 들어 이것은 스토아주의의 "lumen naturale"의 인수를 통해서 그리고 세계의 영속성과 개별 영혼의 무상함이라는 가르침을 배제시킴으로써 발생하였다.

접촉되지 않았으며, 영감을 받은 성서에 의해 여전히 가르쳐지지 않은 성령의 능력에 대해 순전히 자연적으로 근거한다. 이로써 진리의 내용은 다른 종교들에서 그리고 인문주의적인 강독(수업)의 영향을 바탕으로 고대의 철학자들과 작가들에게 설명되었다. 타락 이후에도 여전히 진정한 하나님인식이 있는데, 이는 분명 불충분하고, 희미하며 불완전하다. 자연적인 하나님인식은 그 마지막 토대에서 타고난(천성의) 원초적인 도덕률과 관계한다. 마음속에 있는 율법의 문서 역시 타락 이후에도 하나님의 직접적인 선언이며, 따라서 모든 경외심을 가지고 고찰되어야 한다. 율법의 문서는 인간이 하나님의 뜻에 따라 무엇인가 알아야만 한다고 가르친다. "하나님은 누구시며 어떤 분이신지를 알아야만 한다."(quod et qualis Deus est) 우리 안에 있는 자연적인 법(lex naturalis) 또는 도덕적인 법(lex moralis)은 이제 정통주의에 의해 성서의 십계명 율법에 대한 직접적인 유추로 간주하게 되었다. 그러나 자연적인 인간은 결코 영적이지도 않고 십계명의 충분한 성취도 못하기에 - 특히 처음 네 가지 계명의 경우에 - 단지 외적으로만 가능하며, 이런 방식으로는 구원에 도달할 수 없기 때문에 하나님은 성서에서 율법에 더해 복음을 주신 것이다. 복음은 계명의 완전한 성취요 상처 입은 자들의 속죄라는 하나님에 의해 존속하는 요청으로서 그리스도의 의(Justitia Christi)로부터 다른 데로 충족되는 것이다. "율법은 적절한 의를 요구하나, 참으로 복음은 낯선 것을 제공한다."(Legem requirere justitiam propriam, evangelium vere offere alienam.) 신앙은 우리에게 귀속된 그리스도의 낯선 의(justitia aliena Christi)에 대한 신뢰이며, 복음에서 선포된 놀라운 비밀들(그리스도의 육신이 되심과 그리스도의 만족, 성령과 성례전 그리고 거듭남)에 대한 신뢰이다. 그러므로 이성과 계시의 관계는 정통주의의 학습체계에서 "율법과 복음, 정당한 의와 낯선 의"(lex et evangelium, justitia propria et aliena)라는 상관성을 갖고 제시되었다.

부설(附設): 급진적인 인문주의 내에서 종교개혁과 정통주의의 투쟁

종교개혁자들이 여전히 살아있던 시기에 급진적인 인문주의의 경향이 주목할 만한데, 이때 계시에 대한 충실한 하녀로 간주된 이성의 역할에 대해 논란이 있었다. 계시는 극단적으로 의심을 받았으며, 반면에 이성은 첫 자리에 놓이게 되었다. 즉, 이성에 절대적인 가치와 중요성이 주어졌다. 다른 한편 이러한 경향의 대변자들은 교회에 의해 단호한 투쟁을 겪어야 했으며 무자비하게 핍박을 받았다.

이러한 급진적인 방향의 첫 증언은 『De Tribus Impostoribus』(세 사기꾼에 관한 책)이었다.[7] 미완성 작품에 그쳤으며 여러 번에 걸쳐 보충된 이 문서의 저자는 칼빈에 반대하고 있으며, 더구나 칼빈의 교리적인 주저인 『Christianae religionis Institutio』(기독교강요, 제2판, 1542년)에 맞서 기술하였다. 여기에서 루터와 일치하는 가운데 칼빈은 계시와 이성의 문제와 연관해서 다음과 같은 신념을 드러내고 있는데, 인간이 비록 자연적인 감각(본능, naturali instinctu)을 통해 하나님인식에 착수할 수 있음에도 불구하고 스스로의 죄의 타락 때문에 하나님인식에 도달할 수 없다는 것이다. 오히려 하나님인식의 가능성은 인간에게서 완전히 어두워졌으며 부패하였다. 그러므로 하나님은 자연에서의 일반적인 자기증언(자기증명) 곁에 말씀을 수단으로 쥐어주었으며, 족장들과 사도들에게 그의 계시를 나누어주셨다. 이는 하나님을 인식할 수 있는 확실한 도구였다. 사기꾼 책의 저자는 계시의 특별한 입장에 맞서 극도로 날카롭게 비평하였다. 그는 계시라는 생각에 맞서 다음과 같은 견해를 피력하였는데, 인간에게 하나님인식은 자연적인 빛(lumen naturale)에서 주어지며 그것은 칼빈과 달리 결코 어두워지거나 효력을 잃은 것이 아니다. 따라서 특별한 하나님의 계시는 불필요한 것이었다. 저자는 십중팔구 제네바의 시민이었던 자크 그루에(Jacques Gruet)로 1547년 칼빈의 인가를 받아 처형되었는바, 그는 이와 관련해서 '자연적인 종교'(religio naturalis)에 관해 말하였으며 그 토대를 우리 마음에 하나님의 성서가 새겨주었다. 그 결과 우리는 단지 마음의 흐름을 따를 필요가 있다. 이로써 강력한 발자취가 성취되었다. 저자는 사분데의 라이문트와 정통주의의 대변자들과 같이 더 이상 자연적인 신학에 대해 말하지 않고, 오히려 자연적인 종교에 대해 말하는데, 이는 보편적으로 인간적이며 모든 긍정적인 종교들에 토대가 되며 이(자연적인) 빛에서 소위 종교주창자들의 모든 계시 주장들이 비평적으로 검증되어야만 하는 것이다.

계몽주의 역사에 있어서 자크 그루에의 의미는 강조하기에 지나침이 없을 것이다. 왜냐하면 그의 책 『De Tribus Impostoribus』(세 사기꾼에 관한 책)는 비밀리에 유포되고 있던

7) 비교. W. Gericke (Hg.), Das Buch 『De Tribus Impostoribus』(3대 사기꾼) (Quellen, Neue Folge 2), Berlin 1982.

종교비판적인 문서들과 더불어 계몽주의 기간에 폭 넓게 전파되었는데, 그것은 인쇄되기보다는 자필원고의 형태를 띠었다. 정통주의에 의해 금서로 지적된 이 책은 지금까지 41개의 원고(필사본)로 여러 도서관에서 오늘날에도 존속하고 있다.[8)]

또한 지오프리 발레(Geoffroy Vallee, 1500년 출생)를 들 수 있다. 그는 자신의 책『La Beatitude des Chrestiens』(그리스도인들의 지복에 관해서, 1573)에서 주장하기를, 모든 종류의 계시신앙은 인간을 하나님 앞에서 부단한 두려움으로 이끌며 지상에서 지옥을 준비하도록 시킨다. 그러므로 사람들은 계시신앙을 단순한 신앙으로부터 오로지 지복이 가능하도록 만드는 하나님에 대한 참된 지식으로 안내해야만 한다.[9)] 또한 이 문서는 계몽주의에서 암암리에 전파되었다.

프랑스 법률가 장 보댕(Jean Bodin, 1530-1596)도 정신이 비슷하다. 그의 주저는 소위『Colloquium heptaplomeres』(7사람의 대화 혹은 7중적인 대담)로 1593년에 저술되었다. 위의 책『De Tribus Impostoribus』(세 사기꾼에 관한 책)와 같이 유사한 방식으로 보댕은 '자연종교'라는 표현을 사용하였다. 보댕의 작품에서 이러한 자연종교의 주창자는 이미 이신론의 의미로 설명한다. 즉 아담은 최상의 종교를 소유하였다는 것이다.[10)]

게다가 당시에 '두 시기의 전투영역'이 있었다. 1580년 파리에서 발간된 법률가 보댕의 다른 책인『De la demonomanie des sorciers』(마법사의 악마적인 신들림에 관하여)가 이를 잘 보여준다. 이 책에서 저자는 그 시대에 가장 피비린내 나는 마법사 추적자로 나타난다.

4. 소지니주의(반(反)-삼위일체론)

이탈리아인 렐리오(Lelio)와 파우스토(Fausto) 소지니는 소지니주의로 불렸는데, 이들

8) 비교. W. Gericke, Die handschriftliche Ueberlieferung des Buches Von den Drei Betruegern, in: Studien zum Buch- und Bibliothekswesen 6, 1988.

9) G. Gawlik, Der Deismus als Grundzug der Religionsphilosophie der Aufklaerung, in: Hermann Samuel Reimarus, ein "bekannter Unbekannter" der Aufklaerung in Hamburg (Veroeffentlichung d. Joachim-Jungius-Gesellschaft der Wissenschaften Hamburg), Goettingen 1973, 17.

10) F. Mauthner, Der Atheismus und seine Geschichte im Abendlande II, Stuttgart u. Berlin 1922, 101.

은 반(反)-삼위일체론주의자 혹은 일신론주의자(유니테리언)로 부분적으로는 종교개혁의 이상에 의해 촉진된 것이었다. 그럼에도 불구하고 그들 본래의 정신적인 고향은 인문주의에 있다.

이 운동의 창시자는 스페인 의사 미구엘 세르베투스(Miguel Servet, 1511-1553)로 그는 제네바에서 칼뱅에 의해 처형당했는데, 비판적인 인문주의자요 고대교회 교리사 전문가였다. 그의 신학적인 노력의 무게중심은 기독론에 있었는데, 이는 부분적으로는 양자론적이며, 부분적으로는 양태론적인 흐름을 취했다. 그래서 세르베투스는 신플라톤적인 빛의 형이상하이라는 생각과 결부되었다. 창조자의 빛에서 반영되지 않는 피조물은 아무 것도 없다. 이 같은 관점은 그 당시에 개신교 측면에서 모든 것이 원죄와 칭의론으로 방향이 주어졌기에 최악의(극단적인) 충돌을 불러올 수밖에 없었다. 이점에서부터 칼뱅의 정력적인 저항이 신학적으로 파악된다. 물론 당시에 제네바에서 세르베투스에 반대하여 취해졌던 체포과정은 법률적인 조처가 아니었지만, 적어도 칼뱅의 승인 아래 이루어진 것이었다. 반(反)-삼위일체론주의자들은 교회의 개혁을 결말짓고, 근원적으로 기독교를 회복시킬 것을 요구하였다. 이러한 요구는 세르베투스의 주저의 타이틀에 잘 나타났는데, 『Christianismi Restitutio』(기독교의 회복)은 1553년 출간되었다. 반(反)-삼위일체론주의자들은 종교개혁을 넘어서서 중세뿐만 아니라 고대교회의 권위도 문제시하였다. 종교개혁자들은 가톨릭교회의 교리들 가운데 어느 정도를 제거하도록 했으나, 4-5세기의 고대교회에서 형성되었던 삼위일체론과 기독론 같은 교리들은 손을 대지 못한 채 내버려두었다. 이에 대해 세르베투스는 이의를 제기하였고, 2-3세기의 양자론과 양태론이라는 사상의 편집으로 회귀하였다.

세르베투스는 이제까지 사람들이 믿어왔던 것보다 더 큰 영향을 계몽주의에 끼쳤다. 내가 발견한 바에 따르면, 당시에 그의 작품의 일단의 원고들이 비밀리에 회자되었다. 예를 들어 작센의 주도서관인 드레스덴에는 세르베투스의 작품인 『De Tribus Impostoribus』(세 사기꾼에 관한 책) 복사본 세 편이 보존되어 있는데, 이는 18세기에 간행된 것이었다. 베를린 국립도서관의 Ms. Diez. C. Quart. 37에 언급된 메모에 따르면 프로이센 왕가 도서관

사서인 마투린 바시에 라 코르조(Mathurin Veyssiere la Croze, 1661-1739)는 매우 보기 드문 세르베투스의 주저『Christianismi Restitutio』(회복된 기독교) 사본 1부를 소장하고 있었는데, 이 판본은 세르베투스의 처형과 관련해서 보건대 완전히 폐기처분되었어야 할 것이었다. 또한 라이마루스(H. S. Reimarus)도 동일한 사본을 소유하고 있었다. 요한 로렌츠 폰 모스하임(Johann Lorenz v. Mosheim)은 1727년『Historia Michaelis Serveti』(미카엘 세르베투스 이야기)를 작성하였으며, 증보판은 1750년에 발행되었다.

16세기와 17세기 초에 세르베투스의 여파(영향)는 폴란드와 루마니아 북부지방에서 매우 강력하였다. 당시 이곳은 정치적인 관계에서 보건대 양심의 자유가 비호(庇護)되었던 곳이다. 이곳에서 이탈리아 출신의 파우스토 소지니(Fausto Sozzini, 1539-1604)가 반(反)-삼위일체론과 결합된 신학을 만들었는데, 이는 1605년에 간행된 라카우어(Rakauer) 교리문답에 종합되어 나타난다.

여기에서 소지니는 기독론과 관련해서 세르베투스에게서 보였던 형이상학적이고 양태론적이며 범신론적인 구성요소를 제거하고, 역동성과 양자론을 지지하였다. 하나님은 한 분이시고, 그리스도는 본질적으로 인간이다. 그러므로 그리스도는 하나님으로서 인간을 위해 고난을 당하실 수 없다, 그는 단지 율법의 수여자요 도덕교사이다. 소지니주의에 깊이 관여하였던 레싱(Lessing)은 이런 기독론을 특징적으로 수용하였다. 그러나 독일의 계몽주의자들이 삼위일체 교리에 대한 근본적인(철저한) 거부를 결단하지는 않았다.

그밖에 사람들은 소지니주의를 두 개의 초점을 지닌 타원으로 비유하였는데, 그 초점은 고백과 성서주의(성서를 글자 그대로 해석하는)다.[11] 신학적으로 유일한 인식 근거는 영감된 성서인데, 이는 단지 주변적인 것이 아니라 종교적인 진리의 내용과 관련된 것이다. 물론 이때 요한복음의 서론과 다른 본문들이 그리스도의 신성에 대해 말하고 있지만, 그렇다고 해서 선재(先在)적으로 해석될 수 있는 것은 아니다. 소지니주의자들의 이성 개념은 순전히 지성적이다. 그들은 이성에서 건강한 인간의 이해력(사고력, ratio sana)을 받아들였다. 소지니의 손자인 안드레아스 비조바티(Andreas Wiszowaty, 1608-1678)는『Religio

11) W. Nigg, Geschichte des rligioesen Liberalismus, Zuerich u. Leipzig 1937, 43ff.

rationis』(이성적 종교)라는 제목의 책을 저술하였다. 이점에서 소지니주의자들은 언제나 새로운 근거들로써 정통주의자들의 교리들은 불가능하고 불합리하다는 점을 표명하였다. 삼위일체론, 그리스도의 두 본성, 선재사상, 원죄, 만족설(배상설), 육체의 부활과 같은 교리들을 비판하였다.

가톨릭의 반(反)-종교개혁을 통해 폴란드에서 유니테리언 교회를 박멸하는 기회에 소지니주의의 사상과 많은 옹호자들이 네덜란드와 영국에서 받아들여졌다. 영국에서 이 운동의 대표자는 케임브리지 대학에서 뉴턴(Newton)의 후계자인 윌리엄 휘스턴(William Whiston, 1667-1752)으로 그의 주저는『Primitive Christianity』(원시기독교. 개정판, 1711/12)이다. 그는 1710년 자신의 교수직을 상실하였다. 독일에서 소지니주의자는 알트도르프에 있는 의학교수 에른스트 조너(Ernst Soner, 1572-1612)였다.

C 인간의 내면에 관해 하나님의 계시를 주창한 학자들

1. 신비적 영성주의(Der Spiritualismus)

종교개혁으로부터 '좌편'으로 기울었던 종교적이고 신학적인 흐름들은 관습적으로 '영성주의'라는 표시 아래 통합되었다. 이에 관해서는 이 시리즈의 II/5에서 상세히 다루었다. 많은 연구자들은 오히려 "신비적인 범신론"(Mystischer Pantheismus) 혹은 "16세기의 독일 범신론"(Deutscher Pantheismus im 16. Jahrhundert)이라고 표시를 사용하길 원한다.[12] 그러나 하나님과 세계가 서로 일치한다고 여겼던 "범신론자들"이라는 의미에서 볼 때, 토마스 뮌처(Thomas Müentzer), 세바스티안 프랑크(Sebastian Franck), 파라켈수스(Paracelsus), 발렌틴 바이겔(Valentin Weigel), 야콥 뵈메(Jacob Boehme)를 비롯한 "영성주의자들"은 해당되지 않는다. 비록 이들이 특별한 방식으로 성령의 능력과 사역을 위한 증인이 되길 원했다 하더라도 그들 모두는 삼위일체론적인 하나님신앙의 토대 위에 서 있었다. 그러므로 그들의 태도는 역동적인 성격을 가졌다. 그들의 경건은 하나님의 직접성이라는 특별한 인상을 지니고 있었다. 그들은 단단하게 조여진 교회의 가르침에 대해 말씀과 성서 안에서

12) 그래서 S. Wollgast는 동일한 명칭의 책을 출간하였다. Berlin 1972.

부드럽게 만들면서 활동하였다.

독일 신비주의에서 자신의 선구자를 찾을 수 있는 영성주의자들은 일반적으로 간주하듯이 경건주의의 전(前) 역사만이 아니라 계몽주의의 전 역사에도 해당한다. 왜냐하면 그들은 두 가지 문제점에 몰두하였는데, 이는 교회의 계몽주의가 손을 댄 이성과 계시라는 주제이기도 하다.

a) 성령은 인간적인 이성과 어떻게 관계하는가?

b) 계시의 담지자로서 성령은 성서와 어떻게 관계하는가? 왜냐하면 하나님은 내적으로 성령을 통해, 마음을 통해 활동하시기 때문이다. 반면에 성서의 문자는 계시의 외적인 수단이다.

영성주의자들에게 계시는 성령을 통한 직접적이고, 현재적인 계시였다. 즉, 하나님은 오늘 인간의 마음에 말씀하신다. 영성주의자들은 직업인으로서 교인들의 '벙어리' 하나님을 거부하였다. 그들은 이전에는 성서 안에서 말하였으나, 그러나 이제는 더 이상 성서 안에서 말하지 않는다.

이성의 '자연적인 빛'에 대한 태도에서 영성주의자들은 상이한 입장을 취하였다. 우리는 먼저 확실한 불신을 보지만, 후에는 보다 긍정적인 평가를 발견하게 된다. 영성주의자들이 자연철학을 사용하면 할수록 긍정적인 평가는 증가한다. 여기에서 니콜라우스 쿠자누스(Nikolaus von Kues, 1401-1461)의 영향이 주목할 만하다. 그는 중세 후기의 가장 저명한 사상가로 마침내 브릭센의 감독이요 추기경이 되었고, 세계와 모든 피조물이 하나님의 표현이요 반영(explicatio dei)이라고 보았다. 그래서 인간적인 이성도 신적인 성령의 표현이요 거울이라고 하였다.

토마스 뮌처(Thomas Müentzer, 1489-1525)는 계시와 이성 간의 차이를 주장하였다. 그는 로마서 1;21절 이하에 따라 루터와 공유했던 확고한 신념을 나타냈는데, 이는 자연적인 이성이 하나님에 맞서 폐쇄적이고, 타락하였고 어둡게 되었다는 것이다. 그 결과 "기독교 신앙은 육적인 인간에게 ... 불가능한 일"[13]이 되었다. 그래서 뮌처는 "자연은 은총과 더불어 ... 뒤얽혀졌다."는 이들에 반대할 수 있었고, "자연적인 빛의 주제넘음"[14]과 "자연의 거짓된 빛"[15]에 대해 말할 수 있었다. 뮌처는 자신의 반(反)-인문주의적인 감정을 분명하게 표현하지 않을 수 있었다. 그러므로 그는 하나님이 성령을 통해 "우리의 알려지지 않은 어두움을 ... 일깨워야만 한다고"[16] 요구하였고, 이로써 우리는 신앙에 도달할 수 있다. 여기에서 뮌처는 길고도 성령에 의해 인도된 양육과정을 갖고 있는데, 말하자면 "인류의 교육"을 생각했다.[17]

그러나 하나님이 우리의 영혼을 직접적으로 조명하면, 종이 같은(무미건조한) 성서는 이류가 된다. 성서는 결코 계시의 의미를 소유하지 못한다. 성서는 신앙을 제공하지 않는다. 성서는 단지 증언의 교본으로 영적인 경험의 사례들로 가득한 그림책일 뿐이다. 그러므로 성서는 뮌처에게 있어서 단지 교훈적이고 교육적인 가치만을 갖는다. 즉, 성서는 역사적인 책에 다름 아니다. 그러므로 레싱(Lessing)과 더불어 말하자면 성서는 단순히 우발적인 역사의 진리들을 포함하고 있다. 그러나 하나님은 우리에게 필연적이며 영적인 진리에 대해 직접적으로 설득해야만 한다.

뮌처와 동시대에 살았거나 혹은 그 이후의 영성주의자들은 '자연적인 빛'(lumen naturale)에 대한 이해에서 본질적으로 뮌처와 구별되었다. 세바스티안 프랑크(1499-1542)는 다시금 매우 강력하게 인문주의에로 다가갔다. 그는 "외적인"(역사적인) 그리스도를 "내적인" 그리스도로부터 구별하였다. 내적인 그리스도에 관해 그는 그리스도가 구약성서에서 "처음부터 숨겨져 있었다."고 기술할 수 있었다. 마찬가지로 플라톤, 소크라테스 그리고 다른 비기독교적인 철학자들도 "내적인 그리스도"를 소유했었으리라고 보았다.

13) Thomas Muentzer, Schriften und Briefe, hg. v. G. Franz, Guetersloh 1968; "Ausgedrueckte Entbloessung, 인쇄된(표현된) 노출"(G. Franz), a.a.O., 281.

14) 다니엘 2장에 대한 주해 (G. Franz), a.a.O., 250.

15) Von dem gedichteten Glauben (G. Franz), a.a.O., 219.

16) Ausgedrueckte Entbloessung (G. Franz), a.a.O., 286.

17) W. Gericke, Thomas Muentzer als Theologe des Geistes und seine Sicht von der Erziehung der Menschheit, in: Herberger der Christenheit 1977/78, 47-63.

"플라톤, 세네카, 키케로 그리고 모든 계몽된 이교도들은 이를 자연의 빛 혹은 이성이라고 불렀고, 신앙의 규범, 즉 성서와 신학은 말씀, 하나님의 씨앗 그리고 하나님의 아들이라고 명명하였다."[18] 그러므로 프랑크는 자연적인 빛을 이교적인 철학과 결국에는 그리스도 안에 거주하는 로고스와 동일시하였다. 이는 실제적인 의미를 갖는다. 즉 그리스도-계시는 이성종교, 자연종교를 포함한다.

프랑크는 『Vier Kronbuechlein』[19](네 권의 왕관소책자)에서 세네카의 말에 동의하면서 다음과 같이 인용하였다. "왜냐하면 자연은 무엇인가 하나님과 다르다. ... 양자는 하나이며 그들의 직무에서 결코 차이를 갖지 않는다." 이미 프랑크는 하나님의 본질(Wesen)을 위해 "본체"(Substanz)라는 개념을 사용하였다.[20] "내적인 그리스도"와 "내적인 인간"에 관한 그의 가르침으로부터 성서는 더 이상 필요하지 않게 되었다. 프랑크는 성서의 문자를 하나님의 말씀으로부터 구분하였으며, 하나님의 말씀을 성서의 영(정신)과 동일시하였다. 즉 "문자와 성서의 문법적인 의미가 아니라, ... 오히려 영(정신), 의미, 주해 그리고 이해만이 하나님의 말씀과 동일하다."[21]

파라켈수스(Theophrast Bombast von Hohenheim, 1483-1541)는 자연의 이해에 전심으로 집중하였다. 그에게서 "자연의 빛"이라는 개념은 하나의 새로운 의미(해석)를 갖게 되었다. 그것은 단순히 주관적인 "이성의 빛이 인간의 내적인 신성에 주어졌다"(lumen rationis homini divinitus interius inditum)만이 아니라, 이를 넘어서 객관적인 빛, "자연 그 자체"이다. 즉 "경험의 연구"를 통해 인간에게서 발견되는 이성의 자연적인 빛인 것이다. 그러므로 학문적인 경험과 연구를 통해 해명되고 간파할 수 있게 된다.[22] 자연은 인간적인 이성에 상응한다는 니콜라우스 쿠자누스와 세바스티안 프랑크에 의해 대변되는 사상이 근저에 깔려 있다. 파라켈수스는 그 어떠한 방식으로도 현대적인 연구자로 불릴 수 없는 것이 분명하다. 그럼에도 불구하고 여기에 현대적인 자연과학의 토대가 놓여 있다.

18) 비교. Francks "paradoxa ducenta octaginta", 1534, 그리고 "Die vier Kronbuechlein"(1534), 비교. S. Wollgast, a.a.O., 161.
19) S. Wollgast, a.a.O., 159.
20) S. Wollgast, a.a.O., 135, 158, 161, 257.
21) "Paradox" 10, S. Wollgast, a.a.O.,170.
22) E. Metzke, Coincidentia oppositorum, Witten 1961, 34.

토마스 뮌처의 신학 곁에 파라켈수스의 자연철학은 초파우(Zschopau)의 목사인 발렌틴 바이겔(1533-1588)의 이론을 위한 결정적인 원천이 되었다. 파라켈수스의 생각을 계승하고 점성술적인 사변과 결합하는 가운데 바이겔은 천체를 대표하는 하늘을 통해서 객관적인 "자연의 빛"을 발견하였다. 그러므로 주관적이고 인간적인 자연의 빛(lumen naturale)은 별의 특성을 갖는다. 이전에 뮌처에 의해 깔보듯이 판단되었던 이성은 바이겔에 의해서 별들에 기원을 두는 것으로 매우 높게 평가되었다. 즉, 이성은 신적인 영(정신)의 전단계로 파악되었다. "하나님으로부터 나오는 영"은 인간의 영혼이요, 하나님의 형상이다. 이성은 하나님과 함께 살아야만 한다. 이것이 실제로 발생하는 곳에서 우리는 그리스도와 연합된 "내적인 인간"을 다루게 된다. 이제 더 이상 성서도 의식(혹은 제의)도 필요로 하지 않는다. 그러므로 바이겔은 원죄와 개별적인(실제적인) 죄를 "본질이나 실체"로 고찰하지 않고, 오히려 단지 "우연, 임시, 성질"로 파악한다.[23]

괴를리츠(Goerlitz)의 구두수선공인 야콥 뵈메(1575-1624)도 파라켈수스의 "자연의 빛"을 객관적이고 주관적인 의미에서 인계받았다. 뵈메는 다음과 같이 말했다. "하나님의 위대한 건축은 자연의 빛에서 명백하게 드러났다. 그러므로 하나님의 빛이 누군가에게 비추이면, 모든 것을 인식하게 된다. ... 그러나 자연의 빛에서 연구하라."[24]

"자연의 빛"에 대한 뵈메의 존중과 함께 그리스도를 알지 못하는 이교도들은 정죄를 받게 되리라는 정통주의자들의 견해에 대해 프랑크와 마찬가지로 뵈메도 종교적으로 강력한 충격을 받았다는 사실이 서로 결합되어 있다. "이교도들 가운데에도 자연에서 깨달았던 이들이 있었으니, 그들은 자연과 그의 영향을 인식하였다. 비록 이것이 거룩한 빛이 아니라, 미개한 자연의 빛이라 하더라도 말이다."[25]

성서와 관련해서 보건대, 뵈메는 루터와 카스파 폰 슈벵크펠트(Kaspar von Schwenckfeld,

---

23) V. Weigel, Ausgewaehlte Werke, hg. v. S. Wollgast (Texte zur Philosophie- und Religionsgeschichte), Berlin 1977, 219.

24) E.-H. Lemper, Jakob Boehme. leben und Werk, Berlin 1976, 159, 뵈메의 작품을 언급하는 가운데. "Unterricht von den letzten Zeiten" I u. II, 1620=8. u. 11. Sendbrief an Paul Kaym.

25) J. Boehme, Aurora oder Morgenroete im Aufgang, 32, in: Schriften Jakob Boehmes, hg. v. H. Kayser, Leipzig 1920, 103.

1489-1561)를 따르는 가운데 (성서가 지닌) 구원의 효력을 거부하였던 뮌처, 프랑크, 바이겔보다 보수적이었다. 슈벵크펠트에게서와 마찬가지로 뵈메에게 성서는 성령의 섬김 가운데 있다. 성서는 "도구"이며, "트럼펫 같은 것으로서 성령의 진정한 소리에 속한다. 그리고 이 소리와 더불어 문자에서 일치한다."[26] 그밖에 뵈메의 지배적인 사상은 세상은 활기(혼)를 불러 넣어주고, 하나님은 세계영혼이라는 것이다. 성령이신 하나님은 "가시적인 세계에 숨어계신다. ... 마치 영혼이 몸 안에 있듯이."[27]

영성주의는 다음의 요점들에서 계몽주의를 예비하였다.

a) 영성주의는 관용의 사상을 강력하게 앞당겼다. 왜냐하면 영성주의자들에게서 개별적인 인격, 심한 박해, 보복조치를 방치하는 것이 주요한 문제로 다루어졌기 때문이다. 그럴수록 종교적인 용서에 대한 그들의 요구는 이해할만하다.

b) 영성주의는 자연에 대한 관심에 활기를 주었고 파라켈수스와 마찬가지로 부분적으로는 학문적인 자연인식을 위해 사전작업을 하였다.

c) 계시와 이성의 관계에서 영성주의자들은 은총의 빛이 지닌 우선성을 훼손하지 않으면서 언제나 이성의 자연적인 빛이라는 역할을 결정적으로 제시하였다. 자연과 은총의 일치라는 견해가 점증하면서 정통주의의 원죄론은 해체되었다.

d) 세계가 활기(혼)를 불어 넣는다는 이해는 많은 계몽주의자들, 예를 들어 레싱에게 커다란 역할을 하였다.

e) 영성주의자들이 성서의 영(정신)에 의거하여 성서의 문자를 평가절하 하였다는 점은 근본적인 결과를 가져왔다. 내적인 계시를 상위에 놓음으로써 외적인 계

26) J. Boehme, Mysterium Magnum, 28, 56, in: Jakob Boehme, Glaube und Tat, hg. v. E. H. Paeltz, Berlin 1976, 195.
27) J. Boehme, Mysterium Magnum, Vorrede I (Paeltz), a.a.O., 112.

시의 담지자는 중요하지 않은 것으로 간주되는 경향이 발생하였다. 즉, 성서만이 아니라 교회와 예배도 소홀히 여겨졌는데, 이는 진리의 소유라는 제도적인 요청에 대한 오해에서 비롯한 것이었다.

여기에서부터 레싱의 성서비평이 이해될 수 있다. 요약하자면, 영성주의는 경건주의의 선구자일 뿐만 아니라 분명한 정도로 계몽주의의 선구자이기도 하다.

2. 재세례파

재세례파는 영성주의자들과 구별된다. 즉, 이 운동은 취리히에서 콘라트 그레벨(Konrad Grebel, 1498-1526)에 의해 시작되었고, 메노 시몬스(Menno Simons, 1496-1561)가 이 운동의 가장 영향력 있는 지도자였으며, 그 영향은 오늘날까지도 메노나이트파라는 종교적인 공동체에서 생생하게 살아있다.[28] 재세례파 운동의 본질은 "결코 단순한 형식이 주어진 것이 아니며", 오히려 이 운동은 "짐작컨대 간단한 정의를 허용하기 위하여 역동적이었다."[29] 어떤 경우에도 근대 역사에 있어서 재세례파의 "획기적인(선구적인) 수고"는 중요한데, "종교적인 자유의지와 교회와 국가의 분리라는 위대한 두 가지 원칙을 실행에 옮기려 했다."는 점에서 그러하다.[30]

28) H.-J. Goertz, Die Taeufer. Geschichte und Deutung, Muenchen 1980.

29) P. Peachey, Die gegenwaertige Wiedergewinnung des taeuferischen Leitbildes, in: G. F. Hershberger (Hg.), Das Taeufertum, Erbe und Verpflichtung, Stuttgart 1963, 312.

30) P. Peachey, a.a.O., 314.

제2장

새로운 인식과 학문의 방법

A 도입

우리는 계몽주의와 관련된 중세, 종교개혁과 근대 초기의 영적인 흐름들을 고찰한 후에, 이제 계몽주의가 전개시키는 새로운 시대에로 향하고자 한다.

계몽주의의 기원에 결정적인 것은 발전에 따른 성서적 세계상의 동요와 현대 자연과학의 발전이다. 성서적인 것과 형이상학적인 것을 대가로 이성적이고 자연적인 것이 점점 더 많이 부각되었다. 이러한 현상은 철학에서는 데카르트(Descartes)와 스피노자(Spinoza), 법학에서 그로티우스(Grotius)와 푸펜도르프(Pufendorf) 그리고 토마시우스(Thomasius), 신학에서는 라이프니츠(Leibniz) 이후 진행되었다. 이때에 하나님신앙은 침해되어서는 안 되었다. 더구나 새로운 하나님 논증(데카르트)을 발견하였다. 1670년경에 비로소 처음으로 독일의 무신론자인 크누첸(Knutzen)을 만나게 되는데, 그는 스피노자의 영향에 의해 동기를 부여받았다. 이제 급진적인 인문주의에 기인하는 이신론이 성서와 교회의 교리라는 구조에 대해 공격을 감행하였고, 교회의 신학(신신학, Neologie)에 전혀 결과가 없는 것은 아니었다. 이러한 발전의 정점이요 종합에 해당하는 레싱이 합리화 과정을 통해서 계시를 구원하려고 시도하였던 반면에 칸트는 이를 합리주의와 도덕주의로 대체시켰다.

B 새로운 자연과학

1. 새로운 세계상의 발견자들

16세기부터 간주되는 자연과학적인 통찰은 무엇인가 전적으로 새로운 것이었으며, 서양의 전승에서 아무런 연결을 갖고 있지 않다는 사실은 의심의 여지가 없다.

이런 과정은 니콜라우스 코페르니쿠스(Nikolaus Kopernikus)의 저작『De revolutionibus orbium coelestium』(천체의 회전에 관하여, Nuernberg 1543)의 출간을 통해 발생되었다. 이 책은 아리스토텔레스와 프톨레마이오스의 주장 이래 계속해서 타당한 것으로 간주되었던 지구 중심의 세계상을 태양 중심의 세계상으로 대체하였다.

사람들은 이렇게 근본적으로 새로운 것(혁신)에 맞서 보수적인 전통의 수호자인 교회가 즉각적으로 강력한 입장을 취해줄 것을 고대했을 수도 있을지 모르겠다. 그럼에도 불구하고 당분간 그런 일은 일어나지 않았다. 오히려 개신교 진영의(복음적인) 신학자인 뉘른베르크의 종교개혁자 안드레아스 오시안더(Andreas Osiander)는 코페르니쿠스의 책을 발행하였다. 물론 그는 서문에서 저자(코페르니쿠스)의 관점은 가설이라는 표현으로 출간하였다. 그런데 당시에 이러한 형식은 세계상을 전복시키는데 적합한 유일한 수단이요 새로운 체계였다. 즉, 효과적으로 행사하기에 안성맞춤이었다. 왜냐하면 코페르니쿠스는 자신의 이론을 위해 주효하며 명료한 논증을 제공하지 않았기 때문이다. 그러므로 그의 작품은 당시의 전문가들에 의해 철저히 외면을 당했다. 그럼에도 불구하고 맨 먼저 루터파 대학들에서 새로운 가르침을 위한 피난처를 제공하였다.

이는 루터와 멜란히톤과 친분관계에 있었던 비텐베르크의 수학자들인 요아힘 라에티쿠스(Joachim Rhaeticus)와 에라스무스 라인홀트(Erasmus Reinhold)였다. 튀빙엔에서는 이전에 목회자로서 코페르니쿠스의 가르침을 요한네스 케플러(Johannes Kepler)에게 중재하였던 수학자 미카엘 마에스틀린(Michael Maestlin)이었다.

물론 루터는 시의적인 탁상담화(대략 1539년)[1]에서 코페르니쿠스의 책이 출판되기 오래 전에 이 '새로운 점성학자'를 거부하였다. 그러나 사람들은 종교개혁자의 이러한 견해(입장)을 과대평가하지 않았다.

루터의 근거는 다음과 같다. "도리어 나는 여호수아가 땅이 아니라, 태양이 멈추어 있으라고 했던 성서를 믿습니다." 이는 종교개혁자 자신이 이미 오래 전에 벗어났던 형식적인 성서주의를 나타낸다. 왜냐하면 그는 이미 자신의 방대한 성만찬문서들(1527/1528)에서 근본적으로 옛 세계상을 극복하였다.

성만찬문서들에서 루터는 그리스도가 소위 'Empyreum', 즉 4층으로 생각된 세계(지옥, 땅, 천문학에서의 하늘)를 넘어서 하나님의 천상에서 왕좌에 앉아계신다는 견해를 깨뜨

1) WATR 4, Nr. 4638, 비교. Josua 10,12f(여호수아 10;12절 이하)

렸다. 그래서 루터는 자신의 적대자들에게 다음과 같이 말했다. "아! 저들이 하늘에 관해 말하는 것은 유치하고 어리석다. 그들이 그리스도께서 하늘 저 위에 있는 한 장소에 계시다고 말하는 것은 마치 황새가 나무 위에 둥지를 틀고 있다고 하는 것처럼 고지식한 것이다."[2] 여기에서 루터의 편재설이 발생하였는데, 이에 따르면 들려올라간 그리스도의 몸은 도처에 계신다는 것이다. 이미 1520년의 한 설교는 특별히 시사성을 잘 나타낸다. "만일 그들이 머리로 하늘을 뚫고 그곳을 둘러본다면, 그때 저들은 아무도 찾지 못한다. 왜냐하면 그리스도는 구유와 여인의 품에 계시기 때문이다."[3]

하나님 혹은 그리스도를 찾기 위하여 루터는 하늘이 아니라 역사를 지시하였다. 이점에서 정통주의는 적어도 부분적으로는 루터를 따랐다.

크벤슈테트(J. A. Quenstedt, 1617-1688)에 따르면, 정통주의는 하늘과 관련해서 다음과 같이 구분된다.

a) 물리적인 하늘(coelum physicum).

b) 천사들과 지복자들의 하늘(coelum angelorum et beatorum), 이는 더 이상 물리적인 장소(locus corporeus)나 한정된 장소(determinatus)가 아니라 단지 하나의 "분명한 사실/현실"(certum)이다. 특히 이곳에서 하나님이 영광 중에(장엄하게) 계시하신다.

c) 하나님 계신 장엄한 하늘(coelum Dei majestaticum), 이는 바로 영원하고 무한한 하나님의 영광 자신이며, 그분의 천상의 편재하며 전능하신 통치권이다. "하나님의 거주지요, 창조의 첫 날에 만들어졌어야만 하는(Coelum empyreum s.

2) WA 26, 422.
3) WA 9, 495-497.

igneum)의 채택은 기각되었다."[4]

그럼에도 불구하고 정통주의가 새로운 세계상에 관해 아무 것도 알기를 원치 않았다는 사실이 더욱 더 기이하다. 1707년에조차 홀라츠(D. Hollaz)는 자신의 책『Examen theologicum acroamaticum』에서 코페르니쿠스의 가르침을 비성서적인 것으로 거부하였다. 이를 위해 멜란히톤의 권위는 결정적인 것이었는데, 그는 특별히 자신의 물리학 교본인『Initia doctrinae Physicae』(1549)에서 아리스토텔레스 - 프톨레마이오스의 천문학과 물리학을 최종적인 것으로 선언했다. 그는 아리스토텔레스의 철저하고 명쾌하게 분류한 세계 관념에 대해 경탄하였는데, 그에게 하나님은 예술가요 건축가의 정신(mens architectatrix)으로 나타났다. 또한 그는 과거의 세계관을 지배하였던 목적론적인 특성에 매료되었다. 아리스토텔레스에 따르면 질료는 형상을 요청한다. 아리스토텔레스 물리학에서 목적을 향한 과정은 모든 자연 현상의 열쇠이다.

이미 스콜라주의 신학은 기독교적인 창조 관념의 결합을 통해 아리스토텔레스의 관점을 보완하였고 수정하였다. 멜란히톤은 창조로부터 구원을 넘어 최후의 심판에 이르는 성서적인 구속사를 덧붙였다. 그래서 그리스 학문과 성서적인 섭리신앙의 혼합이라는 공간적이고 시간적으로 종결된 전체가 발생하였는데, 여기에서 하나님은 아리스토텔레스의 제1 운동자 대신에 인격화된 섭리로, 배려있으며 현명한 군주(주권자)요 족장으로서 자신의 통치권을 행사하신다. 멜란히톤에 따르면 땅은 인간을 위해 질서정연하고 조화로운 우주의 중심으로 만들어졌다. 멜란히톤은 지구중심으로 결합된 인간중심적인 견해를 널리 안내하였는데, 그는 루터에 의해 전적으로 거부된 천문학을 분명한 한계 안에서 수용하였다. 즉 일식과 월식, 천체 두 개의 합 (달의 합삭, 合朔) 같은 것은 인간에게 길을 안내하고 경고를 주었던 미래의 표지이다. 단지 독신자(瀆神者), 하나님과 인간의 원수가 이러한 예술작품과 보배롭게 안배된 세계상을 침해한다. 또한 가톨릭의 종교재판관들이 브루노

4) Chr. E. Luthardt, Kompendium der Dogmatik, Leipzig 1914, 11 Aufl. 148

(Bruno)와 갈릴레이(Galilei)에게 유죄판결을 내릴 때에 유사하게 느꼈다. 따라서 브루노와 갈릴레이의 무법적인 전진은 분명 정당화될 수 없었다. 사람들이 이러한 견해를 가지고 성서의 세계상에 관한 진술을 과대평가하고, 하나님과 세계 그리고 인간을 너무 초라한 것으로 생각했던 것이 뒤늦게야 파악되었다.

코페르니쿠스의 세계관을 위해 부족한 논증은 그 다음 시대에 일련의 연구자들에 의해 제시되었다. 즉 그들은 케플러(Kepler), 갈릴레이(Galilei), 베이컨(Bacon), 뉴턴(Newton), 보일(Boyle)이었다. 요한네스 케플러(1571-1630)는 뷔르템베르크 출신이었다. 그의 운명은 당시 시대가 어떻게 흘러갔었는지를 통해 잘 나타난다. 그는 비록 루터파 기독교인이었음에도 불구하고 개인적인 신념으로 말미암아 편재설을 인정할 수 없었기에 일치신조에 서명하는 것을 거부하였고, 그래서 고향에서 루터주의자들에 의해 박해를 받았다. 따라서 그는 재가톨릭화를 앞두고 있거나 이미 합스부르크 지역들에서 오랫동안 피난처를 발견했고, 잠시 프라하에서 황제 루돌프 2세의 궁정 천문학자로 있었다. 그는 1616년부터 망명생활을 했다. 결국 그는 마녀로 몰려 화형을 당하기 전에 자신의 어머니를 구출하기 위해서 자신의 생애 가운데 일 년 이상을 성공적인 투쟁에 바쳤다.

케플러가 발견했던 세 개의 행성규칙은 다음과 같다.

a) 행성의 통로는 코페르니쿠스가 받아들였던 원(형)이 아니라, 그 초점에 태양이 서 있는 타원형이다.

b) 태양과 행성의 중점 사이의 연결선인 항로는 비록 행성의 순환속도가 통로에서 태양에 가까운 부분일수록 빨라지고, 태양에서 멀어질수록 느림에도 불구하고 동일한 시간에 동일한 표면을 스쳐간다.

c) 행성의 순환시간의 평방은 그 중심거리가 태양으로부터의 입방과 관계한다.

한 때는 수도사였던 이탈리아인 조르다노 브루노(1548-1600)는 연구자가 아니라 자연철학자로 프랑스와 영국에서 활동했으며 2년 동안 독일의 비텐베르크에서 가르쳤다. 그는 그곳 대학의 자유로운 정신과 교육 수준을 감사하며 칭찬하였다. 1592년 고향으로 되돌아갔을 때, 그는 베네치아에서 종교재판소에 넘겨졌고 7년간 구금되었다가 로마에서 공적으로 화형에 처해졌다. 코페르니쿠스와 케플러가 옛 세계상의 잔여로서 우리의 태양계가 여전히 움직이지 않는 항성에 의해 둘러싸여 있다고 생각했던 반면에 브루노에게 항성들은 무한한 태양 중심으로 우리의 태양도 행성들에 의해 둘러싸여 있다고 보았다. 이로써 무한하고 경계가 없으며 동질의 세계에 대한 통찰력이 열렸는데, 그 어떤 것도 이보다 더하거나 덜한 것을 생각할 수 없었다.

갈릴레오 갈릴레이(1564-1642)는 피사, 파두아, 플로렌츠에서 수학교수를 지냈으며, 코페르니쿠스적인 세계상의 정당성을 증명함으로써 천문학에 대한 결정적인 발견을 했다.

그는 지구에서 볼 때 금성이 태양 주위를 회전하면서 그 모습이 지속적으로 바뀌었고, 지구로부터의 거리에 따라 보이는 크기가 커졌다 작아졌다 한다는 사실을 이미 1600년에 발견하였다. 이로써 금성은 태양 주위를 순환하며 그로부터 빛을 받아들이는 '지구'가 있다는 사실이 증명되었던 것이다. 자신의 작품 『Nuncius sidereus』(별세계로부터의 메시지, 1610)에서 갈릴레이는 목성을 순환하는 천체에 대한 기별을 세상에 제공하였다. 두 가지 발견과 함께 지구와 다른 행성들을 비교할 수 있음이 자명해졌다. 망원경을 통해 행성들의 바뀌는 크기가 코페르니쿠스의 전제들에 따라 계산해 낸 것과 완전히 일치하는 치수임을 증명하였다. 갈릴레이는 항성들과 행성들이 다양한 방식의 빛을 가지고 있다는 것을 발견했다. 전자는 빛을 발하는 태양이며, 후자는 어두운 지구이다. 더 나아가 그는 태양의 흑점을 관찰하였고, 따라서 태양의 운동이 고유한 차축으로 고정되었음을 밝혀냈다. 그래서 몇 년 안에 옛 세계상은 결정적으로 무너졌고, 코페르니쿠스의 세계관은 확장되고 심화되었다.

그밖에 갈릴레이는 낙하법칙과 투척(관성)법칙을 발견하였고, 역학적인 물리학의 근본개념을 작성하였다. 케플러와 갈릴레이의 발견을 위한 토대는 세계현상을 설명하려는 수학의 필연적인 일관된 적용에 놓여 있다. 양자에게 있어서『자연의 책』은 수학적인 서신으로 기술되었다.

비성서적인 가르침의 방식이라는 비난에 대항하기 위하여 갈릴레이는 1613년 태양의 흑점에 관한 세 편의 서신에서 성서는 단지 구원의 문제에서만 권위를 가질 뿐이라고 설명했다. 성서에서 다른 모든 것은 자연과학의 확정된 사실에 따라서 설명되어야 한다. 1616년 3월 5일 교황 파울루스 5세는 교령(Indexkongregation)을 통해 코페르니쿠스의 가르침을 정죄하였다. 갈릴레이는 경고를 받았다. 자신과 친분관계에 있던 교황 우르바누스 8세(Barberini) 치하에서 갈릴레이는 코페르니쿠스의 가르침에 대한 표현(설명)을 감행하도록 허용될 것으로 믿었고, 1632년 자신의『Dialogo』(대화)를 출판하였다. 그러나 종교재판에 회부되었고, 1633년 6월 22일 철회를 강요받았다. 1822년이 되어서야 코페르니쿠스 가르침에 대한 문헌적인 대변이 가톨릭교회에 의해 해제되었다(자유롭게 되었다). 영국인 프랜시스 베이컨(1561-1626)은 정치인이요 국새상서(國璽尙書, 1617)로 상서(尙書, 재상)와 베룰람(Verulam)의 백작(1621년 퇴위)이기도 했다. 그는 위대한 학문의 방법론자인 동시에 뛰어난(두각을 나타낸) 저술가였다.[5] 그는 시간을 뛰어넘는 수많은 표현들의 저자였다.[6] 그는 자신을 실험하지는 않았으나, 자신의『Novum organum』(신기관, 1620)에서 철학은 사실을 필요로 한다는 것과 유용성이 문제이며 경험, 귀납법, 실험이 진보의 핵심이라는 입장을 주장하였다. 그는 이런 진보를 환상적으로 발전하는 기술의 모습에서 예견하였다. 학술원, 연구소, 증기기관과 방수로(放水路) 배와 같은 사례들이다. 그는 갈릴레이를 무시하였다.

1669-1703년까지 케임브리지에서 수학교수였던 아이작 뉴턴(1643-1727)은 귀납적이고 분석적인 방법의 사용을 결정적인 결과로 이끌었다. 그의 의견에 따르면 가설은 그것이 형이상학적이든지 물리학적이든지 간에 실험적인 철학에 속하지 않는다. "이 철학에서 명제들은(Lehrsaetze) 현상들로부터 도출되었고, 귀납법을 통해 일반화되었다."(Philosophiae naturalis principia mathematica, 1687) 그러므로 종합적인 방법은 언제나 전제에 있어서 분석

5) 그의 "에세이"는 1597-1625년에 발행되었다.

6) "아는 것이 힘이다"; "Natura parendo vincitur."

적이다. 근본적인 것은 경험이요 실험이다. 평가는 그가 미분(학)을 통해서 보완했던 수학의 도움의 결과로 발생했다. 미분의 발견은 라이프니츠와 공유하였다.

뉴턴은 사과의 낙하와 천체의 회전에서, 즉 지구와 천지만물(우주)에 동일한 원-법칙이 지배한다는 것을 증명하였다. 그것은 중력(Gravitation)의 법칙이며, 다수의 매력과 관성의 힘이 협력하고 이로써 행성과 달이 원과 유사하게 운동하도록 불러일으킨 것을 의미한다.

그래서 전체의 현실세계는 엄격한 법칙에 따라 규칙적인 것으로 기술적이고 계산할 수 있는 자연의 인과관계라는 원칙으로 이해가 된다.

갈릴레이와 뉴턴이 물리학에서 활약했다면, 옥스퍼드와 런던에서 물리학과 화학을 위한 왕립연구소의 공동창시자였던 로버트 보일(1626-1691)은 화학에서 두드러졌다. 베이컨과 뉴턴과 같이 그는 진리인식에 이르는 유일하게 허용된 길을 경험에서 보았다. 보일은 연금술로부터 화학을 만들었다. 그러므로 그에게는 더 이상 여러 종류의 재료를 섞어서 만드는 '마법의 물약'(Lebenselixiere)이나 금을 제조하는 것이 아니라, 육체의 재료적인 구성을 연구하는 것이 중요하였다. 그는 원자론적(기계적)이고 인과론적인 화학의 창시자였다. 그는 '요소들'(물론 아리스토텔레스의 사원소인 불, 물, 공기, 흙은 아니다)에서 성분을 식별하였다. 이 재료는 더 이상 상이한 종류의 구성요소로 나눌 수 있는 것이 아니다.

물론 정밀하게 안내된 요소론은 앙투안 라부아지에(Antoine Laurent Lavoisier, 1743-1794)에 의해 형성되었다. 그는 1768년 이래 프랑스 아카데미의 회원으로 1744년에는 산소를 발견했고, 1783년에는 물의 구성성분을 밝혀냈다.

이 모든 연구자들은 단지 간과할 수 없는 일련의 학자들 가운데 선두에 있는 이들이다. 이들에 의해 현대의 자연과학이 속행될 수 있었던 것이다.

2. 새로운 세계상의 의미들

새로운 세계상은 매우 다양한 종류의 세계관과 종교적인 해석을 낳았다.

a) 한동안 베이컨의 비서로 활동했던 영국인 토마스 홉스(Thomas Hobbes, 1588-1679)는 결코 고유한 연구자라기보다는 철학자였다. 그는 자신의 스승의 사상을 지속함으로써 다음의 결론에 이르렀다. 즉, 단지 경험적인 것만이 확정적일 수 있다. 그러므로 그는 의미의 수용이라는 바탕에 기초를 둔 유물론적이고 기계론적인 체계를 세웠으며, 그 결과 인간에게서 영적이고 정신적인 현상들을 순수 육체적인 운동으로 환원시켰다. 정신은 육체의 운동이 되었다. 홉스는 육체의 개념을 본질(실체)의 개념으로 동일시하였다. 그에게 비육체적인 실체는 불합리하고 무의미한 것이다. 반면에 하나님은 정신적이고 그럼에도 불구하고 존재한다고 말한다면, 홉스는 하나님이야말로 결코 철학의 대상이 아니라고 답변했다.
이런 체계는 무신론적으로 비쳐질 수 있다. 홉스는 이에 대해 싸웠는데, 왜냐하면 영원하고 따라서 학문의 거머쥠을 멀리하는 무조건적인 제1원리라는 사상 앞에서 학문은 필연적으로 소멸하기 때문이다. 학문은 언제나 시간적이고 유한한 원인들에서 중단되어야만 한다. 하나님은 인간적인 이성으로는 전적으로 인지할 수 없다. 18세기의 프랑스 백과사전파는 홉스의 '무신론적인' 경향에로 소급된다.

b) 두 번째 세계관적인 해석은 여전히 논의 중인 바룩 스피노자(Baruch von Spinoza)의 철학을 포함한다. 스피노자에 따르면 정신은 존재한다. 그러나 정신은 실체에 대해 물질과 분리할 수 없게 결합되어 있다. 스피노자는 이 실체를 하나님이라 부른다. 홉스적인 유물론과 구별해서 이런 변형은 범신론에로 이끌었다. 그러나 또한 이로부터 무신론적인 결과와 결부되었다.

c) 반면에 정신의 자명성은 르네 데카르트(Rene Decartes)가 대변했는데, 그의 철

학은 마찬가지로 여전히 상세하게 설명되어야만 한다. 그것은 인식을 성취하는 사유의 존중이었다. 내 자신에 관해 생각하건대, 나의 실존을 인식한다는 것이다. 하나님은 사유하는 정신에 자신의 스탬프를 각인시켰다. 이런 평가로부터 얻어진 가능한 결과는 인식이 더 이상 경험으로부터가 아니라, 오히려 오성(Ratio, 기하학, geometrico)으로부터 규정된다는 것이었다. 데카르트는 직관적이고 합리적인 인식방법을 경험적인 것보다 확실한 것으로 간주하였다. 그 의미는 대체적으로 궤변적이다. 인식의 우위성은 합리주의에로 이끌며, 결국 실재의 상실과 더불어 주관적인 관념론이 된다. 이는 데카르트의 후계자들에게서 나타난다.

존 로크(John Locke, 1632-1704)[7]는 그가 설명하려는 모든 것을 이해력을 갖고 다루고 파악하면서 '이념'이라 불렀다. 그는 이념을 외부에 존재하고 전적으로 다를 수 있는 사물과 대립해서 인식내용이라고 불렀다. 인식의 설명이 언제나 대상에 대한 참된 모사는 아니다. 그러므로 육체의 세계에 대한 본래적인 '학문'은 주어질 수 없다. 본질과 실재 안에 있는 사물 자체는 우리 인식 노력의 재료가 아니라, 우리의 인식이 그에 대해 설명하고 있는 것이다.

조지 버클리(George Berkeley, 1685-1753)는 한 걸음 더 나아갔다. 그는 1734년부터 영국 성공회의 감독이었다. 그에게는 그 어떤 객관적인 실재는 없으며, 다만 설명만이 있을 뿐이다. "Esse est percipi." "대상은 정신의 상태이다."[8] 하나님은 특정한 규정과 결과로 우리 안에서 제조된다.

이러한 발전의 종점은 데이비드 흄(David Hume, 1711-1776)인데, 그는 일시적으로 영국의 공직에 있었다. 그의 잘 알려진 저작은 『인간 오성에 관한 탐구』(London 1748)이다. 그의 철학은 우리가 '정신(영)'이라고 부르는 것은 없다는 신념에서 출발한다. 여기에서 합리주의가 굴러간다. 정신, 영혼, 자아는 다름 아닌 다양한 인식내용들의 '묶음 혹은 종합'으로 이는 서로 이해할 수 없을 정도의 속력으로 연속된다. 정신, 원인(인과관계)이라는 개념

---

7) 비교. 아래의 50과 57페이지 이하를 보라.

8) F. Dessauer, Naturwissenschaftliches Erkennen, Frankfurt a. M. 1958, 117.

들의 배후에 아무 것도 없다. 결국 칸트는 여기에서 다음과 같은 물음을 삽입한다. 자연에 관한 확실한 지식인 학문이 어떻게 가능한지? 뉴턴은 그것을 어떻게 설명했는가?

경험론적이고 범신론적이며 합리적인 해석 외에 특별히 기독교적인 해석도 있다. 그 담지자는 본질적으로 그 시대 자체의 위대한 자연연구자들이었다. 적어도 독일과 영국에서 자연과학 자체는 기독교 전통에 대한 연속성을 보존하였고, 따라서 여전히 18세기에도 신앙과 학문 사이의 대립이 발생하는 것을 저지하였다. 그러나 프랑스에서는 이 둘 간의 대결이 있었다. 케플러, 뉴턴, 보일은 신실한 기독교인들이었다. 뉴턴은 다니엘과 요한계시록에 관한 주해를 저술하였다. 그는 성서 예언들의 문제에 전념하였다. 그는 물론 교회의 삼위일체론과 기독론을 암암리에 부인하였다. 이점에서 그는 소지니주의자들의 방식으로 합리적으로 생각했다. 보일은 신대륙(북미)에서 복음의 확장을 열렬하게 주창했던 인물이었다. 그래서 그는 기독교 종교에 반대하는 이들에 맞서 2년 동안 행한 분량의 설교를 재단에 유산으로 남겼다.

케플러는 자신의 작품인『Harmonices Mundi』(세계조화)에서 하나님의 작품의 "놀랄 만한 아름다움"을 증명하였다. 그는 다음과 같이 기록했다.

> "오 당신이여, 당신은 자연의 빛을 통해 당신의 은총의 빛에 따르는 요구를 우리 안에서 가르치십니다. 이를 통해 우리를 당신의 영광의 빛으로 이끄시기 위함입니다. 나는 창조주요, 하나님이신 당신에게 감사를 전합니다. 왜냐하면 당신은 당신이 만드신 것으로 내게 기쁨을 주셨기 때문입니다."

우선 "자연의 빛"은 수학적으로 생각하는 것이 가능한 인간적인 이성의 빛이다. 동시에 이것은 객관적이고 수학적인 합법성인데, 이를 통해 세상의 구조가 명백하게 되었다. 말하자면 연구하는 자는 자연에서 자기 자신과 재회한다. 그러므로 우주는 수학적으로 정향된 자신의 사유에 상응한다는 사실에 착수하였다. 따라서 자연과학자는 하나님을 고찰할 수 있다. 그러므로 자연과학자는 하나님의 작품의 영광을 인간에게 드러낼 수 있다. 그러나 여기에서 - 모든 관습적인 경건에 있어서 - 이미 전이가 명백해진다.

a) "자연의 빛"은 "은총의 빛"과 "영광의 빛"에 앞서 첫째로 불리게 되었다.

b) 계시는 성서적인 구원행위의 드러냄뿐만 아니라 무엇보다 합법성에서 세계의 일치와 조화이다.

c) 이전에 하나님이 기적 가운데 이 같은 합법성을 통과했을 때 직관되었다. 이제 기적은 자연의 규칙성 안에 존재한다.

d) 이제 인간은 하나님의 형상으로 살아가는데, 그것은 하나님의 작품으로 인식되고 선포된다. 따라서 이전에 그가 소유했던 것보다 더 커다란 의미를 갖는다.

e) 새로운 학문의 대변자는 새롭게 발견된 세계의 합법성을 하나님의 실존과 활동을 위한 증거로 고찰하였다. 하나님은 세계기원과 세계존속의 설명을 위한 학문적인 가설로서 실제적으로 다루어졌다. 물론 이것은 단지 하강하는 정도로 실제에 적용되었다. 여전히 케플러는 행성운동에 있어서 직접적으로 신적인 조화를 받아들였다. 뉴턴은 이를 고려하지 않았고, 케플러의 법칙을 단지 기계적인 근본법칙으로부터 도출하였다. 그럼에도 불구하고 그가 행성체계의 기원과 그 규칙적인 구조와 불변의 확고한 안정성을 설명하기 원했을 때, '하나님'이라는 가설이 없이 한 것은 아니었다. 프랑스 수학자요 천문학자인 피에르 시몽 라플라스(Pierre Simon Laplace, 1749-1827)는 오랜 시간이 지난 후에 도대체 그의 체계 안에 하나님을 위한 공간이 있느냐고 물었던 나폴레옹의 질문에 대답할 수 있었다. "나는 이 가설을 필요로 하지 않았다." "케플러에게 하나님에 대한 학문의 긍정적인 인식을 의미했다면, 반면에 뉴턴에게는 하나님을 위해서는 단지 간극을 메우기 위한 공간만 두었다."[9] 라플라스에게 이런 간극은 봉쇄되었다.

9) C. F. v. Weisaecker, Zum Weltbild der Physik, Stuttgart 1958. 7 Aufl. 136.

f) 그럼에도 불구하고 기계적인 자연과학의 돌진에 맞서 반대 흐름이 발견되었다. 여기에서 케임브리지 플라톤학파가 - 랄프 커드워스(Ralph Cudworth, 1617-1688)와 헨리 모어(Henry More, 1614-1687) - 언급될 수 있을 것이다. 이들은 야콥 뵈메(Jakob Boehme)의 사유에 의해 영향을 받았다. 그들의 근본물음은 실재가 질료로부터 순전히 기계론적이고 원자론적으로 설명될 수 있는지 아니면 실재가 생생하게 형성된 신적인 정신에로 환원되어야만 하는지를 물었다. 그들은 후자를 긍정했는데, 개별 현상에 대한 좁은 범위에 대한 기계론적인 자연 설명에 제한을 두었던 것이다. 그들은 도처에서 세계정신, 즉 하나님의 활동을 생기 있게 보았다.

케임브리지 플라톤주의자들에 의해 영향을 받았던 레싱도 자신의 첫 번째 신학적인 단편인『헤른후트파에 관한 숙고』(Gedanken ueber die Herrnhuter, 1750)에서 측량술에 굴복당한 뉴턴과 라이프니츠 그리고 그들의 후계자들에 반대하였다. 그들은 "머리는 채웠으나, 마음은 텅 빈 채로 있다." 겔러르트(Gellert)는 내적인 창조의 경건을 대변하였다.[10]

C 철학

두 명의 위대한 철학자 르네 데카르트(Rene Descartes)와 바룩 스피노자(Baruch de Spinoza)는 이 시대의 사색적인 발전에 있어 결정적이었으며, 계시에 맞서 이성의 가치와 지위를 고양시키는 일에 현저한 방식으로 기여하였다.

1. 르네 데카르트

르네 데카르트(1596-1650)는 옛 프랑스 귀족 출신이었으며, 예수회 학교의 학생이었다. 후에 군복무를 하였고 그 다음에는 네덜란드에서 직업 없이 지냈으며, 마침내 스웨덴 여왕 크리스티네(Christine)의 철학교사로 일했다. 그의 첫 작품은『Discours de la

10) "Wenn ich, o Schoepfer, deine Macht", 1757.

Methode』(방법서설, Leiden 1637)이었다. 1619년 11월 10일, 병사로서 겨울 숙영(宿營)을 하느라 울름 근교에서 머물고 있을 때 그는 "확고하고 변경 불가능한 결정"을 붙잡았다. 이는 "내 생각에 그렇게 분명하고 명확하게 설명할 수 없는 것은 결코 참으로 받아들일 수 있는 사실이 아니다." "그 어떤 동기(원인)를 가지지 않은 것은 의심한다."

"이러한 방식으로 나는 점점 더 나를 우리 오성의 자연적인 빛이 어둡게 했던 오류투성이로부터 해방시켰다." 자신의 생각에 질서를 부여하기 위해서 데카르트는 수학의 모범에 따라 방법을 만들었다. 즉 인식의 단순한 요소들로부터 복합적인 것을 가능한 한 연역적으로 조합하였다. 이를 통해 그의 정신은 "자신의 대상들을 분명하고 명백하게 설명하는데" 익숙해졌다. 그래서 당시 23살에 불과했던 젊은 데카르트는 그 안에 존재하는 오성의 자연적인 빛(lumen naturale der ratio)에 대한 신뢰 가운데 진리에 대한 추구에 착수하였다. 헤겔의 표현에 따르자면 방법론적인 의심과 함께 시작하는 가운데 철학은 다시 시작되었던 것이다.

"그러나 내가 이러한 방식으로 사유하기 시작했던 동안에 모든 것이 잘못되었다는 것을 느꼈던 즉시로 그렇게 생각했던 것은 필연적인 것이다." 그래서 데카르트는 그 어떤 회의주의자도 충격을 줄 수 없었던 "철학의 첫 번째 원리에 도달했다. 즉 "나는 생각한다. 그러므로 나는 존재한다."(cogito, ergo sum)

첫 번째 원리로부터 발생한 두 번째 인식은 "나는 실체라는 것이었다.[11] 실체의 모든 본질과 본성은 단지 사유하는 데에서만 존재하며, 존재에 있어서는 그 어떤 장소도 필요하지 않고, 그 어떤 물질적인 사물에도 종속되지 않는다. 따라서 이러한 자아, 즉 영혼은 나여야만 하는 나를 통해서 육체로부터 완전히 구별되었다." 이것이 데카르트적인 합리주의이다. 데카르트는 세 번째로 사유하며 실체 외에 연장하는, 즉 물질적인 실체를 받아들였다. 그러므로 그는 정신과 물질의 이원론을 대변하였다.

11) 데카르트에 따르면 실체는 "스스로를 통해 존재할 수 있는 능력을 지닌 사물이다."

자신의『Meditationes de prima philosophia』(철학의 기초에 관한 명상, Paris 1641)에서 데카르트는 '신의 현존재에 관해' 다루었다.

이로써 데카르트는 내가 다른 많은 이념들 외에 내 안에 하나님의 이념도 가지고 있다고 주장했다. 무한한 실체라는 이 이념은 나 자신에 의해 창조되었을 수 있다. 그럼에도 불구하고 데카르트에 따르면 사정은 그렇지 않다. 자연적인 빛의 통찰(이해)과 관련해서 데카르트는 전통적으로 '객관적인 실재'(realitas objectiva)라는 철학적인 개념을 이용하였다. 이념들은 그 배후에 있는 객관적인 실재를 대표할 수 있다. 그러므로 무한한 실체의 이념도 단순히 유한의 부인이라고 형성된 부정적인 개념이 결코 아니다. 오히려 그것은 유한한 실체보다 비교할 수 없을 정도로 크며 고유한 실재를 실제로 무한하게 능가하는 객관적인 실재를 대표한다. 유한하고 한계가 있는 본질인 내가 어떻게 그러한 이념을 만들었어야 하는가?

사람들은 여기에서[12] 데카르트가 실제로 무한한 다수가 있다는 것을 인식했던 최초의 수학자들에 속한다는 것을 기억해야만 한다. 또한 실제로 무한은 수학적으로 긍정적인 개념으로 보였는데, 이는 집합이론적인 발견들(G. Cantor 등등) 가운데 1900년 이래 수학에서 관철된 견해이다. 계속해서 무한이라는 개념은 유한의 개념에 의해 종속되지 않고 오히려 정반대이다. 즉, 무한의 개념인 '신'이라는 개념은 나 자신의 개념인 유한의 개념에 "확실한 정도로 앞서 있다." 나는 유한으로서 단지 무한의 배후에 있는 유한을 생각할 수 있다. 그래서 다음이 뒤따른다. 유한하게 사유하는 자아는 자기 자신을 인식하기 위해서 하나님의 인식을 필요로 한다. 다시 말해서 유한하고 불완전한 본질의 이념을 파악하기 위해서 나는 이미 무한하고 완전한 본질의 이념을 갖고 있어야만 한다. 그래서 데카르트는 다음과 같이 종합할 수 있다. "전체를 강요하는 논거의 힘은 나 자신이 나의 본성을 가지고 존재할 수 있는 것이 불가능하다는 - 즉, 나는 내 안에 하나님의 이념을 가지고 있기에 - 것을 인정하는 데에 달려있다. 비록 하나님이 실제로 존재하는 것이 아니라 할지라도, 저 하나님은 내 안에 이념이기에, 즉 내가 파악하지 못하는 모든 것을 완전하게 소유하기 때문에 확실한 방식으로 사유에 도달할 수 있다." 더 정확하게 말한다면, 나의 인식은

12) 이점에 대해 지시하는 것으로, I. Klaer, Descartes' Gottesbeweis (Th V 5), Berlin 1975, 166.

전적으로 타자인 무한의 존재에 의해 연루되었다. 내가 데카르트의 형식을 진지하게 받아들이면 하나님은 내게 고유한 하나님의 이념을 심어주시는데, 이는 "예술가가 자신의 작품에 각인시켜 놓은 표지와 마찬가지이다."

하나님 이념의 소여성으로부터 온 하나님의 증명은 철학적으로 가능하며, 하나님의 증명에 관한 칸트의 비판과 관계되지 않는다. 정반대로 데카르트가 대변했던(다섯 번째 명상) 신의 현존재는 신의 완전성에 속한다는 존재론적인 증명을 보라.

그래서 데카르트는 다음과 같이 기술했다.[13]

> "나는 우리의 신학을 존중하였고 다른 이들과 마찬가지로 하늘을 구하려고 노력했다. 그러나 그곳에서 길은 가장 무지한 자와 다를 바 없이 가장 학식이 뛰어난 자에게도 열려 있다는 사실과 계시된 진리가 우리의 이해력을 능가한다는 것을 내게 확언해주었다. 그래서 나는 파악력을 나의 연약한 판단에 굴복시키는 것을 감행하지 못하였다. 나는 생각하기를, 하늘의 조력이 필요하고, 그것을 검증하고 따라서 성공을 거두는 것을 시도하기를 원했던 사람보다 더한 존재가 되어야만 한다고 여겼던 것이다."

그래서 데카르트는 계시의 메시지를 초이성적인 것으로 무시하였고, 결국 사유와 증명의 합리적인 길에 집중하였다.

2. 바룩 스피노자

유대교 출신인 바룩(Benedictus) 스피노자(1632-1677)는 암스테르담에서 출생하였고, 1656년 회당에서 쫓겨나 헤이그에서 사망했다. 1665년에 작성된 그의 『Tractatus theologico-politicus』(신학정치론 혹은 정치신학적 논고)는 1670년 익명으로 출판되었다. 그

13) Discours de la Methode I, 11.

의 주저인 『Ethica, more geometrico demonstrata』(윤리론, 에티카)는 1677년 비로소 『Opera posthuma』(사후 작품)으로 출간되었다.

1662년 이래 스피노자가 연구했던 '윤리'는 본래적인 윤리의 영역에 속하는 3-5부분에서만 문제점을 다루었다. 첫 부분은 "하나님에 관해"이며, 두 번째 부분은 "정신의 본성과 기원에 관해서" 다루고 있다. 바룩 스피노자는 자연과학의 수학적 방법에 대해 기대는 것처럼 보인다. 이를 위해 분석과 종합 간의 상호관계와 경험과 생각의 일치가 특징적이다. 반면에 스피노자는 그 어떤 분석이나, 경험에 대한 사상의 검증도 알지 못했다. 그는 순전히 종합적으로 나아갔고, 원리들과 근본적인 원리들인 자의적으로 정해진 정의들로부터 근거를 마련하였다. 그로부터 명제(Propositiones)들이 도출되었다. 이는 논증(Demonstrationes)을 통해 강화되었고, 여러 가지로 첨가(Corollarien)와 주해(Scholien)가 뒤따랐다.

『윤리』에서 스피노자는 데카르트 철학의 변형에 착수했다. 데카르트에 의해 서로 날카롭게 구분되었던 두 실체들인 사유와 연장 대신에 스피노자는 다음과 같이 정의내릴 수 있는 유일한 실체를 받아들였다: "나는 실체에 대해 자체 안에 있고 자체를 통해 파악되는 것으로 이해한다. 즉 그 개념은 그로부터 형성되기 위해서 하나의 다른 사물의 개념을 필요치 않는다." 스피노자는 이 실체를 하나님이라고 불렀다. "하나님에게서 나는 절대적으로 무한한 본질, 즉 무한한 속성으로 구성되는 실체를 이해하는데, 이로부터 저 영원하고 무한한 존재가 표현된다."(I권, Definitionen) 이러한 "하나님 혹은 실체"는 필연적으로 존재한다.(I, 11. Lehrsatz) 사유와 연장(물질/질료)은 하나님 - 실체, 이 두 가지의 가장 탁월한 속성이다. 양자는 두 개의 서로간의 마디에 상응하는 측면으로 동일한 마지막 실재를 위해 합의된 것이다. 스피노자는 이 둘로부터 두 속성의 유한한 현상양식 혹은 형상들인 양태(Modi)를 구분하였다. 사유의 양태는 개별적인 이념 혹은 정신이며, 연장의 양태는 개별적인 사물이다. 하나님은 자신의 두 속성들과 함께 "창조하는 본성"(natura naturans)이다. 반면에 양태는 "피조된 본성"(natura naturata)으로 스피노자는 이를 "하나님의 본성의 필연성으로부터 뒤따르는 것, 즉 하나님의 속성의 모든 현존재 양식"으로 이해한다.(I, 29, Anm.) 그러므로 성서적인 의미에서 "창조"에 관해서는 말할 수 없다. "피조된" 모든 것은 무한한 하나님-자연(본성)으로부터의 논리적인 결과요, 파생이며, 결과이다. "자연 안에는 결코 우연한 것이 없으며, 오히려 모든 것은 확실한 정도로 존재하고 활동하는 신적인 본성의 필연성을 규정하는 것을 이룰 수 있다."(I, 29) 스피노자는 하나님이 모든 것을 특정한 목적에로 인도하고 모든 것을 인간을 위해 만드셨다는 수령(인수)을 거부(기각)하였다. "피조된 자연"은 결코 하나님으로부터 떠나지 않으며 오히려 신적인 실체의 여전한(변함없이) 부분이다. "모든 것은 하나님 안에(하나님의 일부) 있고, 아무 것도 하나님 없이는 존재하거나 파악될 수 없다."(I, 15) 사유와 연장이 동일한 실체의 두 측면이라는 사실은 "이념의 질서와 연결이 사물의 질서와 연결과 동일하다는 것이다."(II, 7, 비교 V, 1) 이것은 정신적인 것과 육체적인 것 사이의 상호작용은 배제하는 "심리적이고 물리적인 병행론(일치)"의 원리이다.

인간적인 정신은 영원하고 무한한 하나님의 본질에 적합한 참된 인식을 갖는다. 왜냐하면 "인간적인 정신"은 "하나님의 무한한 오성의 부분"(Zusatz zu II, 11)이다. 이성(ratio, 단순한 견해opinio나 표상imaginatio과 구별되어, II, 40, 2. Anm)의 본성 안에는 사물이 우연으로서가 아니라, 오히려 필연적인 것으로 놓여 있다. 즉, "영원의 관점 아래에서"(sub quadem aeternitatis specie) 고찰되는 것이다.(II, 44)

더구나 스피노자는 사물의 본질에 대한 적합한 인식을 위해 직관적인 지식(scientia intuitiva)을 이성(ratio)과 구별하였다. 말하자면 "첫 순간에 대한"(II, 40, 2. Anm) 본질의 인식이다. 이러한 직관적인 지식으로부터 하나님에 대한 지적인 사랑(amor dei intellectualis, V, 33)이 기원한다. 그러나 인간적인 지성이 신적인 지성의 부분이라는 것은 다음을 의미한다. "하나님에 대한 정신의 지적인 사랑은 바로 하나님이 자기 자신을 사랑하는 하나님의 사랑이다."(V, 36) 확실히 하나님의 사랑이라는 개념으로써 감정적인 요소는 합리적이고 논리적으로 세워진 스피노자의 엄격한 체계 안으로 들어온다. 그럼에도 불구하고 그는 사람들이 생각하는 것처럼 "신비주의"를 단지 적은 범위에서 허용한다. 오히려 신비주의는 전적으로 스피노자의 "우주신론적인 체계"의 테두리 안에 자신을 한정시킨다.[14)]

스피노자의 윤리는 다음의 원칙을 따른다. "하나님은 단지 자연의 법칙에 따라 행하

14) 비교. F. H. Jacobi, Spinozabuechlein, 1785.

신다."(I, 17) 그러므로 여기에서 하나님은 자유의지로부터 활동하지 않으신다는 것(I, 32 Zusatz 1)과 모든 것은 결정되었다는 사실이 생겨났다. 또한 우리 인간이 선과 악이라고 명명하는 것은 절대적인 실체로부터의 필연성을 따르는 것이다. 하나님은 윤리적으로 무관심하고(I, 33, 2. Anm.) 아무 것도 선의 관점(sub ratione boni)에서 행하지 않는다. 그러므로 선과 악은 사물들 스스로에게 귀속되는 특성이 아니라 단지 상이한 인간적인 설명방식이다.(Anhang zum I권) 그러므로 선이든 악이든 원칙에 따라 행한다는 것은 인간에게 의미가 없는 것이다. 따라서 가치(중요함)는 단 하나의 이성의 관점을 가지며 이로써 유익의 문제인 것이다.(IV, 24) 그래서 스피노자의 윤리는 필연적으로 공리적으로 규정된다.

스피노자 철학의 근원에 대해서는 영성주의와 상당히 연루되어 있음도 언급되어야 한다. 볼가스트(S. Wollgast)[15]는 세바스티안 프랑크(Sebastian Franck)의 작품들이 17세기 중반까지 네덜란드에서 보급되었다는 사실과 스피노자가 프랑크를 철저히 읽었다는 사실을 가르쳐주었다. 이미 프랑크는 하나님의 본질을 위해 "실체"라는 표현을 사용했었다.[16] 사람들이 이를 과대평가하지 않아야만 한다고 할 때, 그럼에도 "의심할 바 없이 프랑크에게서 정해진 방향은 마침내 스피노자에게 안내되었다."[17]

스피노자의 하나님 개념은 거의 완전히 합리화되었다. 철학자(스피노자)는 하나님의 표상으로부터 모든 신인동형론을 제거하였다. 하나님은 실체요, 본성(자연)이며 계속해서 아무 것도 아니다. 자연주의와 무신론에 도달하기 위해서 사람들은 단지 "하나님"이라는 이름을 스피노자의『윤리』로부터 쓰다듬을 필요가 있다고 여겼을 것이다. 그러나 그의 작품을 주의 깊게(빈틈없이) 읽어본 사람은 스피노자가 이를 명백하게 의도하지 않았음을 곧 깨닫게 된다.[18] 그러나 스피노자는 유대적이고 기독교적인 하나님의 인격성을 제거하

---

15) S. Wollgast, a.a.O. (Kap. 1, Anm. 12), 259ff.

16) S. Wollgast, a.a.O., 135, 158, 161, 257 (비교. 위의 Kap. 1, Anm. 20).

17) S. Wollgast, a.a.O., 158.

18) F. Mauthner, a.a.O. (kap. 1, Anm. 10), ii, 364. 마우트너는 다섯 번째 부분의 단락에서 스피노자가 지성적인 하나님의 사랑(amor dei intellectualis)을 인정(지지)한 것은 "하나님"이라는 단어가 "자연/본성"이라는 개념을 통해 대체될 수 있는 것이 불가능하다는 것을 가르쳐주었다.

였는데, 이는 하나님의 말에서 인격적으로 창조자임을 표방하는 것이며, 육신이 되신 말씀인 예수 그리스도 안에서 본질적으로 주체로서 인식되는 것이다. 스피노자의『윤리』에서 그리스도가 가장 적은 역할을 하는 것은 아니다. 주체로서의 하나님의 자리에 실체로서의 하나님이 나타난다. 이 하나님은 자신을 계시할 수 있는 것이 아니라 오히려 무관심 가운데 머무른다. 그 결과 그는 인간을 위해 흥미롭지 않으며, 그가 결코 응수할 수 없는 인간에 대한 사랑의 진술(증언)은 - 스피노자가 자신의『윤리』에서 결정한 - 저자가 이미 오래전에 포기했던 것을 다시 되돌리려는 절망적인 시도처럼 활동한다.

스피노자가 자신의『윤리』에서 하나님의 문제를 다루었을 때, 그의 "신학적이고 정치적인 소책자"는 성서를 취급하였다. 근본적으로 이 작품은 정치적인 문헌이다. 저자는 네덜란드의 공화파 정치가(Ratspensionaer)이며 양심의 자유를 옹호했던 얀 데 비트(Jan de Witt)의 통치에 도움을 주길 원했다. 이는 이미 제목의 설명에서 잘 나타난다. "다음에 제시된 일련의 논문들이 내포하는 것은, 자유롭게 철학하는 것은 종교와 시민의 자유를 위해 위험이 없이 단지 허락될 수 있는 것이 아니라, 오히려 철학하는 것의 금지가 필연적으로 시민의 자유와 종교를 위험하게 하는 것이다." 스피노자는 "성서의 역사성에 대한 생각을 완전한 날카로움으로 파악했던 첫 번째 인물"이다.[19] 성서에 대한 그의 입장은 자신의 일원론으로부터 잇따른다.

> "연장과 사유, 자연과 정신, 사물의 질서와 이념의 질서는 두 개의 상이하며 근본적으로 서로 분리된 것이 아니라, 오히려 일치하며 동일한 기본법에 근거하는 질서들이다. 그러므로 역사적인 존재의 고찰은 자연적인 존재의 고찰로부터 떨어져 나가는 것이 아니라, 오히려 양자는 동일한 관점 아래에서 실행되어야만 한다."

왜냐하면 자연의 설명의 방식과 같이 스피노자 자신은 다음과 같이 말했다.[20]

---

19) E. Cassirer, Die Philosophie der Aufklaerung, Tuebingen 1932, 248.

20) Theol.-pol. Traktat (T.T.), Kap. VII.

"특히 사람들이 자연사를 작성할 때, 자연법칙을 따르는 확실한 사실로부터 취하듯이 마찬가지로 성서를 설명할 때 필요한 것은 엄격하게 사실적인 이야기를 수립해야 한다. 이를 위해서 확실한 사실들과 토대를 바탕으로 성서 작가들의 견해를 올바른 결과에로 도출해야 한다."

그것으로부터 다음과 같은 원칙들이 결과적으로 발생한다.

a) 사람들은 성서의 언어들, 특히 히브리어와 함께 성서의 역사를 신뢰하게 만들어야만 한다.

b) 성서의 많은 구절들의 비유적 묘사는 다른 구절들과의 비교를 통해서 분명하고 명확하게 설명될 수 있어야만 한다. 그럼에도 불구하고 그 같은 구절들이 성급하게 우리의 이성에 맞추어져서는 안 된다. "전체 성서의 이해는 단지 그 자신으로부터만 창조될 수 있다."

c) 사람들은 예언서 전체의 역사를, 특히 저자의 삶을 포함해서 연구해야만 하며 이 문서들을 그들의 시대로부터 설명해야만 한다.

이 같은 방식으로 성서의 역사가 완성되었을 때에야 비로소 사람들은 "예언자와 성령의 의미"를 연구할 수 있다. 성서역사의 연구는 다음의 결과를 밝혀준다. "성서는 단지 한 사람에 의해 특정한 시대의 백성을 위해서 기술된 것이 아니라, 오히려 다양한 정신과 다양한 시대에 많은 사람들에 의해서 기술된 것이다."(Kap. XIV) 모든 영감설을 거부하는 가운데 스피노자는 성서를 인간적인 역사의 자연적인 작품으로 파악하였다. 그래서 창세기부터 열왕기하까지 전체는 포로기 이후에 기술된 옛 작품들의 수정판이다.(Kap. VIII과 IX) 모든 것이 불변하는 자연의 질서에 합당하게 일어나기에, "성서에서 이야기된 모든 것이 자연적인 방식으로 발생한 것임에 아무런 의심도 없다."(Kap. VI) 기적의 보도는 다수의 견해와 선입견에 대한 성서 저자의 적응이다.

일반적으로 성서의 총제적인 이해에 대한 물음에 대해 다음과 같은 근본적인 원칙들이 발생한다.

a) 한 분 하나님 혹은 최상의 본질이 있다. 그것은 최상의 의로움과 자비이며 올바른 삶의 모범이다. 모든 사람은 그에게 순종해야만 한다.

b) 이 하나님은 유일하다.

c) 하나님은 항상 존재하시고, 그에게 모든 것은 분명하다.

d) 하나님은 최상의 법(정의)이요 모든 것을 다스리시는 최상의 통치이며, 아무것도 그 어떤 강요에 의해서가 아니라 오히려 모든 것은 그의 제한이 없으신 판단과 그의 특별한 은총에 따라 행한다.

e) 하나님의 존경과 그에 대한 순종은 오직 의와 사랑 안에 존재한다.

f) 그러한 삶의 방식으로 하나님께 순종하는 자에게만 축복이 있다. 그러나 욕망의 통치 아래 사는 다른 이들에게는 절망이 있을 뿐이다.

g) 하나님은 참회하는 죄인들을 용서하신다.(c. XIV)

이 같은 주요 진술들은 역시 성서에서 발견되는 "많은 기이한 것들"과 달리 "참된 종교"를 포함한다. 단지 이와 관련해서 성서는 "하나님의 말씀"이라고 불릴 수 있다. 그것은 그렇고 자연적인 종교의 원칙들에 대한 이러한 진술들의 유사성은 이목을 끈다. 우리는 이를 챠베리의 허버트(Herbert von Cherbury)에게서 발견하게 된다.

스피노자의『정치-신학적 논고』에서 확정된 성서의 참된 종교가 신론과 관련해서 해결할 수 없는 모순에 빠진 것은 분명하다. 스피노자는 "윤리"에서 하나님에 관해 다음과 같이 말했다.

a) 성서의 신론은 하나님을 인격, 주체로 파악하나, 반면에 "윤리"는 실체로서 모든 인격성의 거부를 나타낸다.

b) 성서의 신론에 따르면 하나님은 세상에 대해 제한되지 않는 통치자로서 아무것도 강요로부터 행하시지 않는다. "윤리"에서 하나님은 실체로서 필연성과 결부되어 있다.

c) 성서의 신론에 따르면 하나님은 의와 자비를 행사하시는 반면에 "윤리"에서 하나님은 윤리적으로 무관심하시다.

d) 성서의 신론은 하나님을 징계하시고 용서하시는 분으로 설명하지만, "윤리"의 하나님은 인간의 태도에 미온적이다.

스피노자가 자신의 "윤리"에서 발전시킨 철학이 결정적인 까닭에 성서의 신론은 이러한 철학의 의미에서 볼 때 잘못된 것이어야만 한다는 논리적인 결과가 발생한다.

스피노자는 이러한 자명한 표현(expressis verbis)을 말할 수 없었다. 왜냐하면 이는 그가 자신의『정치-신학적 논고』에서 추구했던 정치적인 목적을 가지는 것인데, 네덜란드에서 정통적인 정당(공화당)에 강력한 영향을 미침에 있어 대단히 위험하게 했기 때문이다. 그러나 여하튼 그는 말하기를, "신앙이나 신학과 철학 사이에는 그 어떤 공동체나 유사성이" 존재하지 않는다고 했다(c. XIV).

철학이 합리적인 "인식의 자연적인 빛"(c. I)에 근거하는 반면에 예언자의 선포를 위해서 종교심리학적인 토대는 "표상"(imaginatio), 이성(ratio)이 결여되어 사물의 본질을 탐구하거나 해명할 수 없는 단순한 지각(知覺)에 기인하는 인식이다. 즉, 이는 혼란하고, 불충분하고, 부적합하며, 근원이나 내용에 대해 철저히 불완전하다.(c. I, 비교. "윤리", II, 40, 2. Anm.) 만일 예언자들이 "그것이 실제적이든 비유적이든, 말씀과 그림의 중재를 통해서" 하나님의 계시들을 경험하도록 한다면, 스피노자는 "나는 이것이 자연법칙에 따라 발생하는 것에 낯설다"고 실토했다(c. I).

그러므로 스피노자는 계시가 자연법칙과 화합할 수 없는 것이다. 그는 자신의 『정치-신학적 논고』에서 더 나아가지 않는다. 그러나 여기에서는 모든 계시의 부정에 관해 작은 걸음만이 있다. 스피노자가 자신의 문헌 작품에서 거리낌 없이 솔직하게 다룬 것은 다만 한 군데이다. 그것은 "Korte Verhandling van God, de Mensch en deszelvs Welstand"(신과 인간과 인간의 행복에 관한 간략한 개요)이다.[21] 하나님이 자신을 인간에게 직접적으로 통지하시는지 아니면 그 어떤 다른 사물의 중재를 통해 통지하시는지에 대한 물음에 스피노자는 다음과 같이 답변했다. "결코 말씀을 통해 하시지 않는다. (중략) 우리가 말씀에 관해 말하는 것과 같이 동시에 우리는 모든 외적인 표지들에 관해 말하기를 원한다. 그러므로 우리는 하나님이 자신을 그 어떤 외적인 표지를 통해 인간에게 통지하실 수 있다는 것은 불가능한 것으로 간주한다."[22]

결과는 다음과 같다. 성서는 백성에게 하나님에 관한 진리를 중재하지 않고 오히려 순종과 경건만을 유발시키기를 원한다. 성서의 신앙 문장들 가운데 많은 것이 있을 수 있다. "진리의 그림자를 갖지 않은 자는 성서가 잘못되었다는 것을 알지 못한다고 고백하는 자이다. 그렇지 않으면 그는 필연적으로 반항적인 인간이리라. (중략) 성서는 무지가 아니라 단지 불순종을 정죄한다."(c. XIV) 그러므로 스피노자는 성서의 결정적인(표준적인) 내용을 단지 도덕으로 인식했다. 즉 성서는 "영적으로 연약한 자들"(c. XV)을 위해 교육적인 행사를 포함한다. 성서는 이런 자들을 위해 커다란 위로가 될 수 있다. 예언자들은 모든

21) 라틴어 원본 "Tractatus de Deo et homine ejusque felicitate"는 분실되었다.

22) G. Bohemann, Spinozas Stellung zur Religion (Studien zur Gesch. d. neueren Protestantismus, 9. Quellenheft), Giessen 1914, 52에서 재인용.

이들에게 사랑과 정의를 추천했다. 이때 모든 것은 대다수 백성의 이해력에 적합하였다. 마찬가지로 그리스도는 백성의 무지와 완고함에 비추어 포괄적으로 적응하도록 했다(c. IV). 그 밖에 하나님은 그리스도와 함께 "영에서 영으로" 변화시켰다(c. I). 예언자들과 달리 그리스도는 진리 안에서 계시된 사물을 말씀과 이미지 없이 파악하였다(c. IV). 그리스도는 "예언자일 뿐만 아니라 하나님의 입이다." 그러므로 스피노자는 신약성서의 진술을 단지 주석적으로 묘사하고자 했다. 개인적으로 그는 신약성서의 진술을 전혀 사용하지 않았다. 대체로 그리스도는 스피노자의 철학에서 아무런 역할도 감당하지 않는다.

성서는 교육을 실행하는 담지자인데, 이는 레싱의 '인류의 교육'을 상기시킨다. 레싱과 달리 이런 실행을 통해 인간은 미성숙으로부터 벗어나는 것이 아니라 오히려 바로 그 안에 내버려지고 강하게 된다. 반면에 성숙한 자(성년)인 철학자는 이 모든 것이 필요치 않다. 그는 그리스도 계시도 필요로 하지 않는다.

스피노자는 그가 종종 뒤집어 써야 했던 종교를 모독한 자라는 것을 제외하고는 결코 무신론자가 아니었다. 그는 하나님을 믿었는데, 범신론적으로 정향된 자신의 철학의 하나님을 믿었던 것이지 성서의 인격적인 하나님을 믿었던 것은 아니었다. 초기 계몽주의부터 레싱과 슐라이어마허에 이르는 그의 영향은 상당히 중요했다.

D 법과 국가에 관한 새로운 관점

지나간 과거에 법은 우선적으로 하나님 자신에게로 소급되었다. 즉 법의 토대는 하나님에 의해 계시된 십계명이었다. 물론 자연적인 빛(lumen naturale)을 바탕으로 자연적이고 이성적이며 인간적인 법의식(정의감)이 있다는 데에는 논란의 여지가 없었다. 그러나 이러한 기초 위에 혹은 이러한 기초를 근거로 구상된 모든 법은 성서에서 작성된 규범에 모순되어서는 안 된다.

여전히 종교개혁은 국가(정부)가 자신의 권리를 직접적으로 하나님으로부터 갖고 있다고 설명했다.[23] 그러나 이제 종교개혁적인 국가론에 내포된 자연적인 법의 개념은 전방으로 내몰렸다. 사람들은 순전히 세속적이고 이성적인 법론과 국가론의 근거를 위해 애를 썼다. 이를 위한 진술은 더 이상 신학과 교회에 종속되지 않고 오히려 인간의 이성적인 본성으로부터 창조되었다. 그래서 결국 다음과 같은 결과에 이르렀다. 즉 올바른 이성에 의해 규정된 자연적인 법(jus naturale oder jus naturae)이 있는데, 이는 그 본질에 따르면 영원하고 불변하며 필연적이다. 따라서 하나님 자신에 의해 변경될 수 없다.

이것은 네덜란드의 법학자인 후고 그로티우스(Hugo Grotius, 1583-1645)의 입장이었다. 그는 온건한 칼뱅주의자요, 아르미니우스주의자 혹은 항의파의 계승자로서 1613년 이래 로테르담 시의 법률고문이었다. 반대당이 승리를 거둔 후, 처음에는 체포되었다가 1621년부터 파리에서 살았고, 1635년부터 스웨덴에 외교관으로서 그곳에서 활동하다가 로스토크(Rostock)에서 사망했다. 1625년 자신의 주저인 『De Jure belli et pacis』(전쟁과 평화에 관한 법)를 출판했던 그로티우스는 자연법 외에 그리스도를 통해 해석된 십계명도 기독교인들에게 철저히 그 가치를 갖는다는 사실을 인정했다. 그럼에도 불구하고 그는 십계명을 자연적인 법에 대한 순수한 보충으로 고찰했다. 그에게 구약성서의 입법은 단지 히브리인들의 시민법(jus civile)이었다.[24] 그로티우스는 자신의 자연법을 인간의 특정한 관점에 기초하여 보았다. 즉 인간은 평화로운 공동생활에 관심을 갖는 사회적 존재이며, 이는 계약을 통해 이루어진다. 만일 이런 계약이 불가능하다면, 그로티우스는 전쟁법을 변호한다. 정당한 전쟁이 있다는 것이다. 개별적인 인간 혹은 전체 백성은 계약이나 정당한 전쟁을 통해서 노예로 바뀔 수 있다. 이런 상황에서는 노예조차 법적 관계인 것이다.

그로티우스가 필수적인 '자연적인 법'(jus naturale) 아래에서 이해한 것은 부분적으로 발전과정에 있던 초기 식민주의 사회와 초기 자본주의 사회의 시대적 제약을 받는, 그래서 변하기 쉬운 욕구를 통해서 규정된 것이라는 사실이 여기에서 나타난다.

23) M. Luther, Von weltlicher Obrigkeit, 1523.

24) 이에 대해 루터는 "유대인들의 작센법전"이라고 말했다.

자연적인 법을 위했던 것 같이, 그로티우스는 그리스와 로마의 교양종교라는 모범에 따라 약간의 성서적인 보충을 통해서 자연적인 종교도[25] 옹호했다. 이는 물론 모든 시대의 모든 인간들에게 허용되는 것이며, 인간적인 이성의 수단으로서 엄정하게 증명될 수 있다. 자연적인 종교는 하나님의 현존재와 단일성, 그의 불가시성과 세계우월성, 그의 섭리와 세계창조를 포괄한다. 이를 넘어서 기독교 종교는 일련의 계시된 원칙을 포함한다. 즉 신앙을 강요하는 것은 그리스도의 의도가 아니다. 이단이 사적인 양심에 관계하는 한, 그들은 무죄이다. 아직 그로티우스는 자연법적인 관용사상을 결심했던 신봉자가 결코 아니었다. 국가는 그 땅의 공적인 종교를 처리할 수 있었다. 여기에서 그로티우스는 이후에 푸펜도르프(Pufendorf)와 특히 토마시우스(Thomasius)에 의해 발전되었던 교회법적인 영토체계의 선구자이다.

그럼에도 불구하고 이성이 통일된 것이 아님을 지적했다. 그로티우스의 인간상이 교제라는 성향을 통해 규정되었다면, 토마스 홉스에게는 이기주의를 통해 규정되었다. 그의 견해에 따르면 선천적으로 다음의 원칙은 타당하다. 즉 "인간은 모든 인간에 대해 늑대이다"(Homo homini lupus), "자연법"은 모든 것에 대한 모든 이들의 투쟁에서 존재한다. 욥기서에서 차용된 이름인 『Leviathan』(레비아탄, 1651)은 그의 가장 중요한 작품으로 간주되는데, 세속적이고 영적인 것을 지배하는 국가를 의미하며, 혁명과 인간을 억제한다. 인간은 계약을 통해 무제한의 전권을 국가에 허락하도록 강요되었다. 그래서 국가는 실제의 초인 혹은 '죽을 운명의 신'이 된다. 홉스가 결정적으로 경험했던 것은 자신의 시대에 종교적으로 각인된 전쟁들과 시민전쟁이었다. 이때는 올리버 크롬웰(Oliver Cromwell)의 시대로 그에게 다음과 같은 신념을 일깨웠다. 즉 강력한 국가만이 평화의 질서를 갖고서 저 두려운 '자연의 법'(Recht der Natur)의 행동을 저지하는 이성 자체에 의해 부과된 '자연의 법칙'(Gesetze der Natur)을 관철시킬 수 있다.

교회와 종교에 관련해서 홉스의 다음과 같은 차이들은 중요하다.

a) 그는 그로티우스와 마찬가지로 개인적인 종교와 공적인 종교를 구분하였다.

---

25) H. Grotius, De veritate religionis christianae, 1627, 네덜란드어로는 이미 1622년에 출간되었다.

개인적인 종교는 자유롭고, 공적인 종교는 국가에 의해 결정되었기에 복종해야만 한다.

b) 그는 오직 구원에 필수적인 그리스도 예수에 대한 신앙과 국가가 그때그때마다 임의로 확정할 수 있는 특수한 교회들에 대한 고백을 구별하였다. 사람들은 구원에 필수적인 그리스도 신앙에 대해 모순되지 않는 한, 신조의 조항을 논의 없이 받아들일 수 있다. 왜냐하면 신조의 조항에 대한 동의는 구원에 영향을 미치지 않기 때문이다.

c) 그는 이중적인 하나님의 나라를 가르친다. 즉 하나는 자연적인 나라로 이는 하나님이 국가에 의해 수호되는 자연의 법률을 통해 다스리는 것이며, 다른 하나는 예언자적인 나라로 최후의 심판 때에야 나타난다. 후자야말로 그리스도를 통한 하나님의 왕국으로서 올바른 정치적인 왕국으로 생각된다. 사울부터 마지막 날까지의 시대에는 결코 하나님의 왕국이 없다. 입법은 국가에 의해 제한될 수 있다. 이 모든 것은 다음과 같은 결과에 이른다. 즉 이성과 자연의 권력과 달리 계시의 권세는 일부는 내면성에 제한되고, 일부는 종말론으로 전가된다. 게다가 홉스에 따르면 지상에서 지배하는 다양한 종교들의 계시 요청들로서 무신론의 혐의를 씌우는 이해는 어차피 매우 어렵다.

그래서 정통주의는 계시에 비평적인 책인 『De Tribus Impostoribus』(3대 사기꾼)(3대 사기꾼)를 홉스와 연관시켰다. 킬(Kiel)의 정통주의 신학교수인 크리스티안 코르트홀트(Christian Kortholt, 1633-1694)는 자신의 저서 『De Tribus Impostoribus Magnis Liber』, (Kiel 1689, 2판은 Hamburg)에서 챠베리의 허버트, 홉스, 스피노자를 "세 명의 사기꾼"으로 표현하였다.

존 로크(John Locke, 1632-1704; 일부는 영국에서 국가 공직에, 일부는 망명생활로)는 보다 더 그로티우스의 노선에 섰으며, 본래 홉스에 대한 반대 입장을 활동적으로 제시하였다. 그는 영국의 회중주의자의 사상의 총화로부터 이해될 수 있다. 이에 따라 성령의 인도하심 아래에서 그의 말씀에 순종하는 예수의 제자들이 모이는 곳마다 기독교 공동체는 도처에 존재한다. 그래서 로크에게 교회는 자유로운 단체 같은 조합이며, 자유로운 사람들이 자발적으로 가입하는 곳이다. 로크는 이런 관점을 국가에 양도하는 것을 합리화하였다. 즉 국가는 백성의 자유로운 사람들의 회합에서 자신의 토대를 확고한 동맹으로 유지한다. 로크에게서 나온 자연의 상태는 자연의 법칙에 따라 동일하고 예속되지 않은 사람들의 공동생활인데, 이는 로크에게 이성의 법과 부합한다. 여기에서 앵글로색슨의 민주적인 국가론이 그 근거를 갖는다.

역사적으로 로크의 문헌은 스튜어트 왕가가 1688/89년 붕괴되던 영국의 '명예혁명'과 밀접한 관계에 있다. 오렌지의 윌리엄 3세 즉위식의 정당성을 증명하기 위해서 로크는 1689/90년 두 편의 『Letters Concerning Toleration』(관용에 관한 서신들)과 『Two Treatises of Civil Government』(시민정부에 관한 두 논문)를 작성하였다. 무엇보다 전제군주 정체인 독재정부를 부인하면서 개별자의 개인적인 자유에 대한 존중이 요청되었다.

종교와 관련해서 로크는 다음의 원칙을 대변하였다. 즉, "관용은 참된 교회의 표지이다." 더구나 그는 한편은 종교와 신학과 교회를, 다른 한편은 정치의 급진적인 분리를 요구했던 첫 번째 인물이다. 전체주의적인 특징과 요구를 지닌 교회들은 허용되어서는 안 된다. 그러므로 교황의 교회와 한 명의 칼리프에 의해 승인된 이슬람은 관용을 배제시켰으며, 이는 무신론자도 마찬가지이다.

또한 이와 관련해서 지속적으로 영향을 미쳤던 두 명의 독일 국가법학자들이 언급되어야만 한다. 그들은 푸펜도르프와 토마시우스이다.

사무엘 푸펜도르프(Samuel Pufendorf, 1632-1694)는 1661년 하이델베르크 대학에서 자연법과 시민법 분야의 첫 번째 독일 교수가 되었으며, 1670년 룬트(Lund)로 자리를 옮겼고, 1677년에는 스웨덴 궁정에서 역사편찬가요 국가비서로, 1686년에는 베를린에서 브란덴부르크의 역사편찬가요 추밀고문관이 되었다. 그의 의미는 그로티우스와 홉스의 사상을 재교육함으로써 그 자체로 종결된 것으로 만들었다는데 있다. 이는 더 이상 '기독교적인' 것이 아니며, 오히려 자연법의 합리적인 체계를 이룬 것이었다. 그의 가장 중요한 작품은『De jure naturae et gentium』(자연법과 국제법에 관하여, 1672)이다.

푸펜도르프는 그로티우스의 인간론을 언급하였다. 인간은 공동체에 근거한 존재이다. 인간은 홉스에게서와 같이 전적으로 동물적인 자기주장에 의해 지배되지 않는다. 국가의 건설에 앞서 자연의 법칙은 결코 구속력과 긍정적인 효력이 없이 존재하지 않았다. 그러나 자연의 법칙은 명령하는 국가의 권력 배후에 있지 않는 한 단지 적은 영향을 가졌었다. 보호의 요구 외에 점증하는 문화에 대한 의지도 국가의 형성을 이끌었다. 그러므로 푸펜도르프는 국가의 문화 의미를 강조했다.

그는 도덕적인 의무들의 세 종류를 구별하였다.

a) 자연법에 따른 보편적인 인간의 의무로 이는 이성의 빛으로부터 온다.

b) 국가에 대하여 적극적인 시민법에 따른 시민의 의무이다.

c) 입법에 따른 기독교인의 의무로 이는 기독교적인 특별한 계시를 포함한다.

그러므로 도덕적이고 법적인 계시의 규범들은 단지 기독교인들에게만 관계한다. 자연법과 기독교적인 계시의 입법은 결코 모순이 지배하는 것이 아니며, 단지 그로티우스에게서와 같이 보완관계를 갖는다. 즉 계시는 이성을 통해 전제된 규범들을 단지 보완한다. 이로써 자연법, 적극적인 시민법, 기독교의 도덕법, 이 세 가지는 서로 종속되지 않는 범주를 갖는다는 사실이 뒤따른다. 그래서 자연법은 모든 형이상학의 관점으로부터 분리되었다. 이러한 이해는 정통주의의 반대를 초래해야만 했다. 결국 푸펜도르프의 주요 저작들은 루터파가 지배했던 작센에서 일시적으로 금지되었었다. 아리스토텔레스와 같이 푸펜도르프는 선을 하나님의 존재와 본질로 소급하지 않았다. 오히려 그것을 단지 하나님의 의지로 이해하였다. 그러므로 자연적인 혹은 도덕적인 법칙은 본질적으로 신적인 정의의 표현이나 복제가 아니다. 개인적으로 일생동안 신실한 루터주의자로 머물렀던 푸펜도르프가 신학의 형이상학적 규정을 공격하길 원했던 것은 아니었다. 그는 다만 자연법적인 고찰에 대한 신학의 적용을 거부하였던 것이다. 푸펜도르프는 교회에 대한 국가적인 감시 의무가 필연적인 것으로 간주했다. 이것이 없이는 교회의 특별한 또는 군주의 감독과 같은 서열을 명확하게 도출해낼 수 없다. 그로티우스 외에 그는 영토주의(속지주의)의 교회법적인 이론에 대한 개척자 가운데 한 사람이었다. 사람들은 기독교 정부와 무슨 일을 해야 하는지에 대해 어떠한 물음도 던지지 않았다. 그러나 국가의 감시 의무가 결코 양심에 대한 간섭이나 개입을 의미해서는 안 된다. 국가는 그 자신의 문화에 대한 요청이라는 목적에 관해서와 마찬가지로 관용에 대한 의무를 갖는다.

푸펜도르프의 제자는 크리스티안 토마시우스(Christian Thomasius, 1655-1728)였다. 그는 라이프치히에서 1687년 이래 독일어를 가르친 첫 번째 교수였다. 당시의 주류 신학이 지닌 불관용에 대한 그의 공격과 아우구스트 헤르만 프랑케(August Hermann Francke)를 편듦으로써 1690년 그에게 강연과 출판에 관한 완전한 금지 명령이 떨어졌다. 그래서 그는 쿠어브란덴부르크로 갔고, 1694년 할레 대학 설립자의 한 사람이 되었다. 토마시우스는 건강한 인간오성의 철학자였으며, 그의 작품 제목이 이를 잘 입증해준다: 『Fundamenta juris naturae et gentium ex sensu communi deducta』(보편의식으로부터 귀납적으로 추론한 자연법과 국제법의 토대, 1705) 자신의 이성에 합당한 세계관은 그를 미신과 폭력에 대한 투쟁으로 이끌었다. 마녀재판[26]과 고문[27]에 반대하는 그의 작품들로써 그는 법(정의)과 문명(개화)의 진보를 위한 지속적인 공헌을 획득하였다.

푸펜도르프와 마찬가지로 토마시우스에게 이성과 계시의 날카로운 분리는 본질적이었다. 그럼에도 불구하고 그는 푸펜도르프보다 성서와 신학에 더 매진하였다. 더구나 그는 탁월한 루터주의자였다. 『De servo arbitrio』(노예의지론)의 강독을 통해 영향을 받았던

---

26) Chr. Thomasius, De crimine magiae, 1701. 이 책에서 그는 인격적이고 영적으로 생각된 악마의 존재에 대한 믿음에 관해서는 논쟁하기를 원치 않았다.

27) Chr. Thomasius, De tortura ex foris Christianorum proscribenda, 1705.

그는 1688년 이후 하나님과의 화해를 이루는데 있어서 인간적인 힘의 완전한 무능력을 확신시켰다.[28] 분트(W. Wundt)에 따르면 토마시우스는 대략 1702년 이후에 자신의 "경건주의적인" 입장[29]에서 다시 돌아섰다. 그는 이성의 빛으로부터 오는 자연적인 종교도 인정하지만, 그럼에도 불구하고 이에 대해서는 최저한도로 제한해야만 했다. 그의 견해에 따르면 "사람들이 자연적인 빛의 사용을 너무 높게 추구한다."는 것이며, 따라서 "스토아주의의 익살"(der Stoicorum Possen)"과 "플라톤의 분노"(Platonischen Gallen)"[30]를 과대평가했고, 이는 "신적인 계시의 빛을 어둡게" 했다는 것이다. 토마시우스에게 있어 계시는 예수의 인격이 그 중점에 있지 않다. 그의 신앙은 오히려 신-중심적으로 각인되었다. 그에게 예수는 도덕교사 혹은 도덕의 수여자이며, 신적인 삶을 위한 모범이다. 물론 토마시우스는 그리스도의 신성에 대해 확고했다. 이 모든 점에서 그는 근본주의적인 성서주의와 연관되어 있다고 볼 수 있다. 즉 성서는 인간의 구원에 관해서뿐만 아니라, 학문적인 교본으로서도 가르친다. 그 어떤 학문도 - 철학, 논리, 수학, 역사학, 물리 등등 - 성서에 위배되어서는 안 된다. 게다가 토마시우스는 중력에 관한 가르침이 성서에 기초하였으며, 진정한 물리학은 창세기의 첫 장에 포함되어 있다고 주장하였다.[31] 이러한 신념으로써 그는 여전히 정통주의에 온전히 서있는 것이다.

토마시우스에게 있어서 이성과 계시의 분리는 자연적인 빛으로부터 유래한 자연법과 그 원천을 성서에서 통보한 계시에 두고 있는 신적인 법의 법률적 관점과 일치하였다. 이때 후자의 경우는 초자연적이고 초이성적이다. 이는 자신의 근거를 하나님을 통한 칭의에 둠으로써 바로 은총의 법이라고 할 것이다.

계속해서 가시적인 교회와 신앙적인 교회 간의 구별도 일치한다. 후자의 경우에 법은 보복과 처벌의 의미에서가 아니라 은총과 사랑의 의미로 지배한다. 그에 맞서 외적인 교회는 법질서를 필요로 한다. 이때에 외적인 교회는 무엇보다 성서에서 제시된 것이 아

28) W. Bienert, Der Anbruch der christlichen deutschen Neuzeit, dargestellt an Wissenschaft und Glauben des Christian Thomasius, Halle 1934, 489.

29) W. Wundt, Die deutsche Schulphilosophie im Zeitalter der Aufklaerung, Hildesheim 1964 (Neudruck), 52f.

30) 비교. W. Bienert, a.a.O., 478f.

31) W. Bienert, a.a.O., 482.

닌 모든 것을 오로지 군주의 법적 강제력 아래에서 행사한다. 그럼에도 불구하고 군주가 교회의 "회원의 독점권/수위권"(praecipuum membrum)"이었다면, 교회가 조약을 바탕으로 감독직과 또한 이와 결부된 사법권이라는 권력을 양도하는 것이기에 교회법을 군주가 가지는 것은 아니다. 그래서 토마시우스의 제자인 유스투스 헤닝 뵈머(Justus Henning Boehmer)[32]에 의해 "감독주의"(Episkopalismus)라는 명칭으로 소개된 이제까지의 루터파 교회법이론은 이를 의미했다. 반대로 토마시우스는 "신앙속지주의"(Territorialismus)를 옹호하였다. 이를 바탕으로 교회는 그것이 외적인 교회라 하더라도, 자기 스스로는 다른 사람에게 양도할 수 있었던 그 어떤 법적 강제력을 마음대로 처리할 수 없다. 왜냐하면 모든 권력은 교회의 내적 본질에 모순되기 때문이다. 군주는 외적인 교회(Jus circa Sacra)에 관해 오직 자신의 세속적인 정부의 권력에 힘입어 법을 행사한다. 이로써 토마시우스는 성서에 의해 제시된 성례전(세례와 성만찬)의 행정을 제외하고는 거의 모든 것을 국가에 양도하였다. 더구나 국가는 예전을 규정해야만 한다. 즉 국가는 가능하다면 "경건을 도모하는 의식이라기보다는 미신을 조장하는" 모든 것을 폐기시켜야만 한다. 예를 들어 사제의 의복 같은 경우이다. 그래서 1736/37년 프로이센 제국의 프리드리히 빌헬름 1세(Friedrich Wilhelm I.)는 루터파 제식(예배)을 평범하고 절제된 개혁주의 의식으로 축소시켰다.('Syncretismus borussicus')

여기에서 두 가지 점이 주목할 만하다.

a) 당시는 절대적인 국가의 우위가 있었는데, 토마시우스는 자신의 표현에서 이를 놓치지 않았다.

b) 교회의 본질과 외적인 형식을 갈라놓지 않았던 부족한 인식을 볼 수 있다. 여기에서 언급할만한 내면성으로의 후퇴는 의심할 바 없이 토마시우스의 경건주의적인 경향을 잘 설명해준다.

---

32) 뵈머(J. H. Boehmer, 1674-1749)는 할레 대학의 법학교수였다. 그의 주저는 『Jus ecclesiasticum protestantium』이다.

덧붙여 말하자면 이런 관계는 프랑케(Francke)뿐만이 아니라, 고트프리트 아르놀트(Gottfried Arnold)와도 있었다. 아르놀트는 확신에 찬 경건주의자였으며, 마지막에는 페를레베르크(Perleberg)에서 감독관으로 사역을 감당했다. 특별히 그는 자신의 위대한 저작인『비당파적인 교회사와 이단사』(1699/1700)를 통해 잘 알려졌다. 그는 이 작품을 '몰락/타락이론'이라는 관점 하에서 작성하였는데, 교회사 전체는 근원적인 신앙의 교회로부터 지속적인 몰락을 거듭하고 있다는 것이다. 그런데 토마시우스는 이 몰락이론을 이미 1688/89년 이래 독자적으로 대변하였다. 그는 1693년이 되어서야 아르놀트를 알게 되었다.[33]

33) W. Bienert, a.a.O., 435f.

계몽주의 시대의
신학과 교회

제3장

이신론(理神論, Der Deismus)

이제까지 자연과학, 철학과 법학 그리고 국가론에서 기술한 발전들은 계시의 진리영역과 가치영역을 다소간 제한하였으며, 이때 스피노자는 가장 멀리 나아갔다. 그래서 일반적으로 말할 때, 이런 영역들에서 계시는 점점 더 이성의 배후인 두 번째 자리로 밀려났다. 단지 이제까지 신학은 이런 경향을 예외로 하고 살아남았는데, 적어도 독일에서는 그렇다. 그러나 이제 영국으로부터 성서와 교회의 교리에 대한 공공연한 공격을 가함으로써 이신론의 해일이 몰려왔다. 이때 이신론을 대변하는 대다수는 자연적인 종교의 의미에서 "이성에 걸맞은" 기독교를 지속하려는 경향을 보였다.

A 이신론의 기원

이신론은 급진적인 인문주의로부터 성장하였다. 이신론은 근원적으로 인간이 하나님과 인간 의지의 필요에 대한 올바른 모든 인식을 자신의 고유한 이성적인 본성(lumen naturale 안에서) 안에서 발견할 수 있으리라는 점에서 나왔다. 그 다음에 성서의 특별계시는 불필요하거나 혹은 그 특징에 있어서 자연에 대한 보편적인 인식에 다름 아니라는 것을 의미하는 바를 포함한다. 이신론자들은 단지 (그리스도교와는 관계없이) 신을 믿고 있는 - 그들은 경건을 이렇게 의미했다 - 것을 원했다. 그들은 자신을 "하나님께로 향하고 더 이상 아무 것도 원치 않는다."[1]고 고백했다. 그들에게 하나님에 대한 신앙은 이성의 요구였으며 이성에 기인하는 합리적인 "자연적인 종교"였다.

이신론자들은 결코 종결된 운동이 아니었다. 일반적인 계시와 그리스도라는 특별계시에 대한 입장에서 이신론자들은 이해의 변화폭을 상당히 발전시켰다. 이때 계시와 그리스도에 대한 입장은 그들의 철학적인 전제에 달려있었다. 에피쿠로스의 방식에 따라 하나님을 단지 그 자신의 고유한 행복으로 살아가는 완전한 존재로 생각했던 이들 가운데 어떤 이들은 당연히 계시를 부정해야만 했다. 그럼에도 불구하고 스토아주의자들의 모델에 따라서 하나님을 이 세상과 특히 인간을 염려하는 존재로 설명하고자 했던 다른 이들은 철저히 그 어떤 계시의 형태를 인정하는 방식에로 결심할 수 있었다. 마찬가지로 그리스도에

1) G. Gawlick, a.a.O. (Kap. 1, Anm. 9), 20.

대한 그들의 태도 역시 다양했다. 그들이 켈수스(Celsus)의 단편들로부터 고대의 비판을 인계받는 한에서 예수 그리스도에 대한 전적인 거부가 자명해졌다. 그러나 덜 급진적인 다른 이들은 그리스도의 신성은 받아들이지 않았으나, 그의 인간성을 고백하길 원했다.

그러므로 이신론이라는 운동 내부에 다양한 방향이 있음을 고려해야만 한다.

"자연적인 종교"(religio naturalis)라는 표현은 『De Tribus Impostoribus』(3대 사기꾼)라는 작품에서 처음으로 등장했다. 사람들은 1545년 이 책의 첫 번째 판에 대한 철학적인 기본 태도(근본 자세)를 일반적으로 에피쿠로스적인 것으로 지시하였다.[2] 저자는 계시에 대한 생각으로 결코 무엇인가를 시작할 수 없었지만, 반면에 그는 단순한 창조신앙을 인정하였다.(c. 15;19) 물론 저자는 원칙상으로 자연이 인간의 영혼에 종교라는 개념을 각인시켜 주었다는 에피쿠로스의 신념을 거부하였다. 이점에서 저자는 보다 신-아카데미학파의 입장에 서 있다. 그리스도와 그의 추종자들은 "경건한 사기"로 전가되었다. 여기에서 켈수스의 영향이 눈에 띈다. 어쨌든 이신론의 급진적인 방향의 선구자로서 사기꾼 서적이 고찰되었다. 그 내용은 자크 그루에(Jacques Gruet)를 통해 제네바에서 칼뱅에 대적하는 것으로 광범위하게 발생하였다. 특히 "이신론자들"이 기명으로 거론되었던 가장 오래된 보도는 정확히 시간적이고 공간적인 관련 속에서 연결되었다. 그 보도는 칼뱅의 아군이었던 피에르 비레(Pierre Viret, 1511-1571)로부터 유래하며, 『Instruction Chrestienne』(기독교 교훈, 1564)에 나타난다.[3]

비레는 말하기를, 진정한 기독교인들 곁에 명목상의 외관상의 기독교인들로 구성된 커다란 무리가 있다. 그들은 단지 터키인이나 유대인들의 벌거벗은 하나님을 고백하고, 기독교의 고유한 교리들을 신화나 몽상으로 간주한다.

> "스스로가 전적으로 새로운 단어와 더불어 자신들을 '이신론자'라 부르는 단체가 있어 그들은 '무신론자'라는 단어에 반대하길 원했는데, 나는 여기에 속했다. 왜냐

---

2) W. Gericke, a.a.O. (Kap. 1, Anm. 7), 50. 101.

3) 1563년 12월 12일자로 기록된 이 보도는 1564년에 간행된 재판의 두 번째 권에 대한 서문에 나타나있다.

하면 '무신론자'가 하나님이 없는 누군가를 표현하는 것이라면, 그들은 자신들이 전적으로 하나님이 없는 것이 아니라고 이해하길 원했다. 그들은 그 어떤 하나님이 있다고 믿으며, 더구나 그 하나님을 터키인들과 마찬가지로 하늘과 땅의 창조자로 인정한다. 그럼에도 불구하고 그들은 예수 그리스도를 알지 못한다. 그들은 예수 그리스도 자신에 관해서건 그의 가르침에 관해서건 아무 것도 간주하지 않는다. (중략) 이들 가운데 어떤 이들은 영혼의 불멸에 관한 확실한 긍정적인 견해를 가진 자들이 있으며, 어떤 이들은 이 문제에 대해 에피쿠로스주의자 같이 판단하는 이들도 있다. 또한 인간에 대한 하나님의 섭리에 관해서도 부응하여 신이 인간적인 문제에 염려하지 않기에 인간의 우연이나 지혜나 어리석음에 대해 지배하는 것은 때에 따라 사정이 실현되는 것이다."

이 입장은 여러 가지 관점에서 흥미롭다. 처음으로 눈길을 끄는 것은 이 방향의 추종자들이 무신론자라는 경계설정 안에서 스스로를 "이신론자"라고 불렀다는 것이다. 두 번째로 비레가 진술하는 바는, 이미 당시에 "이신론자"는 다양한 점에서 상이한 이해를 제공하고 있다는 것이다. 예를 들자면, 그루에가 아직은 다루지 않았던 영혼의 불멸에 관한 물음과 같은 것이 있다. 또한 세상의 형편에 대해 하는 일 없이 방관하는 하나님과 섭리의 부인에 대한 이해가 분명 모든 이신론자들에게 기본적인 것은 아니었다. 어쨌든 그들은 후기 영국의 이신론자들과 달랐다. 그러나 비레는 자신의 보도에서 무엇보다 이신론자의 급진적인 측면을 의도하였다. 즉 그는 에피쿠로스와 켈수스의 결합으로써 예수 그리스도와 그의 가르침에 관해 아무 것도 지지하지 않았던 것이다.

예수회원인 마랭 메르센(Marin Mersenne, 1588-1648. 데카르트의 친구)은 자신의 작품 『L'impiete des deistes et des plus subtiles libertins』(이신론자들과 보다 정밀한 자유주의자들의 불경에 관하여, 파리 1624, 서문)에서 당시 프랑스에 6만 명의 "이신론자"들이 있었다고 진술하였다.

가톨릭의 저술가인 종 데 실혼(Jean de Silhon)은 1627년의 한 서신[4]에서 보다 온건한

4) 재인용. H. Busson, La pensee religieuse francaise de Charron a Pascal, Paris 1933, 92f.

이신론자를 계획하였다. 그 의견에 따르면 “기독교 종교는 모든 것 중에 최상이다.” “왜냐하면 기독교 종교는 최대의 도덕성을 포함하며, 모든 사람들 가운데 예수 그리스도는 찬미할 만하기” 때문이다. 예수 그리스도는 우상숭배와 악덕을 공격하였다. 그러나 또한 이신론자들은 예수의 신적인 본성을 “날조”로 간주하였다.

B 챠베리의 허버트(Herbert von Cherbury)

‘이신론’은 프랑스에서 영국으로 건너왔다. 그러나 영국에서 이 명칭은 당시의 대표자들에게서 통용되는 표시가 전혀 아니었다. 영국에서 이 운동의 설립자는 챠베리의 에드워드 허버트 경(Edward Lord Herbert von Cherbury, 1583-1648)으로, 그는 영국의 궁신(宮臣)이며 외교관이었다. 그럼에도 불구하고 그는 자신을 이신론자로 표기하지 않았다. 존 톨랜드(John Toland, 1671-1722)는 이 단어를 그가 투쟁했던 자연주의자들을 위해 의미에 맞게 사용하였다. 영국의 이신론자들은 스스로를 다양한 ‘자유사상가’(freethinker)로 불렀다. 비로소 이 운동의 역사가인 존 릴랜드(John Leland, A view of the principal deistical Writers, 1754f.)가 ‘이신론’이라는 상표를 다시 붙여주었다.

허버트는 일부는 사적인 근거로 일부는 외교적인 임무로 인해 여러 차례 프랑스에 체류하였는데, 그곳에서 자신의 사유세계를 형성하는데 본질적인 자극을 받았음에 의심의 여지가 없었다. 그는 1624년 자신의 책『De veritate』[5]를 간행하여 그 자신의 자율적인 종교학을 설명하였는데, 하나님인식과 예배는 기독교의 전제들로부터 분리되어야 한다고 보았다. 또한 당시 영국에서 교회그룹들 간에 벌어진 투쟁에서 허버트의 견해가 이해될 수 있다. 그는 투쟁하고 있는 정파들의 어느 누구에게도 신앙을 선사하길 원치 않았다.

그에 따르면 진리에 대한 두 가지 주요 등급이 있다. 즉 사실의 진리(veritates rei)와 이성의 진리(veritates intellectus)이다. 사실진리의 고전적인 영역은 역사이다. 그러나 이것은 이성진리와 같이 필연적인 것에 관여하는 것이 아니라, 단지 개연성을 지닌 것을 다룬다.

5) E. Herbert von Cherbury, De veritate, H. Scholz의 발췌본. (Studien zur Gesch. d. neueren Protestantismus, 5. Quellenheft), Giessen 1914. 신판은 Stuttgart-Bad Cannstatt 1966.

그래서 탐구의 주안점은 이성진리에 주어진다. 그럼에도 불구하고 모든 이성진리들 가운데 종교적이고 도덕적인 것이 가장 중요한 진리들이다. 왜냐하면 그들은 지식뿐만 아니라 삶을 다루는 것이기 때문이다. 여기에서 영국인들의 실천적인 흐름이 눈에 두드러진다.

그러나 통제가능한 모든 진리는 허버트에 따르면 무엇인가 객관적인 것에만 관여하는 것이 나이라, 그들의 근거를 주관적인 것에 두고 있다. 그래서 이성진리는 두 개의 인간적인 기관을 통해 전달된다. 즉 내적인 의미와 자연적인 본능이다. 이성은 양자에게서 똑같이 동등하게 현재한다. 자연적인 본능은 삶에 대한 의지로, 내적인 의미는 도덕적인 판단력과 양심으로 떠오른다. 이념들은 두 개의 기관으로부터 기원하는데, 이는 선천적이고 독립적이며, 절대적이고 보편적이며, 확실하고 필연적이며 직접적으로 분명해진다. 허버트는 이런 이념들을 "보편개념들"(koinai ennoiai, notitiae communes)이라고 불렀다. 보편개념들의 소유에서 인간적인 본성의 선과 인간적인 이성의 거룩함이 나타난다. 왜냐하면 이런 보편개념들은 하나님의 관념에 일치하기 때문이다. 맑고 순수한 이성의 원천으로써 본성은 신적인 섭리의 거울이다.

여기서부터 허버트는 다섯 가지 보편적인 이념들, 즉 자연적이고 가장 오래된 종교의 이성진리들을 발전시켰다.

a) 최고의 신(성)이 있다.

b) 그에게 당연히 경배가 돌려진다.

c) 미덕과 경건은(virtus cum pietate conjuncta) 예배의 본질적인 부분이다.

d) 죄들은 참회와 회심을 통해 회복되어야만 한다.

e) 하나님의 선과 의로부터 시간적으로 그리고 영원히 보상 혹은 징계가 온다.

온건한 루터파 신학교수인 요한네스 무세우스(Johannes Musaeus, 1613-1681)는『비평』(Jena 1668)에서 다음과 같이 언급하였다. 허버트의 종교이론의 처음 두 입장은 실제로 자연적인 빛의 진리들일 수 있다. 그러나 두 번째는 구원을 이루기 위한 목적에 있어서 나머지 입장의 성취에는 충분하지 않다. 세 번째 입장은 인간적인 능력을 능가하는 것이며, 네 번째 입장을 위해서는 특별히 신적인 활동(사역)을 필요로 하는데, 그리스도의 속죄죽음과 십자가죽음이다. 이는 단지 계시종교의 고백자들에게만 알려진 것이다.

계시에 관해 보자면, 허버트에 따르면 이성이야말로 무엇이 계시인지 아닌지를 구별하는 것이라고 했다. 또한 허버트는 안셀름의 명제인 "신앙은 이해를 요청한다."(fides quaerens intellectum)를 의식적으로 전도시켰다. 즉 "이성은 신앙에 앞서 첫 번째 자리를 차지한다."(ratio fidem praecedit et stabilit.)

허버트에 따르면 초자연적인 계시는 그 자체로 제거되는 것이 아니다. 그럼에도 계시가 신뢰할만하고 신용할만할 수 있으려면 특정한 조건들 아래에 관련되어야 한다. 말하자면,

a) 사람들은 계시를 기도 가운데 그리고 엄격한 영적인 수집에서 구한다.

b) 사람들은 계시 자체를 경험한다. 다른 계시들은 어쨌든 단지 역사적인 진리, 즉 개연성으로 다가온다. (허버트는 자신의 작품인『De veritate』를 발행해야만 하는지 아닌지가 문제였을 때, 그 자신도 개인적인/인격적인 계시를 체험하길 원했다.)

c) 계시를 통해서 비범한 가치가 넘치는 선(자산)과 진리가 중재된다.

d) 사람들은 신적인 영의 입김(흔적)을 계시에서 지각한다. 그러므로 정통주의의 "성령의 증거"(testimonium spiritus sanctus)라는 나머지가 존재한다.

그리스도 계시는 허버트에게 있어서 역사적인 크기로 고려되지 않았다.(두 번째 입장에 따라서) 그러므로 단지 개연적인 진리로 평가절하 되었다. 허버트는 계시의 참된 내용을 자연적인 종교와 동일시하였던 것이다. 자연종교의 다섯 가지 이성진리들의 가치가 미신

을 통해 훼방을 받는 것은 권력욕이 강한 사제집단의 날조에 기인한다. 그러나 언제나 미덕과 참된 경건 안에서 양심에 바탕을 둔 자연적이고 이성적인 통찰로써 하나님을 진정으로 경배하는 것을 관철시켰던 사람들이 있었다.

C 존 로크의 종교철학과 이신론에 대한 그의 관계

여기에서 이신론에 대한 그 차이로 인해 존 로크의 종교철학이 다루어져야만 한다. 로크는 두 개의 주요저작을 남겼다. 그 가운데 『인간 오성에 관한 에세이』(London 1690)는 무엇보다 자연적인 신학을 강조하였다. 그럼에도 불구하고 우리는 그의 두 번째 작품인 『기독교의 합리성』(1695)을 다루어야만 한다.[6]

이 저작은 "반(反)-정통적이며 동시에 반(反)-이신론적"이다.[7] 로크는 인류가 아담의 타락으로 인해 영원한 형벌의 정죄를 받게 되었다고 주장하는 정통적이고 칼뱅주의적인 신학자들에 맞서 투쟁하였다. 그에 의하면 이는 하나님의 의와 선하심에 일치할 수 있는 것이 아니다. 그는 언급되지 않은 이신론적인 저술가들을 멀리했다. 왜냐하면 그들은 예수를 단지 순전한 자연적인 종교의 재생산자요 선포자로 만들었고, 따라서 참된 내용의 기독교를 강탈하였다. 그러나 로크는 예수를 고려하였다. 그에게 이신론은 아주 나쁜 대적자로 비쳐졌다. 그는 허버트의 작품인 『De veritate』를 잘 알고 있었으나, 강의에는 결부시키지 않았다.[8]

기독교의 "합리성"은 로크에게 있어서 단순히 이성의 타당성을 의미하지 않았다. 그에게 합리성이란 모든 비기독교적인 종교와 이성적인 철학에서 전적으로 숙고해야 하는 기독교적 계시에 대한 무조건적인 필연성의 증명이다. 이것은 다시 구세주의 필연성을 가리키는데, 그는 오직 "본래적인 의미에서 하나님의 아들"로 고찰될 수 있다. 인간이 아담의 타락 이후 죽음과 죽을 운명임을 겪고 난 후에, 유대인들에게는 "공로의 율법"과 "약속"

6) J. Locke, The reasonableness of Christianity, hg. v. L. Zscharnack의 발췌본. (Studien zur Gesch. d. neueren Protestantismus, 4. Quellenheft), Giessen 1914. 이 작품은 1733년에 처음으로 독일어로 발행되었다.

7) L. Zscharnack, a.a.O. (Anm. 6), XLVII.

8) 비교. L. Zscharnack, a.a.O., IL.

을 통해서, 이교도들에게는 "이성의 빛"을 통해서 화해와 용서의 길이 제시되었다. 그러나 이 길은 사람들이 가기에 어려운 것이다. 그러므로 적어도 대다수 배우지 못한 이들의 이해를 위해서 "짧고도 분명한 길, 즉, 왕이요 율법의 수여자로서 명백히 하나님으로부터 보내진 자 그리고 가시적인 전능함으로 하나님으로부터 오신 분이 그들의 의무를 깨닫게 하고 순종을 요구하신다."는 사실이 필요했다(합리성 266). 사람들에게 유일신론의 활동적인 계시, "신앙의 율법"으로서 완전한 도덕의 권위 있는 선포, 영적인 하나님 경배의 안내, 불멸의 계시와 도우심의 약속을 가져다준 분은 예수였다. 이 계시는 믿어져야만 한다. 로크에 따르면 신앙은 예수의 메시아 되심과 거룩한 삶의 승인이다. 그러므로 계시는 적어도 대부분이 이성과 일치한다. 계시는 이성적인 인간의 발전에 대한 신적인 요청을 의미한다. 이런 생각은 레싱의『인류의 교육』에서 드러났다.[9]

이런 계시의 진리는 예수의 기적과 그의 부활 그리고 승천을 통해 확증되었다.

이성과 계시의 조화로운 관계와 연관해서 로크는 다음과 같은 입장을 대변하였다. 이성은 자연적인 계시이며, 계시는 자연적인 이성의 확장이다. 양자는 하나님의 선물이다. 그럼에도 불구하고 이성은 계시를 자유롭고 공평무사하게 검증할 수 있어야만 한다.

허버트에 따르면 계시가 단지 이성에 적합한 내용만을 가질 수 있다고 본 반면에 로크에 따르면 계시는 적어도 두 가지 면에서 이성에 의한 인식보다 더 능가한다고 보았다. 즉, 이성이 죽음이라는 수수께끼 앞에 서 있는 곳에서 계시는 부활신앙을 가르친다. 그리고 이성이 보복을 생각하는 곳에서 계시는 온건한 "신앙의 율법"을 가르친다. 그럼에도 불구하고 계시의 초이성적인 내용은 반(反)-이성적이지 않다. 그들은 분명히 이성적인 통찰과 명제에 관련되는데, 그 사례는 신앙의 율법이 자연적인 율법의 특정한 측면과 관련되어 있다는 것이다.

그러나 정통주의에 맞서 로크의 체계는 이미 기독교에 대한 강력한 축소를 보여준다. 즉, 그의 주요사상은 단지 유일신론, 영적인 하나님 경배, 예수의 메시아 되심, 하나님의 나라, 죄의 용서, 미덕과 불멸성이 남아 있다. 로크는 구원에 필수적인 근본조항과 다른 신

9) 비교. L. Zscharnack, a.a.O., XXXVI.

앙의 진리들을 구별하였다. 다른 신앙의 진리란, 이들이 하나님으로부터 온 것인지에 대해 우리가 양심적인 검증을 통해 인정하였던 것을 채택하고자 할 때 필요하기는 하지만 영혼의 구원을 위해서는 필수적이지 않은 것을 말한다. 그러므로 영국의 사상가는 "단순하고 이해할 수 있는 복음"을 옹호하였다.

허버트에 비해 또 다른 차이는 다음과 같다. 즉 로크는 계시가 신적인 정신의 입김을 발견할 때에만 주어지는 것이라는 허버트의 견해를 거부하였다. 직접적인 계시의 행동을 통한 내적인 조명은 결코 없다(kein testimonium spiritus sancti). 로크는 이를 열광주의로 간주하였다. 그는 단지 계시의 외적인 확증, 즉 기적의 증거만을 알고 있다.

로크는 근원적으로 자연적인 종교가 모든 백성들에게 공통적이라면서 허버트에 맞서 싸웠다. 이는 허버트에게서 다섯 번째 조항으로 표현되었다. 여행보도와 관련해서 로크는 브라질과 카리브 해 섬들에 완전히 종교가 없는 민족들이 있다고 주장하였다. 신 관념, 종교 그리고 도덕적인 인식은 단지 교육, 관례, 도덕 그리고 심사숙고의 결과이다. 양심은 획득된 견해들과 신념을 반영하는 것에 다름 아니다. 모든 것은 역사적으로 우연히 제한되었다.

이런 견해는 허버트나 데카르트와 달리 로크가 고유한 천부의 관념의 존재를 놓고 이론을 제기했던 데서 밝혀진다. 그는 홉스의 감각론(Sensualismus)에 유래를 두었고, 따라서 인간의 총체적인 영적 소유는 개념적으로 변형된 지각과 다르지 않다. 로크는 지각의 자리에 경험을 두었는데, 이는 외적(sensation)이며 내적(reflection)인 깨달음일 수 있다. 이를 통해 홉스와 마주하고서 로크는 영혼을 위한 고유한 영역을 획득하였는데, 이는 내적인 지각을 통해 경험할 수 있는 것이며 따라서 홉스의 유물론적인 추론을 빼앗을 수 있었다. 여기에서 로크는 인간 정신 안에 있는 보편적인 개념들의 근원과 인식원리들을 부인할 수 있었고, 이를 계승된 지각으로 이해할 수 있었다. 마치 기독교 신학이 플라톤적이고 아우구스티누스적인 영향 아래에서 이제까지 승인해 왔듯이 인간은 결코 신적인 사유와 그의 이념에 관계하지 못한다. 오히려 인간은 순전히 세속적인 본질로 이해되었고, 그의 영적인 소유는 오로지 세상의 경험과 자기경험으로부터 유래하였다.

D 성숙한 이신론

이신론적인 저술가, 문헌 그리고 정기간행물의 숫자가 결코 간과될 수는 없다.[10] 그 다수가 종교적이고 도덕적으로 진지한 사람들로 인격적으로 흠잡을 수 없는데, 이들은 진리에 대한 노력을 의무적으로 느꼈던 자들이다. 그들 가운데 상당수는 신학적인 교육을 전혀 받지 않았고 따라서 그들에게서 쉽게 오류를 입증할 수 있다. 우리와 연관해서 다만 커다란 노선을 추출할 수 있으며, 몇몇의 특징적인 입장들을 설명할 수 있다.

이 모든 사람들은 다소간에 근원적인 기독교와 자연적인 종교를 동일시하였다. 즉, 그들에 의해 받아들여진 근원적인 기독교는 이성에 반하는 것을 아무 것도 포함하지 않았다. 영국의 이신론에서 특징적이었던 점은 예수의 인간적인 인격에 반대하지는 않았으나, 그의 신성과 이를 위한 증명에 대해서는 논쟁하였다는 것이다.

원래 가톨릭이었던 존 톨랜드(John Toland, 1671-1722)는 가톨릭교회의 "미신과 우상숭배"에 관한 자신의 고유한 심사숙고 때문에 16년을 몰두하였다. 글래스고우(Glasgow), 라이든(Leiden), 옥스퍼드(Oxford)에서 철저한 신학교육을 받았던 그는 그럼에도 불구하고 결국 범신론(만유신론)에 대한 적대시를 통해 쫓겨났다.(Pantheisticon 1720) 그의 이신론적인 주요저작은『기독교는 신비적이지 않다』(1696)이다.

우선 그는 로크로부터[11] 독자적으로 발전하여 몇 가지 점에서 영국의 위대한 철학자의 입장과 뚜렷한 반대에 도달했다.

> a) 기독교에는 아무 것도 이성에 반하는 것이 없다. 그러나 또한 아무 것도 초이성적이지 않다. 그 결과 그 어떤 "신비적인 것"도 없다. 오히려 기독교 계시는 명확하고 통보되었고 밝혀지는 비밀이길 원한다.
>
> b) 계시는 결코 권위나 강요하는 수단이 아니며 오히려 이성이 말을 걸고 동의

10) 비교. G. V. Lechler, Geschichte des englischen Deismus, Stuttgart 1841 (Neudruck Hildesheim 1965) u. a.

11) 톨랜드는 이미 로크의 "합리성"(1695)이 발행되기 전인 1694년부터 그의 작품을 작성하는 일에 몰두하였다.

(assensus)를 불러일으키는 인식의 매체일 뿐이다.

c) 기독교 종교의 확신의 근거는 로크에서와 같이 기적의 증명에 기인하는 것이 아니라 오히려 "사물 자체에서의 분명한 확신"(II, 11)에 달려있다. 즉 그들의 내용이며 그들의 직접적인 증명에 달려있는 것이다.[12]

초기에 톨랜드는 "우리가 이해할 수 없는 것은 숭배하라"(II, 1ff.)는 통상적인 원리에 반대하였다. 그는 자신의 결정을 분명하고 충분하게 표현할 수 없었다. 언급된 원리가 없이는 "사람들이 로마교회의 화체설이나 다른 우스꽝스러운 꾸민 이야기들에 관해 결코 들을 수 없을 것이다. 또한 거의 남김없이 서방의 하수구로 흘러들어갔던 동방의 배설물에 관해서도 들을 수 없으리라.(즉 삼위일체론과 기독론, V) 그리고 우리 자신은 성찬의 빵에서 그리스도의 체현에 관한 루터파의 가르침(공재설) 또는 편재설의 교리를 결코 웃음거리로 만들지 않으리라. 마치 기형이 당연하게 다른 것을 출생시킨다는 듯이 말이다." 여기에서 왜 사람들이 그의 책을 1697년 가톨릭의 더블린(Dublin)에서 교수형으로 소각시켰는지를 이해할 수 있다.

분명 사람들은 그의 결단을 과대평가해서는 안 된다. 그는 신성함이 신약성서에 승인되었다고 주장했다. 또한 그는 기적이 이성으로 받아들일 수 있는 한에서 근본적으로 기적에 반대하지 않았다. 그럼에도 불구하고 단지 하나님의 선하심과 지혜에 적합한 기적만이 기독교의 확증으로서 인정될 수 있다.

톨랜드는 신약성서의 기독교 종교가 후기의 교회적인 기독교보다 매우 단순한 형태이며, 건강한 이성과 윤리적이고 종교적인 인식을 매우 강력하게 요청하는 형태라는 견해를 주장했다. 세례와 성찬을 제외하고 기독교의 모든 의식(예배)은 이교적인 관습의 영향에 기인하였는데, 특히 그리스의 밀의종교(비밀의식을 행했던)에 근거한다. 결국 톨랜드는 "이교의 문헌에 나타난 밀의종교의 역사와 의미"에 관해 저술하였고 이로써 종교사적인

12) 후에 레싱은 기독교 종교의 "내적인 진리"에 관해 말하게 된다. (비교. 그의 "Axiomata" X).

연구를 위한 공적을 이루었다. 기독교 교리는 기독교에 영향을 끼친 이교적인 철학과 함께 복음의 가르침을 융합시켰다. 톨랜드는 19세기보다 오래 전에 이미 교리사에 관한 근본적인 인식을 소유하고 있었던 것이다. 여기에서 그는 자유로운 신적인 계시로서 참된 기독교 종교를 회복시키기를 원했던 것이다.

존 로크의 제자요 법학자인 안토니 콜린스(Anthony Collins, 1676-1729)는 자신의 "자유사상에 관한 담화"(Discourse of freethinking, 1713)에서 다음과 같이 설명했다. "계시는 단지 자유로운 검증 가운데 확정된 이성과의 일치라는 토대에서 가능하며, 계시가 이성과 일치하는 한에서만 인정될 수 있는 것이다. 이성을 넘어서거나 이성에 반하는 모든 명제들은 결코 계시의 특성으로 인정될 수 없고 오히려 그런 특징은 언제나 사제들과 권력욕이 있고 논쟁을 좋아하는 신학자들에게 승인될 것이다."[13)]

예수의 메시아성과 하나님의 아들되심을 증명하는데 있어서 훈련받은 이신론의 공격은 콜린스에게서 잘 나타났다.

이미 그로티우스는 구약성서와 신약성서에 대한 자신의 『Annotations』(주해/주석, 1641)에서 예언의 증거를 실제로 파내었다. 그로티우스는 말하길, 예언들의 근원적이고 본래적인 문학적 의미는 구약성서의 예언들이 구약성서 역사 자체의 결과에 대해 적응한다는 것이다. 그래서 이사야 53장은 예언자 예레미야와 다윗의 시편2편과 관련된다. 구약성서 저술가들에겐 여전히 숨겨진 채로 비로소 두 번째 의미, 즉 문자적인 의미는 아니지만 신약성서의 사건이 구약성서에서 예언된 것으로 입증되었다. 그로티우스는 이처럼 본래적인 것이 아닌 주해가 예언의 증거를 근거세우기 위해서 비록 충분하지는 않지만 가능하다고 여겼다. 여기에서 이미 믿는(신앙이 있는) 자만이 관계를 파악할 수 있고 그리스도에 대한 하나님의 경세를 예지할 수 있다. 그로티우스에게 기적의 증명은 예수의 메시아되심에 관한 실제적이고 합리적인 증명에 있어서 충분했다.

신학자요 수학자인 윌리엄 휘스턴(William Whiston, 1667-1752)은 1703년 케임브리지 대학에서 뉴턴의 후계자가 되었고 1710년 반(反)-삼위일체론적인 관점으로 인해 교수직

13) E. Troeltsch, Artikel: Deismus, RE 3 Aufl. IV, 541.

을 잃고 말았다. 한편 그는 두 번째의 비유적인 성서의미의 요구를 명백한 것으로 간주하였다. 구약성서의 비유적인 해석은 그의 확신에 따르면 “열광주의적”이다. 이때 합리적인 방식의 주석은 불가능하다. 다른 한편 그는 구약성서의 “예언”이 그 문자적인 의미에서 나사렛 예수를 의미하는 것이 아니라는 점에서는 그로티우스와 마찬가지로 분명했다. 휘스턴의 해답(1722)은 오늘날의 구약성서의 본문이 훼손되었다는 것이다. 즉 신약성서와 연관이 되어 있는 바로 이 본문들이 기원 후 2세기에 그리스도에 대적하는 유대인들에 의해 위조되었다는 것이다. 유대인들은 이러한 위조를 통해 예수에 대한 분명하고 의심할 여지가 없이 연관되어질 수 있는 예언들을 방해하였던 것이다. 휘스턴은 조처를 통해서 그의 생각에 원천적으로 구약성서적인 본문을 복원시키려고 시도하였고, 물론 그는 수포로 돌아가고 말았다. 휘스턴의 테제를 통해서 이제 콜린스(『Discourse on the grounds and reasons of the Christian Religion』(기독교 종교의 근거와 사유의 담론, London 1724))는 도전해야 한다고 느꼈고 맹렬하게 투쟁하였다. 그로티우스와의 연계 아래 그는 자신의 주석에서 다음과 같은 결과에 이르렀다. 즉, 신약성서에 나타난 구약의 예언들은 문자적인 첫 번째 의미를 이끄는 것이 아니라 두 번째의 유형론적이고 신비적이며 혹은 비유적인 의미를 내세운다는 것이다. 이사야 7장 14절은 본래적인 의미에서 예언자의 아들인 “임마누엘”이며 두 번째 의미에서 나사렛 예수(마태 1:23)를 의미한다. 비유적인 성서해석의 도움으로써 기독교가 확증하는 예언의 증명에로 인도하게 된다. 이로써 기독교는 비유적인 유대교이며 신비적인 유다이즘이다. 콜린스는 이렇게 자신의 연구를 완료한다. 그가 이러한 확립에 만족하길 원했는가? 어쨌든 그의 적대자들은 이런 견해와 달랐고, 그 자신은 휘스턴과 더불어 전형적이거나 유비적인 성서해석을 “약하고 열광주의적인” 것으로 표현하였다.[14] 그러므로 여기에서 비록 숨겨져 있다 할지라도 그리스도의 메시아 되심이라는 진리에 대한 공격이 놓여 있다는 것은 명백하다. 이것은 콜린스가 기적의 증명을 거부하였던 것보다 어려운 것이었다.[15]

14) 비교. P. Stemmer, Weissagung und Kritik. Eine Studie zur Hermeneutik bei Hermann Samuel Reimarus (Veroeffentlichung der Joachim-Jungius-Gesellschaft der Wissenschaften Hamburg), Goettingen 1983, 31.

15) P. Stemmer, a.a.O., 23.

기적을 통해 기독교 계시를 확증하는 것은 이신론적인 투쟁과 함께 마침내 그 정점에 도달했던 주제였다. 바로 기적의 물음이 자연과학의 새로운 인식에 직면해서 특별히 실제적인 것이 되었다. 토머스 울스턴(Thomas Woolston, 1670-1733)은 1727 - 1730년 6권으로 된『Discourses on the Miracles of Our Savior』(우리 구세주의 기적에 관한 논문)을 출판하였다. 그의 최종적인 결론은 다음과 같다.

a) 예수의 메시아 되심 혹은 그의 하나님의 아들되심을 확증하도록 하려는 목적에 대해 복음적인 기적은 발생하지도 설명될 수도 없다. 이 이야기들의 개별성은 기만적인 조처라는 혐의를 배제하지 않는다.

b) 기적이야기들은 종종 스스로 모순되며 스스로 설득력이 없다.

예를 들어, 나사로의 중병을 고려하건대 예수가 도착하는데 오랫동안 지체한 것은, 그의 무덤에서 우는 것이 불가능한 것이며 비상식적인 일이다. 공관복음서는 이 부활사건을 '기적'으로 이행한다. 울스턴은 이 기적이야기를 결국 비유적으로 이해하였고 콜린스와 달리 실제로 유비의 해석원리로 믿었다. 예를 들어 그는 이방인 교회에서 피를 흘리는(혈루증) 여인을 도울 수 없는 의사요, 거짓 교사로 해석했다. 또한 울스턴은 예수의 부활을 개의치 않았다. 마찬가지로 부활은 문자적으로 받아들여져서는 안 되고 오히려 문자의 무덤으로부터 신비적이고 유비적으로 예수의 영적인 부활로 이해되어야만 한다. 그 밖에 울스턴은 무덤으로부터 예수의 기만적인 이탈을 불가능한 것으로 간주하지 않았다. 영국 국교회의 감독 토머스 셜록(Thomas Sherlock, 1678-1761)이 자신의 책『The Trial of the Witnesses of the Resurrection of Jesus』(예수 부활의 증인에 대한 재판, 1729, 1755년 13판)에서 부활보도의 역사성을 변호하고 난 후에, 신학자 피터 아넷(Peter Annet, 1693-1769. 여러 차례 박해를 받고, 직위를 해제당하고, 강제노역의 형벌을 받았다)은 자신의 작품『The resurrection of Jesus considered』(예수의 부활을 고려하다, 1744년 3판)에서 예수의 부활에 반대하는 정면공격을 감행하였다. 그는 부활절 역사에 대한 첫 번째 학문적인 비평가로 간주된다. 왜냐하면 그는 구전으로 전승된 부활의 예언에서 예수의 비역사성을 인식하였고 부활보도에 관한 설명에서 복음서 기자들이 모순을 드러냈다는 것을 발견했다. 또한 그는 예수의 가사(假死, 기절)라는 가설을 제시하였다. 아넷은 이를 넘어 모세와 예언자들 그리고 복음서 기자들에 대한 비판에 관여하였다. 이때 그는 기만가설을 강력하게 작업하였다. 바울의 경우 그는 다마스쿠스 체험을 하나의 환상으로 설명하였고, 계속해서 그의 회심을 자신의 본성에 대한 대립으로부터 이해하였다. 그는 바울이 처음으로 새로운 종교를 창시한 것은 아닌지 하는 물음을 과감히 던졌다. 그에게 성경은 단지 비평적인 연구의 대상이었다. 그는 이성종교를 진척시켰다. 기독교는 그에게 역사적인 현상에 다름 아니다. 즉, 망상, 지배욕, 속임수의 권력이 하나님 경배의 영역에서도 나타난다.

계속되는 결과들이 법률가 매튜 틴달(Matthew Tindal, 1656-1733)에 의해 배양되었는데, 그의 주저는 『Christianity as old as the creation』(창조만큼이나 오래된 기독교, Bd. I London 1730; Bd. II는 발행되지 않았다)였다. 그에게서 자연적인 종교, 이성종교 그리고 기독교의 완전한 일치가 발견된다. 그래서 기독교적인 계시는 자연적인 종교, 하나님의 율법의 갱신된 공시와 다를 바 없으며, 이성종교와 자연적인 종교의 관점에서 본다면 자연의 율법과 다를 바 없는 것이다. 틴달은 이런 테제를 통해 철저히 자신을 그리스도인으로 느꼈다. 이는 분명 특수한 기독교적인 것이 추락하는 것을 의미했다. 틴달은 그로티우스를 통해 그 적합한 형태에서 교회의 속죄론을 부인하였는데, 이에 따라 그리스도의 죽음은 단지 참회를 상기시키는 표지이며, 징계(형벌)의 사례이지 결코 본래적인 화해가 이루어지지는 않는다. 용서는 하나님의 본질에 근거해있다. 하나님은 속죄를 위한 업적이나 징계 사례를 필요로 하지 않으신다. 왜냐하면 그는 모든 인간에게 똑같이 아버지가 되시기 때문이다. 기독교가 진리와 계시로 인정되어야만 한다면, 그것은 이성의 진리와 고립되어 증명되어서는 안 되며 오히려 그의 실체는 모든 다른 종교들에서도 포함되어야만 한다. 그것은 하나의 보편적인 그리고 세상의 처음부터 도처에서 분명하게 제시되고 인정된 진리여야만 한다.

당시 유럽의 모든 지식인층을 움직였던 틴달의 특별한 표현, 즉 중국은 유교를 통해서 수준이 높은 합리적인 도덕을 발전시켰다는 것은 개연성이 있다. 아마도 그는 이 표현을 통해 무조건적으로 기독교를 모든 동일한 자연의 법칙과 동일시하려는데 사용하였던 것이다. 본질적으로 "사물 안에 있는 이성"(reason of things)에 관한 틴달의 관점은 하나님이 들여놓았다는 것이다. 우리는 사물 안에서 이성을 연구할 때, 영원하고 완전한 하나님을 인식할 수 있다.

틴달은 "기독교적인 이신론자"가 되길 원했다. 그러나 비평가들은 결국 그가 자연적인 종교와 기독교적인 계시를 하나로 만듦으로써 후자를 불필요한 것으로 만들었다고 책임을 부과하였다.[16] 그러나 그는 어떠한 경우에도 하나님에 대한 신앙을 훼손하길 원치 않았다.

이제까지 이신론자들이 예언과 기적의 증명에 대해 논쟁을 벌였다면, 이제 그들은 구약성서에 대한 공격으로 넘어갔다.

이미 피에르 베일(Pierre Bayle)은 자신의 작품인 『Dictionnaire historique et critique』(역사-비평 사전, 1695-1697)을 통해 그들보다 앞서갔다. 예를 들어 그는 여기에서 유대인의 왕 다윗에 관한 항목에서 그를 도적의 괴수요, 간부(姦夫)이며 살인자라고 비판하였다. 마찬가지로 틴달도 구약성서에 대한 윤리적이고 종교적인 이론(異論)들을 완전한 목록으로 산출해냈다. 성서의 인간들은 도덕적으로 연약한 사람들이며, 그것은 신약성서의 사도들도 마찬가지이다.

구약성서에 대한 급진적인 비평은 토머스 모간(Thomas Morgan, 1680-1743)에 의해 행해졌는데, 처음에 그는 비국교도 설교자였으나, 후에 직위에서 쫓겨나 의사로 활동했던 인물이다. 모세 율법에 대한 허용되지 않음에 관한 판단에서 그는 사도 바울을 증인으로 끌어냈다. 이스라엘과 유대의 종교체계는 그 자체로 아무 것도 신적인 것과 진정한 계시를 지니고 있지 않으며, 오히려 다신론적이고 다양한 악마적인 이교도와 함께 순수 자연적인 종교

16) 비교. F. Mauthner, a.a.O. (Kap. 1, Anm. 10), II, 496.

와 도덕성으로부터 타락한 인간의 역사에 속한다. 사람들이 자연적인 법(lex naturae)을 계속해서 모세의 법(lex Mosis)과 동일시하는데 까지 나간다면, 모간은 자연적인 법만을 이신론적으로 이해된 기독교에 국한시켰다. 그의 관점에 따른다면 구약성서의 종교와 도덕성은 저급한 것이어서 저 세상적인 보복과 영원한 삶에 관해 아무 것도 알지 못한다고 보았다. 게다가 구약성서의 하나님은 인간제물(산 사람을 제물로 바침)을 명할 수 있다. 근본적으로 그는 악마적인 본질, 우상(거짓의 신)이며, 자연과의 맥락에서 놀라운 방식으로 자의적인 개입을 허용하였다. 그럼에도 불구하고 모세와 예언자들은 단지 부정적으로만 평가되는 것은 아니다. 어쨌든 예언자들의 예언은 하나님이 순전하고 더 나은 종교체계를 주시리라는 예견을 포함한다. 또한 이것은 구약성서에서 볼 때, 기독교 종교에로 안내하는 것으로 이해될 수 있는 유일한 것이다. 메시아적인 예언은 물론 예수를 의미하는 것이 아니라, 오히려 민족적인 해방자를 뜻한다. 구약성서는 유비적으로 해석되어서는 안 된다. 도대체 인간에게 정교한 종교적이고 도덕적인 교육이란 결코 아무런 의미를 갖지 못한다.

여기에서 마침내 장갑제조공 장인(匠人)이요, 램프제조자인 토머스 첩(Thomas Chubb, 1679-1747)이 언급되어야만 한다. 그는 자신의 책『The true Gospel of Jesus Christ asserted』(예수 그리스도의 참된 복음을 진술함, London 1738)을 내놓았다. 그는 그리스도의 가르침과 그리스도에 관한 가르침을 구별하였고, 이는 무엇보다 제자들이 (예를 들어 요한복음의 서문에서) 구성한 것임을 주장한 첫 번째 인물이다. 첩은 기독교적인 근본 진술에 대한 자신의 이해를 전적으로 유일한 참된 복음으로서 복음서 안에 증언된 예수의 말씀에 그 토대를 두었다. 예수는 그 자신의 고유한 말씀 안에서만 우리가 하나님의 마음에 합당하고 영원한 삶을 얻을 수 있는 것을 행하라고 가르치신다. 예수는 우리에게 참회와 회심을 가르치고, 최후의 심판과 영원한 보응을 선포한다. 예수가 행하신 그 밖의 모든 것은 이 복음을 위한 것이었다. 그의 기적은 이 복음에서 주목해야만 한다. 그의 삶, 고난, 죽음은 그의 가르침의 진리를 위한 위대한 사례이다. “내가 말해야만 할 때, 그는 그 자신의 삶을 설교했고, 자신의 고유한 가르침을 살았다.”

그리스도의 대리적인 만족, 삼위일체의 교리, 선택설, 노예의지론, 더 나아가 교회의 제의와 예식들에 관한 교회의 가르침은 거부되었다. 특히 유아세례는 개인적인 결단의 진지함을 차단한다고 보았기 때문에 역시 거부되었다. 반면에 성인세례는 요구되었고, 성찬은 그리스도의 사랑의 모사로서 유지되었다. "그리스도의 종교"와 "기독교적인 종교"라는 레싱의 구분은 이미 첩에게서 예시되었었다.

18세기 중반 경에 이신론적인 물결이 영국에서 점차 약해졌다. 그것은 종교와 교회의 영역에서 일반적으로 진정국면에 들어간 것과 결부되어 있다. 여전히 크롬웰이 노력을 경주했던 청교도 운동은 열기가 식어갔다. 따라서 종교적인 개인주의는 약해졌고 재-가톨릭화의 위험은 사라졌다. 이제 영국에서 사람들은 정치적이고 상업적이며 문학적이고 미학적인 관심에 더 열중하였다. 1726년부터 1729년까지 영국에 체류하였으며 그곳에서 영국의 자유사상가들의 학설에 매우 심취하였던 볼테르를 통해서 이신론은 프랑스로 재이식되었고 그곳에서 수정되었다.

종합적이고 종결적으로 말하자면, 영국의 이신론은 세상으로부터 분리된 하나님을 주장하거나 옹호하지 않았다. 그러므로 이신론의 경우 경건과 관련해서는 모든 비평적인 태도에도 불구하고 주요한 문제를 여전히 섭리의 신앙 안에서 유지하려고 했다. "영원한 신적인 능력은 세상의 사건을 지배하는 이성 안에서 우리에게 존재한다."(모간) "산상설교는 하나님이 자신의 선하심과 그의 모든 피조물을 향한 돌봄이 일반적인 섭리로 행하시는 가운데 인지하도록 가르쳐준다."(첩)[17] 또한 이신론자들 가운데 상당수는 기독교의 계시가 인간성을 타락과 오류로부터 순결하게 지켜주고 자연과 이성에 상응하는 원시종교를 다시 환원하는데 필수적이었다는 의견을 갖고 있었다. 이신론자들은 그들이 이해했던 것처럼 기독교에 반대하지 않았으며 오히려 외적인 (교회의 제도에 따른) 교권과 사제의 지배권에 반대하였던 것이다. 그들은 인간 예수의 추종자들이었다. 그들은 예수의 정결한 선포를 존중하였고, 이는 특히 첩의 사례에서 잘 드러났다. 성경과 관련해서 그들은 현대의 비평적인 성서학의 길을 제시하였다.

17) 재인용 E. Hirsch, Geschichte der neuern evangelischen Theologie I, Guetersloh 1949, 344f.

부설(附設): 자연주의자들

일반적으로 독일의 계몽주의 운동은 특별히 영국의 이신론적인 문헌과 반(反)-이신론적인 문헌의 영향 아래서 발전하였던 것에서 출발하였다. 분명 독일의 계몽주의는 서유럽의 계몽주의와 시간적으로 일정한 거리를 두고 있다. 총체적인 배경 없이 그의 가치에 대해 논쟁을 벌여야 하는 것은 중요한데, 이는 사상가들이 있어서 통용되고 있는 종교에 대한 그들의 공격이 급진성면에서 이신론자들을 훨씬 능가하였다는 사실을 보여주기 때문이다. 이러한 방향의 대변자들이 바로 이신론으로부터 온 것이 아니라, 스피노자로부터 왔다는 사실이다. 스피노자와 달리 그들 가운데 온건한 이들은 계시를 인정하였고, 그들이 자연의 빛을 계시의 빛보다 우위에 놓았을 때 어쨌거나 여전히 이신론과 일치하였다. 그러나 급진주의자들은 하나님이 본체요, 자연이며 무신적인 결과라는 스피노자의 원리를 취했다. 그들은 자연주의에 안착했다. 그들에게 예수는 아무 것도 의미하지 않았다. 이러한 급진성은 이들의 사회적인 파문을 이끌었다. 그 결과 그들은 공적으로 무시되었고 계속해서 금지당했다. 그러나 정확한 시선으로 보자면 그들이 비밀리에 강력하게 활동해야만 했다는 사실을 보여준다.

조사에 따르면, 특히 도서관의 필사본 분야를 살펴보면 계몽주의 기간에 이러한 문헌들이 바로 『De Tribus Impostoribus』(3대 사기꾼)와 같은 책에서 과소평가할 수 없을 정도로 보급되었고 전파되었다는 사실이 드러났다. 이 문헌들은 계몽주의의 결과가 자유 안에서 생각하고 행동하는(칸트) 대신에 무신론에 놓여 있는 것은 아닌지 하는 물음을 담고 있었다. 그러나 우리의 설명은 사람들이 스피노자로부터 유래하는 유일의 정신적인 노선을 절대화 하였을 때, 이것이 역사적으로 타당하다는 것을 보여준다.

계몽주의 시대에 "자연주의"를 위한 사례는 다음과 같다.

a) 독일의 첫 무신론자인 마티아스 크누첸

마티아스 크누첸(Matthias Knutzen, 1646-1674)은 홀슈타인(Holstein) 출신으로 신학 후보생이었다. 그는 1674년 9월 5 - 6일에 예나(Jena)에서 자필로 세 편의 무신론적인 논문을 저술하였다. '알거지학생'이었던 그는 1674년 겨울에 지방도로에서 실종되었다.

크누첸의 무신론은 30년 전쟁 이후 당시 정부에 대한 거부와 이로써 결부된 참을 수 없는 사회적이고 정치적인 상황에 대한 항거였으며, 자신의 개인적인 비참한 운명에 대한 저항이었다.

이미 언급했던 예나 대학의 온건한 정통주의 신학교수인 요한네스 무세우스(Johannes Musaeus)는 크누첸에 반대하는 저술을 작성하였는데, 개정판이 1674년과 1675년에 발행되었다. 그는 이 작품에서 크누첸의 무신론을 자연주의로 환원시켰다. 그는 이를 스피노자주의와 - 물론 부당하기는 하지만 - 영국 이신론으로 이해하였다. 영국 이신론과 관련해서 그는 체버리의 허버트와 그의 작품인 『De veritate』(1624)를 언급하였다. 실제로 여기에 관계가 놓여 있다. 왜냐하면 영국인(허버트)은 양심에 강력한 의미를 인정하였기 때문이다. 그는 양심을 "보편적인 인식"(notitiae communes, 이성의 보편개념)의 원천으로 고찰하였고, 이로써 그에 의해 자연적인 종교의 다섯 가지 이성의 진리들이 구성되었다. 크누첸은 양심에 대한 자연적인 도덕이라는 세 가지 점을 통해서 대체하였다. "아무도 해치지 말라. 명예롭게 살라. 각자에게 그의 것을 허용하라."(neminem laedere, honeste vivere, et suum cuique tribuere) 그러므로 그는 허버트를 능가하여 종교를 도덕으로 용해하였다.

게다가 이 세 가지는 로마법에 소급된다. 사람들 간의 공동체를 강조하는 그로티우스와 푸펜도르프의 법 이해와 일치하며, 후에는 라이프니츠에게서 다시 찾아볼 수 있다.[18] 그러나 이는 스피노자의 신학적이고 정치적인 논문에서 나타난다.(c. XX) 여기에서 스피노자는 상술하기를, 암스테르담에서 정부로부터 몹시 미움을 받았던 분파의 추종자들이 이 원칙을 준수했을 때 감수해야만 했다.

18) K. Holl, Die Bedeutung der grossen Kriege fuer das religioese und kirchliche Leben innerhalb des deutschen Protestantismus, in: Gesammelte Aufsaetze zur Kirchengeschichte III, Der Westen, Tuebingen 1928, 322.

크누첸은 자신의 자연적인 도덕의 세 가지 점에서 결코 독창적인 것은 아니었다. 그는 이것을 직접적으로 스피노자로부터 만들어냈던 것이다.

성서가 완전한 거짓이라는 사실은 스피노자의 관점을 거칠게 한 것이다. 그러므로 이는 결코 아무 것도 진리로 다룰 수 없다. 그리스도의 부활을 거짓으로 특징짓는 것을 크누첸은 아마도 켈수스로부터 배웠던 것이리라. 크누첸이 기독교인들을 "이성을 감금한" "비이성적인 동물들"로 말할 때, 이는 스피노자의 서문을 기억나게 한다. 스피노자는 저자로서 "이성적인 인간을 동물로 품위를 떨어뜨리고", "지성의 빛을 말살하는" 편견을 비난했다. 네덜란드의 사상가와 마찬가지로 크누첸 역시 이성을 자연과 동일한 것으로 보았다. 그는 "자애로운 어머니 자연"을 증거로 끌어대었다. 그러나 그의 자연주의는 스피노자의 것보다 급진적이었다. 왜냐하면 그는 자연을 더 이상 하나님의 술어로 사용하지 않았기 때문이다. 따라서 그는 스피노자주의로부터 무신론적인 결과로 나아갔던 것이다.

후에 그의 변호자인 요한 크리스티안 에델만(Johann Christian Edelmann, 1698-1767)은 이를 자신의 저서『Moses mit aufgedecktem Angesichte』(덮개를 벗은 모세, 1740)에서 인정하지 않았다. 그는 크누첸의 하나님을 양심이라고 주장하였다. 크누첸은 사람들이 생각해야만 했던 것보다 훨씬 큰 영향을 미쳤다. 이미 무세우스는 자신의 반대문서(1675) 제2판에서 크누첸의 세 편의 팸플릿을 게재하였다. 1792년까지 이것들은 개별적으로 혹은 공동으로 8번이나 인쇄가 되었으며, 그 가운데 이미 언급된 에델만의 책에도 있다. 그 밖에 팸플릿들은 필사본으로 확대되었다. 베일(P. Bayle)은 자신의 사전(1697)의 두 번째 책에서 크누첸에게 우호적인 판단을 내려주었다.

b) "브노와 스피노자의 정신이라는 저작"(L'Esprit de Mr. Benoit Spinoza) 크누첸의 영향은 또한 자연주의적인 문헌인『L'Esprit de Mr. Benoit Spinoza, c'est a dire ce que croit la plus Saine partie du monde』에 드러났다. 저자는 "의사"인 장 막시밀리

앵 루카스(Jean Maximilien Lucas, 1636 혹은 1646-1697)로 스피노자의 학생이었고, 루앙(Rouen)에서 태어나 헤이그(Haag)에서 사망했다. 이미 1700년경 라틴어 사본이 유포되고 있었고, 1706년 이래 사본이 프랑스어로 번역되었다. 작품이 처음으로 인쇄된 것은 1719년 암스테르담에서였다. 계속해서 인쇄가 뒤따랐다. 독일어 번역본의 경우 『스피노자 II. 혹은 Subiroth Sopim』(Impostoribus의 철자를 바꾸어 쓰기)이라는 제목 아래 아마도 1787년 베를린에서 발간되었던 것 같다. 그럼에도 불구하고 대부분 문서는 필사본으로 확대되었고, 부분적으로는 『De Tribus Impostoribus』(3대 사기꾼)라는 제목으로 전파되었다.

이 작품이 지닌 놀라울 정도의 광범위한 영향을 말하자면, 내가 알고 있기로는 무엇보다 프랑스와 독일에서 지금까지 61편 이상의 인쇄원고가 존재하고 있으며, 대개는 프랑스어로 기록되어 알려져 있다.

이 문헌은 "건강한 인간이성"(bon sens)에 대해 호소하였고, 홉스, 스피노자, 크누첸, 켈수스의 사상을 혼합하였는데, 켈수스에 관해서는 명확하게 본문에서(III, 18) 언급되었다.
홉스의 작품에서 우세하게 드러난 사상은 다음과 같다. 하나님신앙의 기원은 불가시적이고 부분적으로는 적개심에 찬 본질에 대한 두려움이다. 감각적인 인식은 운동과 다를 바 없으며, 이는 인지기관을 매개로 하여 대상을 신경으로 날인하는 것이다.(II, 8) 모든 것은 물질적이다. 저자의 이해에 따르면 하나님과 인간적인 영혼 자체도 그렇다. 이름이 언급되지는 않았으나, 데카르트는 공격을 받았다. 왜냐하면 그는 영혼을 비물질적인 것으로 간주했기 때문이다.
스피노자의 작품으로부터 우세한 것은 다음과 같이 도출된다. 하나님은 자연이시다. 하나님, 신들과 영들에 관한 인간적인 관점들은 이미지(상상)와 연관이 있는데, 그 인식은 불완전하고 혼란스럽다. 이에 반해 이해력(지성)의 빛을 고려해 본다면, 보다 분명한 하나님인식에 도달하게 될 것이다. 자연으로서의 하나님은 내적인 필연성으로부터 행동하신다. 그에게는 어떠한 목적도 없다. 오히려 이는 인간의 허구일 뿐으로, 하나님이 자신들의 안녕을 위해 모든 것을 만드셨다는 단견과 자기추구에 불과한 것이다. 하나님은 실재에 있어서 인간에게 개미보다 더 큰 가치를 부여하지 않으셨다.(비교. 켈수스 IV, 84) 그는 완전히 냉담하시다. 그는 정당하지도 자비하지도 않으시며, 징계하시거나 칭찬하시지도 않으신다. 저자는 하나님 이해에 있어서 모든 신인동형론에 반대하였다. 세상에 있는 모든 것들은 목적이 아니라, 원인에 제약되어 있다. 우주는 하나님-자연의 유출이라는 필연적인 결과와 전혀 다르다. 이때 하나님은 모든 존재에게서 그에게 측량된 완전의 정도로 참여하신다. 육체와 영혼은 하나의 동일한 실체의 두 측면이다. 영혼의 개별적인 불멸성은 차단되었다. 하나님은 자신을 계시하지 않는다. 성서는 단지 상이한 시대에 다양한 사람들에 의해 종합적으로 드러난 단편들의 모직이다.

크누첸의 팸플릿으로부터 우세한 것은 다음의 것을 인계받았다. 즉 성서에 있는 모든 것은 사기요 기만이다. 사람들은 체계와 방법에서 코란보다 부족한 책을 우상시하였다. 아무도 이해할 수 없을 정도로 혼란스럽고 불충분하게 작성된 책이다. 오히려 사람들은 자연적인 율법에 따라야만 한다. 하나님, 즉 자연은 그들의 심장에 기록되었다.

켈수스로부터 우세한 것은 다음에 근거한다. 모세는 이집트 사제들과 마찬가지로 마법사이다. 그는 이스라엘 사람들에 대한 자신의 통치권을 기적과 이사로 나타냈으며, 또한 그들에 대한 전제정치도 행사했다. 또한 예수 그리스도는 이집트의 "학문"을 잘 알고 있었고, 그것을 자신의 계획을 위해 이용했다. 물론 그는 결코 폭군이 아니다. 그는 몇 개의 "바보"같은 일을 저질렀는데, 예를 들어, 제자들에게 행한 몇 개의 "비참한 일"은 예수가 그들에게 자신의 아버지는 성령이요, 어머니는 동정녀라고 말한 것으로 이는 이교의 지도자들이 행했던 것과 유사하다. 예수는 유대인들을 위한 새로운 정치적인 제국을 원했고, 제자들에게는 저 세상에 대한 왕국으로 위로했다. 무엇보다 그는 단순한 이들과 어리석은 자들에게 향했다. 그의 철학과 도덕은 플라톤에게서 우세하게 유래하였다. 에픽테토스

(Epiktet)는 그에게 강인함의 면에서 우월하였다. 왜냐하면 예수는 흥분할 때마다 울었고 진땀을 흘렸고 죽음 앞에서는 실망스러운 영혼의 저급함을 보여주었기 때문이다. 제자들은 예수의 처형 이후에 자신들의 희망이 도둑맞았고 따라서 핍박을 받는다고 보았다. 한 여인의 보도에 따르면, 제자들은 예수의 부활에 관한 거짓과 모든 다른 꾸며낸 이야기들을 퍼트렸으며, 그것들이 복음서에 가득하고 더구나 떠벌이였던 바울의 도움으로 하나님처럼 가치가 있는 존재로 예수에게 명예를 부여하는데 성공할 수 있었다는 것이다.

루카스의 사상의 단계의 결과는 다음과 같다. 즉 유대교, 기독교 이슬람 같은 능동적인 종교들은 사기와 기만에로 소급되어야 한다. 모세, 예수 그리고 마호메트라는 세 사기꾼은 공명심에 불타올랐고, 그들의 여파는 인간의 무지를 통해 영원히 남게 되었다.

『L'Esprit de Mr. Benoit Spinoza』는 『De Tribus Impostoribus』(3대 사기꾼)라는 본래 책의 새 판이다. 저자는 기만가설을 널리 소개했고, 계속되는 논증으로 근거를 마련하고 전체를 자연주의적으로 도색하였다.

c) 프리드리히 빌헬름 스토쉬(Friedrich Wilhelm Stosch)와 테오도르 루드비히 라우(Theodor Ludwig Lau)

이러한 연관 하에서 당시 명성이 자자했던 인물들로 두 사람 더 언급되어야 한다. 프리드리히 빌헬름 스토쉬(1646-1704)는 개혁주의자인 베를린 궁정설교자 바르톨로매우스 스토쉬(Bartholomaeus Stosch)의 아들이었다. 아버지 바르톨로매우스는 위대한 선제후 아래에서 1662년과 1664년에 관용령을 작성했던 인물이다. 프리드리히는 브란덴부르크의 내각책임자라는 국가공무원으로 40세까지 근무하다가 건강상의 이유로 사적인 삶으로 되돌아갔다. 그는 1692년『Concordia rationis et fidei』(이성과 신앙의 조화)라는 제목의 책을 출간했는데, 1694년 이 책을 거둬들이라는 압박을 받았다. 그의 책으로 간주되는 샘플들은 모두 소각되었다. 테오도르 루드비히 라우(1670-1740)는 쿠어란트의 추밀원고문관이며 내각의 책임자였다. 1717년 그에 의해『Meditationes Philosophicae de Deo, mundo et homine』(신, 인간, 세계에 관한 철학적 명상)라는 책이 발행되었고, 1720년 제2권이 뒤따랐다. 라우 역시 자신의 저서를 철회하지 않으면 안되었다. 이는 1729년 10월 6일 쾨니히스베르크에서 발생하였다.
두 사람의 책들은 스피노자주의와 이신론의 내용적인 혼합이다. 둘 다 하나님을 "능산적 자연"(能産的 自然, natura naturans, 산출하는 자연)으로 표현하지만 계시를 인정하였다. 스토쉬는 자연적인 빛이 계시된 빛과 마찬가지로 하나님으로부터 유래한다고 말했다. 그럼에도 불구하고 자연적인 빛이 더 오래되었고 근저에 놓여 있어야만 한다고 보았다. 라우는 성서의 계시가 오류가 있으며 불확실하다고 설명한다. 반면에 계시는 창조를 통해 신적이고 완전히 허용되었다. 그때그때마다 다르기는 하지만, 양자는 유물론적으로 규정된 영혼의 이해를 가지고 있다. 라우에 따르면 영혼은 보편적인 하나님-자연에서 피어난다. 그 외에 양자는 영혼을 매우 교회-비판적으로 기술하였다.

게다가 라우는 요청하기를, 진리의 인식을 위해 모든 종류의 책들이 용인되어야만 하며,『De Tribus Impostoribus』(3대 사기꾼)라는 책이 다시 인쇄되어야만 한다고 주장했다. 실제로 1719년에『L'Esprit』이 인쇄되었다. 흥미로운 것은 당시 이 시기의 모든 문서들과 저자들이 사기꾼 서적과 함께 밀접하게 결속되었다는 점이다. 예를 들어 그들은 모두 베를린의 필사본 단행본인 Ms. Diez. C. Quart. 37에 나와 있는데, 이는 예전에 킬(Kiel) 대학 법학교수였던 페터 프리드리히 아르페(Peter Friedrich Arpe, 1682-1740)가 대략 1726년에 통합해놓은 것으로 계속해서 차례대로 포함되었다. 먼저『De Tribus Impostoribus』(3대 사기꾼) 자체가, 다음에『L'Esprit』이, 뒤를 이어 라우의『Meditationes』가, 그 다음에 스토쉬의『Concordia rationis et fidei』가 그리고 마지막으로 크누첸의 라틴어 서신인『Amicus, Amicis, Amica』(친구, 친구들, 여자친구)가 담겨 있다. 지금까지의 계몽주의 연구는 당시에 금지되었던 "금서문헌"에 대해 너무나 가볍게 다루어 왔던 것이 사실이다.

계몽주의 시대의
신학과 교회

제4장

라이프니츠와 독일 기독교 계몽주의의 시작

고트프리트 빌헬름 바론 폰 라이프니츠(Gottfried Wilhelm Baron von Leibniz, 1646-1716)는 1677년부터 죽을 때까지 하노버(Hannover)의 추밀고문관이요 도서관 사서였다. 그는 자신의 비범하고 방대한 지식으로 인해 일반적으로 유럽에서 가장 탁월한 머리를 가진 자로 인정받았다. 그는 정신적인 제국의 통치자로서 베를린(1700)과 상트페테르부르크(1725)의 학술원 건립을 유발하였다. 이미 그전에 파리(1635)와 런던(1663)에 유사한 학술원이 있었다.

유감스럽게도 라이프니츠는 자신의 철학적인 관점을 주저에서 체계적으로 종합하여 기술할만한 여가를 허락하지 않았다. 그래서 그의 철학적인 문헌은 언제나 개별적인 대상들만을 다루고 있다.

a) 왕자 오이겐(Eugen)을 위해 자신의 단자론을 짧게 종합 정리한 1714년의 단자론(單子論, 우선 1720년에 독일어로 번역, 인쇄되었다)

b) 인간적인 이성에 관한 새로운 시도(Nouveaux essais sur l'entendement humain), 존 로크의 철학적인 주저(인간오성론, 1690)와 대질을 벌인 것으로 1704년 로크가 죽던 해에 기술되었다. 그러나 1765년에야 비로소 출판되었다.

c) 신정론(Essais de Theodicee sur la bonte de Dieu, la liberte de l'homme et l'origine du mal)은 모든 이들에게 자비롭고 전지하신 세계통치자에 대한 신앙에 대해 피에르 베일(Pierre Bayles)의 이성항변과 대질을 벌인 것이다.

이 작품은 1710년 라이프니츠에 의해 출간되었다. 라이프니츠의 우주적인 정신은 매우 다양한 방식의 이념들과 체계를 위한 여지를 갖고 있다. 그래서 그는 자신의 사상세계 안에 기독교적인 계시신앙을 위한 자리도 마련했다. 그는 신학발전사에 위대한 영향을 행사하였다. 그러나 이미 레싱(Lessing)이 말했듯이 그는 모든 당파의 지배적인 원칙들을 자신의 체계와 균등하게 하였고, 그래서 그는 계시의 진술도 본질적으로는 이성의 진술로 종속시켰다. 히르쉬(E. Hirsch)[1]에 따르면, "독일 개신교 신학에 결정적인 전환점"이 여기에 놓여 있다는 것이다. 왜냐하면 장차 독일에서 계시의 적용범위가 신학의 내부에서 제한될 것이기 때문이다. 라이프니츠로부터 우리는 독일의 교회적인 계몽주의의 시작을 산정할 수 있다.

이와 동시에 라이프니츠는 정통주의가 그 어떤 방식에서 공개적으로 공격을 받는 것을 경계하였다. 그러나 "신앙과 이성의 일치"에 관한 그의 강연으로부터 자신의 "신정론"을 선두에 놓았다는 것을 추론하건대, 그는 허버트가 "필연적이고" "실제적인" 진리를 구별했듯이 하나의 조건을 제시하였다. 즉 계시에 관한 가르침은 소위 "필연적이고" 혹은 "논리적인" 진리와 영원하고 불변하는 진리가 결코 모순되어서는 안 된다는 것이다. 무엇보다 이는 기하학적인 법칙이며, 또한 자연적인 신학의 진리로서 이를 따라서 하나님은 완전한 지혜시오, 선과 능력이시라는 것이다. 그러므로 이 점에서 계시는 이성종교에 분명히 종속된다.

라이프니츠에 따르면 "사실적인" 진리들은 하나님을 달리 확정할 수 있는 자연법칙과 사정이 다르다. 개별적인 경우에 사실적인 진리들에게서 "더 높은 질서를 위한 중요한 근거들"이 효과적일 수 있다. 그래서 자연법칙을 깨뜨리는 기적이 있을 수 있다. 여기에서 존 로크의 영향이 나타나는데, 그에 의하면 초이성적인 것이 주어질 수 있다는 것이다. 만일 성서가 그러한 것을 보도한다면, 그것은 성서 저자들의 경험과 관계된 문제인 것이다. 중국을 여행한 것을 설명하는 것과 마찬가지로 멀고 낯선 지역에서 놀라운 일을 보았다는 것과 그들의 보도에 대해 신앙을 선사해야만 하는 것과 유사하다. 동시에 라이프니츠는 기적이 합리적으로 이해할 만하며, 사유가능 하도록 만들기 위해 시도하였다.

예를 들어 라이프니츠는 그리스도의 몸이 여러 장소에 동시적으로 현재하는 것(성례전에서)을 원격작용에 상응하는 것으로, 물리학의 가르침으로 본다면 중력으로 파악하였다. 그는 몇 개의 아우구스티누스의 가르침을 분명하게 거부하였다. 즉 세례를 받지 않고 죽은 어린이들의 정죄, 이교도로서 기독교를 알 수 있는 그 어떤 기회도 갖지 못했던 성인

1) E. Hirsch, Geschichte der neuern evangelischen Theologie II, 17f. 라이프니츠에 따르면 자연적인 종교의 하나님은 지혜와 선과 권력이다. 비교. 단자론 56.

의 정죄, 낯선 죄책에 근거한 인간의 정죄 모두를 거부했다. 라이프니츠는 그 밖의 모든 정통주의 가르침을 받아들였으며, 심지어는 영원한 지옥형벌에 관한 가르침도 수용하였다.

라이프니츠는 확장과 사유라는 두 개의 분리된 실체를 받아들이지 않았다는 점에서 데카르트와 구별된다. 그는 단순하고 일반적인 유일의 실체를 토대로 하지 않고 오히려 다양하며 소위 '단자들'로 구분된 실체를 바탕으로 한 점에서 스피노자로부터 두드러진다. 그런데 '단자'라는 표현은 이미 피타고라스(Pythagoras)와 니콜라우스 쿠사누스(Nikolaus von Kues) 그리고 지오르다노 브루노(Giordano Bruno)가 사용하였다.

라이프니츠는 단자에 관해 말하기를, "나는 그 본성이 힘(vis)에 있다는 것과 그로부터 감각(sentiment)과 열망(appetit)이 유사하게 발생한다는 것, 그리고 사람들은 우리가 영혼에 대해 갖는 개념에 상응하는 것으로 이해해야만 한다는 것을 발견했다."(Neues System der Natur, c. III) 힘의 개념과 세계가 생기를 불어넣는다는 확신은 그가 영성주의(혹은 신령주의)와 자연철학에서 차용한 것이었다. 그는 야콥 뵈메(Jakob Boehme)를 높게 평가했다.

단자들은 에너지를 담지한 수학적인 점들이다. 그들은 영원하며, 또한 그들 아래에서 육체적인 것이 형성된다. 그러므로 자연에는 그 어떤 절대적인 죽음이 주어질 수 없으며, 오히려 지속적인 진화와 무진장한 삶의 분출이 있다. 이때 자연은 결코 도약을 하지 않는다. 라이프니츠는 "연속성의 법칙"에 관해 말한다. 그는 발전사상의 창조자이다.

그밖에 단자론에 있어서 많은 것이 분명하지 않다. 왜냐하면 라이프니츠는 단자론을 단지 즉흥적인 문서들에서 발전시켰고 포괄적이고 체계적인 설명은 제공하지 않았기 때문이다. 단자론에 대해 순수하거나 혹은 비중이 큰 이상적인 이해에 맞서 홀츠(H.H. Holz)[2]는 그 본질을 실체로 파악한 물질적인 구성요소에 주목하였다. 실제로 라이프니츠는 자신의 단자론에서 영혼이 언제나 육체와 결부되어 있다는 것을 언급하였다. 양자는 그들의 고유한 법칙에 따른다. 그러나 하나님에 의해 설정된 "미리 고정된 조화"(praestabilierten Harmonie)에서 조우한다.

2) 비교. H. H. Holz, Gottfried Wilhelm Leibniz (Reclam Philosophie, Geschichte 964), Leipzig 1983, 27.

단자들은 단계의 무한한 등급에서 연속적인 차례를 형성한다. 그들은 단계적인 명확성의 등급 안에서 감각과 표상을 갖고 있다. 데카르트의 인식철학에 맞서 라이프니츠는 무의식적인 지각의 존재를 옹호하였다. 라이프니츠에 따르면, 먼저 감각을 인식(apperceptions)하면 그 다음에 본래적인 의미에서 영혼에 대해 말할 수 있다. 자기인식과 이성에 대해 요구하면, 도덕적인 본질과 영혼에 대해 말할 수 있다. 사물의 마지막 토대는 필연적인 실체에 놓여야만 한다. 이를 라이프니츠는 "하나님", 원-단자, 순수 정신이라 불렀고, 이로부터 다른 모든 "피조된" 단자들이 "중단되지 않는 빛들 혹은 신성의 섬광을 통해서 한 순간으로부터 다른 것으로 태어나는" 것이다(단자론 46). 영혼들은 "일반적으로 피조물의 살아있는 거울 혹은 세계의 그림"(repraesentatio mundi)이며, "게다가 정신은 신성 자체의 그림 혹은 자연의 원조의 그림 - 이는 니콜라우스 쿠자누스의 'explicatio Dei'와 상응하는 것이다 - 이다. 그러므로 세계의 체계를 인식하고 그로부터 건축학의 모범으로부터 몇몇을 복제하는 것이 가능하다. 이 영역에 있는 모든 정신은 하나의 작은 신성이다."(83) 그러므로 "정신은 하나님과의 일종의 관계에로 나아가는 것이 가능하다."(84) "모든 정신의 통일"은 "하나님 나라"(la Cite de Dieu)를 형성한다.(85) 이것은 "자연적인 세계 안에서의 도덕적인 세계"이다. 우리의 세계는 모든 가능한 것의 최상이다. 이에 대한 "충분한 근거"는 가장 완전한 존재이신 하나님이 모든 가능성 가운데 오로지 가장 완전하고 최상의 세계를 선택하고 실현할 수 있었기 때문이다. 그러므로 완전은 전체에 귀속되며, 모든 가능한 세계들의 최상 안에서 개별적인 것은 불완전할 수 있다. 그들이 이런 최상의 가능한 세계 안에서 선의 불가피한(피할 수 없는) 동반순간이 없는 것이 아니지만, 그러나 하나님은 자신의 존재를 죄와 악에게 허용하지 않으셨다.

라이프니츠는 이런 논증을 자신의 신정론에서 회의주의자 피에르 베일과 대조시켰다. 베일은 자신의 사전 항목인 '마니교'(Manicheens)에서 세상의 지혜롭고 선한 창조자와 통치자에 대한 신앙에 반대하는 마니주의의 항변은 부정할 수 없다는 것이다. 신정론의 문제는 해결할 수 없는 것이다. 물론 라이프니츠가 근거가 충분한 해답을 소개했는지는 분명하지 않다. 오히려 그에 대해 사람들이 어렵게 이해할 수 있는 모든 진술들을 그들의 가르침으로부터 멀리하면 철학적인 종교를 발견할 수 있다는 베일의 말이 적합하다. 베일에 따르면 어쨌든 신앙과 지식을 화해하려는 모든 시도들은 성공할 수 없다. 그러나 베일에 따르면 이로부터 하나님과 교회에 대한 회피가 아니라, 오히려 파악할 수 없는 것에 대한 복종이 뒤따른다. 교리들은 이성적으로 정당화될 수 없으며, 도리어 이성적인 것에 맞서는(contra rationem) '계시'로서 인정되어야만 한다. 더구나 주목할 만한 것은 베일이 하나님신앙과 무신론을 두 개의 동등한(권리가 같은) 신념으로 나란히 놓았고, 또한 무신론자를 위해 시민적인 규정에 자유로운 자리를 요구하였다는 것이다.

원칙적으로 라이프니츠는 신앙과 지식의 '조화'를 위해 노력했다. 그럼에도 불구하고 그는 계시의 영역을 제한하였고 따라서 계몽주의의 역사에 속하였다.

a) 우리가 처음에 보았던 것처럼 하나님은 필연성이라는 확실한 경계 안에 복종시켰고, 그러므로 자신을 무제한적으로 계시할 수 없다.

b) '필연적인 실체'(그럼에도 세계내적인)로서 하나님이 인격적인(동시에 초월적인) 하나님을 위해, 즉 주체로서의 하나님을 위해 원-단자 안에서 얼마만큼의 공간이 지속되어야 하는지의 문제가 제기되었다.
내 기억으로는 바로 여기에 라이프니츠 철학의 가장 어려운 문제가 놓여있다고 본다.
홀츠(H.H. Holz)는 철학자(라이프니츠)에게 있어서의 "분열된 인식"을 비난하였다. 그는 "세계내재의 철학자이며 개인적인 하나님의 초월성의 신학을 동시에 제시하기 원했다. 그의 철학적인 체계로부터 바로 이 신학적인 동인이 불필요한 것, 즉 단지 주체적인 부가물, 순전히 사적인 고백으로 남아있다."[3] 라이프니츠를 순전히 내재의 철학자로 낙인을 찍은 이 판단에 대해 나는 도에 지나쳤다고 본다. 그러나 그럼에도 불구하고 하나님의 계시의 능력은 사람들이 이를 실체로 고찰하

3) H. H. Holz, a.a.O., 64.

는 한 제한적으로 남아있다.

c) 라이프니츠가 우리의 세계 안에서 모든 가능한 것의 최상을 보았다는 낙관주의는 세상에서 지배적인 죄의 인식을 그가 되돌려놓은 것이었다. 그에게 죄는 단지 선의 불완전함이다.

칼 홀(K. Holl)은 이 점에 대해 "참회와 칭의 같이 무엇인가 근본 관점을 함께 존속할 수 없는" 것이라고 지적하였다.[4] 칼 홀이 주장했던 것처럼 물론 라이프니츠는 칭의론에 대해 침묵하지 않았다. 이것은 그의 『Systema theologicum』(신학체계)이 증명한다. 그는 이를 1686년경 프랑스 가톨릭 감독인 부세(Bossuet, 1627-1704)와 더불어 연합담회와 함께 작성하였다. 그러나 라이프니츠에게 있어 칭의론은 예수 그리스도 안에서의 하나님의 자유로운 행위가 아니라 오히려 미덕은 영원한 완성의 길에 대한 보답이며, 악덕을 저주의 형벌로 준비시키는 세계율법이다. 라이프니츠의 체계에서 그리스도는 근본적으로 불필요하다. 그럼에도 불구하고 그는 그리스도신앙을 자신의 체계에 설치하였다(비교. 그의 『Causa Dei』, 49). "그럼에도 불구하고 최상의 세계질서를 선택하기 위한 가장 중요한 근거는 신-인이신 그리스도였다. 그를 통해서 모든 피조물이 죄의 노예로부터 하나님의 자녀라는 영광스러운 자유에로 해방되는 것이다." 그러나 이러한 고백은 규정실습 그 이상을 요구하였다.

d) 만일 '정신', 즉 인간이 신성의 형상이고 저마다의 정신이 그 영역에서 하나의 작은 신성이라면, 이 정신은 단지 제약된 정도로만 계시에 의존한다.

게다가 "인간적인 오성에 관한 새로운 논문들"이라는 대화에서 대화의 상대자인 테오필루스(Theophilus)가 다음과 같이 말한 것은 옳다. "그런데도 하나님의 이상을 인정하려는 경향이 인간적인 본성에 있다는 것을 사람들은 인정해야만 한

4) K. Holl, a.a.O. (Kap. 3, Anm. 19), III, 324.

다. 그렇다. 우리가 여기에서 첫 수업을 계시에 전가하기 원했다면, 사람들이 이러한 가르침을 받아들였던 가벼움은 언제나 그들 영혼의 본성의 토대에서 근거하는 것이다. 그러나 우리는 향후 외적인 가르침이 단지 이미 우리 안에서 준비된 것이 각성된 것이라는 판단에 도달하게 된다."

이는 로크 사상의 속행으로서 이미 레싱에게서 준비되었다. 레싱의 저작인『인류의 교육』은 다음과 같이 설명한다.

계시는 "인류에게 아무 것도 주지 않았다. 인간적인 이성은 그 자체로 내맡겨진 것이지 도래한 것이 아니다. 오히려 인간의 이성은 인간에게 가장 중요한 것을 이전에 주었고 주고 있다."

그러나 라이프니츠는 프랑스에서 발생했던 것 같이 계시와 이성의 대결을 허락하지 않았다. 오히려 그는 적어도 양자의 조화를 언제나 계속해서 강조하였고 주장하였다. 그는 독일에서 결정적으로 정신사적인 발전을 이루었다. 총체적인 현상으로서 독일의 계몽주의는 교회와 기독교의 관계를 결코 상실하지 않았다.

제5장

크리스티안 볼프

크리스티안 볼프(Christian Wolff, 1679-1754)는 브레슬라우의 제혁공의 아들로 태어나 1706년 후견자인 라이프니츠의 중재로 할레 대학의 수학교수가 되었다. 그는 학생들의 성황과 쇄도에 힘입어 곧 자신의 강의를 철학의 전 영역으로 확대하였다. 대학의 학장대리직을 위임받으면서 볼프는 1721년 7월 12일 "중국인들의 윤리학에 관하여"라는 강연을 행했다. 그는 이 강연에서 중국의 도덕을 사례로 내세우면서 윤리학은 모든 계시로부터 종속되지 않으며 오직 순수이성에 토대를 둔다는 것과 따라서 이교도들과 무신론자들도 순수한 도덕을 가질 수 있다고 주장했다. 이 강연은 경건주의적으로 각인된 (할레)대학에 커다란 분노를 불러 일으켰다. 당시 대학의 학장은 아우구스트 헤르만 프랑케였다. 이는 쓰디쓴 논쟁을 불러온 동기가 되었으며, 그 과정에서 볼프는 1723년 11월 8일 프로이센 제국의 군인 출신의 왕인 프리드리히 빌헬름 1세의 내각명령에 의해 '교수형'이라는 징계를 받았다. 볼프는 교수로서 마르부르크로 옮겼고, 그곳에서 프리드리히 2세를 통해 1740년에야 할레로 다시 돌아올 수 있었다. 이때 그를 도운 이는 그의 첫 번째 제자 가운데 한 사람이었던 구스타프 라인벡(Gustav Reinbeck, 1683-1741)으로 그는 계몽화된 베를린의 감독교구장으로 있으면서 프리드리히 2세를 위해 봉사하고 있었다.

볼프는 언제나 단지 자신이 라이프니츠의 학생으로 간주되는 것에 맞서 자신을 지켰다. 그는 철저히 독립적이고 포괄적인 철학체계를 구축하였고, 이때 문제들을 혼자서 철저히 파악하곤 했다. 그에게 '이성적인'이 그 자신을 라이프니츠보다는 다른 답변에서 찾도록 했던 것이다. 무엇보다 그는 라이프니츠와는 달리 데카르트적인 이원론에 더 기울었다. 1740년 오더 강에 위치한 프랑크푸르트 대학 철학교수였던 알렉산더 고트리프 바움가르텐(Alexander Gottlieb Baumgarten, 1714-1762)은 볼프의 제자였는데 그를 뛰어넘어 볼프는 칸트에게 강력한 영향을 끼쳤다. 칸트는 자신의 책『순수이성비판』의 두 번째 판 서문에서 볼프를 "모든 교의적인 철학자들 가운데 가장 위대한 이"로 명명하였고, 볼프를 "독일에서는 그 철저함에 있어 아직까지도 퇴색되지 않은 정신의 원조"라고 찬양했다. 볼프는 엄청난 분량의 문헌작품을 남겨놓았다. 독일어로 기술된『이성적인 사유들』이라는 방대한 작품들은 본질적으로 그의 첫 번째 할레 대학 기간에 해당하는 것이었다. 우리의 주제에 의미가 있는 작품은 1720년에 기록된『하나님, 세상 그리고 인간의 영혼에 관한 이성적인 사유』이다. 그는 마르부르크에서 철학의 모든 영역에 관하여 라틴어로 기술한 상세한 교본들을 남겨놓았다.(전체는 4절판으로 된 23권의 책이 있다)

마찬가지로 볼프의 방법론도 영향력이 있었다. 이에 대해 칸트는 다음과 같이 말했다. 볼프는 사례를 남겨주었는데, 이는 "원리들에 대한 적법한 규명과 인지, 개념들에 대한 분명한 규정을 통해서 논증의 엄격함을 시도하였고, 독단적인 도약과 추론을 방지하였으며 학문에 대한 확실한 진행을 이끄는" 것이었다. 그러므로 학문적인 인식의 확실성은 볼프에 의해 삼중적으로 달성된다. 즉 명백한 개념들, 철저한 논증 그리고 완전한 관련성이다. 이 세 가지 원리들로부터 마찬가지로 문장으로부터 모순에 관한, 그리고 문장으로부터 충분한 근거에 관한 필연적으로 포괄적인 존재론과 형이상학이 논증되도록 해야 한다. 볼프에 따르면 이에 관하여 첫 번째로부터 두 번째 것이 도출될 수 있다는 것이다. 볼프의『이성적인 사유』를 읽는 자는 논증의 정확성과 평이성에 주목하게 될 것이다. 그래서 다음과 같은 표현을 하게 된다. 여기에서 모든 문제가 해결되었다. 이로써 우리는 볼프 철학의 근원적인 설득력을 이해할 수 있다. 더구나 후에 볼프의 표현방식은 고루해졌고 매력을 상실하였다. 볼프는 자신이 "그 자신의 문서들에 관한 상세한 보도들"에서 밝힌 것처럼, 자신의 철학과 "종교의 주제들이 모순되지 않기를" 원했다. 그는 정반대로 종교의 주제들이 자신의 형이상학을 통해서 "정당한 무기"를 손에 쥐길 원했고, "이로써 무신론주의자와 세속성과 싸울 수 있을 것이라고" 보았다. 세상의 지혜는 사람에게 "성서에 이르는 안내자"이어야만 한다. 세상지혜는 "하나님이 자신의 말씀으로 계속해서 알게 되기를" 독려한다. 그러므로 라이프니츠와 마찬가지로 볼프는 계시된 가르침의 영역에 결코 직접적으로 관여하지 않았다.[1] 왜냐하면 그는 자신의 "하나님에 관한 이성적인 사유"에서 "하나님은 우리가 이성을 통해서 인식할 수 있는 것은 아무 것도 계시하지 않았다"고 표현했기 때문이다. 계시는 "초자연적"이고, "초이성적"이며, 따라서 이성에 모순될 수 없다. 더구나 볼프는 계시를 물질적으로 제한하지 않았다. 그러나 그는 라이프니츠와 마찬가지로 계시의 가능성과 적용범위를 제한하였고, 그것도 강력하게 국한하였다.

1) K. Aner, Die Theologie der Lessingszeit, Halle 1929, 183. 194. 354, 그래서 볼프의 입장은 이성과 계시의 "조화"로 특징지어진다.

볼프는 다음과 같이 말했다.

a) 하나님은 한 사물의 본질을 바꿀 수 있는 것은 아무 것도 계시하지 않으신다. 시계제조업자가 행성의 시간의 개별적인 것을 개선할 수는 있으나, 그 본질은 아무 것도 바꿀 수 없는 이치와 같다.

b) 계시는 하나님의 완전하심에 모순되어서는 안 된다. "하나님의 특성과 반목하는 것은 하나님이 계시할 수 없다."

c) 계시는 "이성의 진리"와 "필연적인" 진리인 논리와 모순되어서는 안 된다.[2)]

d) 계시는 자연법에 모순되어서는 안 된다. 그럼에도 이런 일이 발생하는 곳에서는 "초자연적으로" 일어난다. 그리고 이는 단지 "힘의 일이지, 하나님의 지혜는 아니다. 그리고 기적 같은 일이 매우 근소하게 일어나는 세계는 자주 발생하는 세계보다 높게 평가되어야 한다." "자연적인 방식은 기적 같은 일의 방식보다 계속해서 더 나은 것으로 선호되어야만 한다." 그러므로 하나님이 "자연적인 방식으로 자신의 의도를 드러낼 수 없는" 곳에서 기적이 발생한다.

e) 계시는 언어예술의 규칙에 모순되어서는 안 되며 일반적으로 이해될 수 있어야만 한다.

여기에서 다음과 같이 물을 수 있다. "기적과 계시의 이 같은 제한 가운데 무엇이 유지될 수 있단 말인가?"[3)]

볼프의 작품에서 가장 자주 반복되는 단어는 "완전한"과 "완전성"이다. 하나님의 완

2) 비교. 라이프니츠도 마찬가지였다.

3) H. Hettner, Geschichte der deutschen Literatur im 18. Jahrhundert I, Neudruck Berlin/Weimar 1979 2 Aufl. 172.

전성은 볼프가 자신의 "하나님에 관한 이성적인 사유"에서 수행하였던 것처럼 다음에 잘 나타나있다. 하나님은 "독립적인 존재"이시며, 자신의 근거를 외부가 아니라 그 자신 안에 갖고 계신다. 하나님은 최상의 이성이시다. "신적인 이해력의 크기"는 인간을 위해 탐색할 수 없다. 하나님은 "모든 완전성의 원천"이시며, 모든 세계가 그의 이해력을 인식한다. 무조건적인 완전성이신 하나님은 모든 세계의 가능성을 실재성으로 가장 완전하게 요청하신다. (이에 대해 라이프니츠와 비교하라.)

하나님은 자기 자신의 완전성과 세상의 완전성에 어긋나는 것을 원하실 수 없다. 하나님은 모든 가능한 것을 실제로 만드실 수 있는 힘이 있다. 그러므로 그는 전능하신 분이시다. 그는 최고로 이성적인 본질이시며 언제나 자신의 의도에 따라 행하신다. 즉 그가 만든 모든 일과 모든 조직은 특정한 목적을 소유한다. 볼프는 여러 차례나 일상적인 방식으로 이런 목적을 기술하는데 결코 지치지 않았다. 온 세계는 하나님의 완전성을 거울처럼 보여준다(explicatio Dei). 하나님은 세상을 자신의 직접적인 작용을 통해서가 아니라, 세상에서 그에 의해 투입된 "예정된 조화"를 통해서 다스리신다. 세상에서의 불완전성은 하나님이 아니라 사물 자체에 그 책임을 돌려야 하는 것이다. 하나님은 악을 단지 선을 위한 수단으로 허용하시는데, 이는 선을 요청하고 악을 징계하고 악으로부터 선한 이들을 지키기 위함이다. 세상에서의 모든 일은 가능한 한 충분히 완전성을 보존한다. "하나님은 정신이며, 더구나 그의 이해력과 의지는 가장 완전한 것이므로 가장 완전한 정신이라 할 것이다."

이성은 참된 하나님을 결여한다는 루터의 신념은 볼프 철학에서는 극히 드문 것으로 확증되었다. 볼프의 눈앞에 있는 하나님은 성서의 하나님이 아니다. 볼프의 하나님은 구약성서의 하나님, 특히 신명기 4장 24절에 나타난 분이 아니다. "네 하나님 여호와는 소멸하는 불이시요 질투하는 하나님이시다." 볼프의 하나님은 신약성서의 하나님도 아니다. 즉 자신의 완전성을 고수하지 않으시고, 오히려 예수 그리스도 안에서 자신을 양도하심으로써 단념하시고, 이 세상에서 십자가의 죽음에 이르기까지 낮추시는 분 말이다. "그는 근본 하나님의 본체시나 하나님과 동등 됨을 취할 것으로 여기지 아니하시고 오히려 자기를 비어 종의 형체를 가져 사람들과 같이 되었고 사람의 모양으로 나타나셨으매 자기를

낮추시고 죽기까지 복종하셨으니 곧 십자가에 죽으심이라."(빌립 2:6-8)

볼프는 계시된 가르침에 대해 유보를 했음에도 예수와 "구원의 신비"에 대해 분명히 침묵하지 않았다. 그러나 볼프에게 그리스도는 근본적으로는 단지 인간적인 완성의 봉사자이다. 더구나 인간은 자연적인 빛의 토대라는 "철학적인 경건"에서 자기 자신으로부터 하나님과 그분의 의지의 인식에 도달할 수 있다. 여기에서 그리스도계시는 포괄적으로 다만 미덕과 경건을 향한 - 이미 자연적인 종교에서 존재하였던 - 동기로만 강화된다. 그리스도계시는 도덕적인 이성개념들과 결합되고, 자연법과 철학적인 인식의 확증과 완성에로 나아간다. 물론 이때 그리스도계시는 은총의 빛으로서 자연적인 빛에 비해 커다란 확실성을 가지며, 선을 향한 보다 효과적인 동인을 제공한다. 그것은 "신학적인 미덕"과 다르다. 그리스도계시는 우리 자신의 고유한 힘으로 획득할 수 있는 것이 아니라, 오히려 은총이다. 볼프는 성령을 통해서 신앙의 수여가 발생하는 인간의 거듭남을 확고히 붙들었다. 영혼의 능력은 결국 완전에 도달할 수 있을 정도로 고조된다. 그러므로 볼프에게서 이성과 계시의 관계는 자연과 은총의 관계로 극대화된다. 그러나 은총은 아우구스티누스와 중세에서처럼 더 이상 지배적인 것이 아니라 다만 보충적인 입장에 있다. 또한 자연은 아우구스티누스처럼 죄의 관점에서 보건대 더 이상 우세하게 비춰지지 않는다. 은총은 하나님을 향해 구상된 깨어지지 않은 인간적인 본성의 완성을 위해 봉사하는데 있다. "구원"은 새로운 창조를 초래하는 것이 아니라 자연적인 것의 완성을 실현한다. 즉 더 이상 하나님에 대한 인간의 관계가 아니라, 인간 자신과 그의 영원한 결정이 관심사의 중심으로 떠오른 것이다. 그러므로 볼프는 인간중심적으로 사유하며, 이로써 계몽주의를 특징짓는 경향을 규정했고 추구했던 것이다.

제6장

과도기(移行)신학

이 표현은 루터 전통에 대한 보수적인 입장을 갖고서 볼프와는 거리를 둔, 즉 볼프의 입장에 거부하는 태도를 취하는 새로운 영향을 수용했던 수많은 독일 신학자들의 가르침을 나타낸다. 볼프주의와 구별해서 과도기 신학자들은 본질적으로 성서와 교회 그리고 역사에 열중하였다. 당시의 시대는 그들에게 중요한 성서역사와 교회사적인 출판물들에 고맙게 생각했다.

무엇보다 다음의 신학자들이 언급될 수 있겠다.

- 요한 프란츠 부데우스(Johann Franz Buddeus, 1667-1729, 1693년 할레 대학의 도덕철학 교수, 1705년 예나 대학의 신학교수)
- 요한 로렌츠 폰 모스하임(Johann Lorenz von Mosheim, 1694-1755, 1723년 헬름슈테트 대학의 신학교수, 1747년 괴팅겐 대학의 신학교수인 동시에 학장)
- 요한 게오르크 발히(Johann Georg Walch, 1693-1775, 1728년 예나 대학의 신학교수, 부데우스의 사위)
- 크리스토프 마태우스 파프(Christoph Matthaeus Pfaff, 1686-1760, 1716년 튀빙겐 대학의 신학교수, 1757년 기센 대학의 신학교수)

이러한 과도기 신학자들 가운데 몇몇이 더 언급되어야 할 것이다.

- 크리스티안 아우구스트 크루시우스(Christian August Crusius, 1712-1775, 1744년 라이프치히 대학의 철학교수, 1750년 라이프치히 대학의 신학교수)는 매우 보수적인 근본태도를 갖고 볼프에 맞서 지속적인 비판을 가했다.
- 요한 아우구스트 에르네스티(Johann August Ernesti, 1707-1781. 먼저 토마스 학교의 교장, 다음에 철학교수, 1759년 라이프치히 대학의 신학교수)는 신신학(Neologie)으로 이어진 진보적인 과도기 신학자로 대변되었다.

이들 간에는 일련의 공통점이 연결되어 있다. 즉 그들은 모두 본질적으로 정통주의자였지만 1600년부터 루터교의 "스콜라 신학"(theologia scholastica)에 맞섰으며, "신앙과 삶의 실천"(praxis fidei et vitae)을 강조하였다. 이런 관점에서 그들은 경건주의에 대해 마음이 열린 태도를 취했다. 그들은 성서비평에 대해 아무런 양보도 하지 않았다. 이런 입장은 에르네스티까지 그랬다. 다른 한편 그들은 계시 옆에 이미 이성과 자연적인 종교를 요청했던 의미를 인정했다. 또한 그들은 자연적인 종교를 계시된 종교에로 이끌 수 있다고 설득하였다. 이미 부데우스는 계시가 자연적인 종교의 명백한 개념들과 모순되어서는 안 된다고 설명했다.

부데우스는 매우 상세한 저작인『Historia ecclesiastica Veteris Testamenti』(구약성서 교회사, 1715-1718)를 저술했다. 모스하임의 주저는『Institutiones historiae ecclesiasticae Novi Testamenti』(신약성서 교회사 강요)라는 위대한 교회사였는데, 이 작품은 다양하면서도 언제나 보충되었던 원고로 이루어졌다(1726, 1737, 1741년 판과 그가 죽기 직전의 1755년 판이 있다). 모스하임은 철저인 방식으로 이단에 대해서도 취급했으며(『Versuch einer unparteiischen Ketzergeschichte』(비당파적인 이단사 시도, 1746년)), 특히 세르베투스를 다루었다(『Historia Michaelis Serveti』(미카엘리스 세르베투스 이야기, 1727년);『Neue Nachrichten von dem beruehmten spanischen Arzte Mich. Serveto, der zu Geneve ist verbtannt worden』(제네바에서 화형을 당한 저명한 스페인 의사 미카엘리스 세르투스에 관한 새로운 소식, 1750년). 1745년 그는 함부르크에서『Acht Buecher des Origenes gegen Celsus』(켈수스에 반대하는 오리게네스의 8권의 책)의 독일어 번역본을 출판했는데, 이는 의심할 것 없이 라이마루스(Reimarus)에 의해 이용되었다. 모스하임은 교수라는 자신의 직책 외에 교회의 활동을 확장시켜 수행하였다. 그는 이미 1726년 마리엔탈(Marienthal)과 1727년 미하엘슈타인(Michaelstein)의 수도원장이 되었고, 1729년부터 브라운슈바이크 지역의 모든 학교업무를 지도하였고, 실질적으로 그곳의 전체 교회들을 이끌었다. 그는 후일 프리드리히 2세가 될 군주가 1733년 공주 엘리자베스 크리스티네 폰 브라운슈바이크-베버른(Elisabeth Christine von Braunschweig-Bevern)과 혼인할 때 주례목사였다. 1725년부터 그는『Heilige Reden』(거룩한 진술)이라는 제목으로 7권의 상당한 설교집을 출판했다. 그러므로 모스하임은 18세기의 가장 대표적인 학자의 한 사람이었다.

빨히의 가장 잘 알려진 업적은 방대한 루터전집을 편집한 것으로, 이는 1740-1753년에 24권으로 발행하였으며, 유익한 서론들을 담고 있다. 그는 이 전집에서 루터의 적대자들의 상당한 문헌과 종교개혁사적으로 중요한 사료들을 포함하였고, 라틴어로 된 루터의 저작들은 독일어로 번역하였다. 미국에서는 1880년부터 1904년까지 미주리 연회(Missouri-Synode)를 통해서 빨히의 루터판을 새롭게 22권으로 출간하였다. 여전히 지금까지도 빈번히 사용되는 것은 다음과 같은 편찬들이다. 『Historische und theologische Einleitung in die Religionsstreitigkeiten der ev.-luth. Kirche』(복음적인 루터교회의 종교논쟁들을 둘러싼 역사적이고 신학적인 개론 5권, 1730-1739년); 『Historische und theologische Einleitung in die Religionsstreitigkeiten, welche sonderlich ausser der ev.-luth. Kirche entstanden』(루터교회 밖에서 발생한 종교논쟁들에 관한 역사적이고 신학적인 개론 5권, 1733-1736년)

이 같은 저작들에서 모스하임, 빨히 그리고 후계자들은 당시까지 교리적으로나 논쟁적인 관심사로 취급했던 교회사를 - 대표적인 사례로 마그데부르크 연대기(Magdeburg Zenturien)는 순수한 교회의 이상을 추구하였다 - 더 이상 그런 식으로 표현하지 않았다. 오히려 그들은 원인적인 관련을 사실적으로 탐지하길 원했다. 그들은 "실용적인" 역사서술에 관해 선도하였다. 이로써 교회적인 역사서술과 세속적인 역사서술 간의 장벽이 근본적으로 무너졌다. 괴팅겐 대학의 세속사가인 요한 크리스토프 가터러(Johann Christoph Gatterer, 1727-1799)는 "역사에서 실용적인 것을 최상으로 삼아 ... 보편적인 종합을 표현하려" 했으며, "이 세상의 일"을 "발생시키고" "야기시키는" 연결을 추구하였다.[1] 이는 종종 계몽주의가 역사적인 인식이 부족했다는 식으로 설명된다. 그럼에도 불구하고 이는 결코 그렇지 않다. 물론 계몽주의는 역사에 대해 상반된 감정을 취했다. 그러므로 계몽주의에서 경험적이고 합리적인 관점이 뒤섞이는 결과를 가져왔다. 경험적인 구성요소는 역사학을 교리적인 사슬로부터 해방시키도록 인도했다. 이는 언급된 역사가들에 의해 도달된 것이었다. 합리적인 구성요소는 "필연적인 이성적 진리"에 맞서 "우연적인 역사적 진리"의

1) Allg. Hist. Bibliothek I, 1767, 85.

실제적인 폄하에로 이끌었다. 이는 레싱(Lessing)의『정신과 능력의 증거에 관해』에 나타나 있다.

파프의 관심사는 - 적어도 일시적으로는 - 개신교회의 일치라는 영역에 있었다. 그는 이 물음을 1718년부터 1720년까지 논문들을 통해 밝혔고, 1723년 종합해서 발간하였다; "Ch. M. Pfaffens Gesammlete Schrifften, so zur Vereinigung der Protestierenden abzielen." 프리드리히 1세 치하에 브란덴부르크-프로이센에서 개혁교회와 루터파 간의 연합을 위한 노력이 선행되었다. 이때 라이프니츠의 인격이 그 역할을 수행했었다. 계속해서 1717년 종교개혁을 기념하는 축제에서 촉진되었으며, 파프에게 연합이라는 사유가 강화되었다. 그는 제국 내 개신교 진영이 레겐스부르크(Regensburg)에서 연합하는 "복음주의 진영"(Corpus Evanglicorum)에 주목하였고, 이 프로젝트를 이끌기 위해서 "일치단안"(一致斷案, Unionsconclusum, 1722)을 작성하였으나, 그럼에도 성공을 거두지 못하였다.

결국 우리는 여기에서 당시에 자신들의 대학에 대척자로 활동했던 두 명의 라이프치히 신학자들을 더 생각해야만 하는데, 그들은 크루시우스와 에르네스티이다.

당시에 "지도적인 반(反)-볼프주의자"[2]였던 크리스티안 아우구스트 크루시우스 역시 계시와 이성을 서로 일치시키려고 시도했었다. 그러나 그는 이것이 볼프처럼 계시를 대가로 치르고자 했던 것이 아니었다. 오히려 그는 반대의 입장, 즉 성서적인 계시가 초이성적이고 예언자적인 내용을 통해서 자연적인 신학을 심화시키고 조명하며 이로써 실천적인 철학에 방향을 제시해주길 기대했던 것이다.[3]

그에게 계시는 본질적으로 신적인 의지의 표시였다. 이를 통해 그는 볼프 철학에서 나타나는 인간학적인 경향에 맞섰고, 특히 신적인 계시는 인간적인 완성을 위해 작동하였다. 그밖에 크루시우스는 하나님의 실존은 하나님의 완전에 따른 논리적인 결과라는 볼프의 존재론적인 신의 증명에 이론을 제기하였다. 크루시우스는 실존의 자명성을 근본적으로 비-논리적인 크기로 발견하였고, 이로써 합리적인 신학과 신의 존재증명에 대한 칸트의 비판을 예비하였던 것이다. 쾨니히스베르크의 철학자인 칸트는 크루시우스에게 언

2) N. Merker, a.a.O. (서론, 각주 4번), 89.

3) N. Merker, a.a.O., 177.

제나 경의를 표했다. 크루시우스는 볼프에 맞서 경험과 사실주의를 주장하였다.[4)]

물론 크루시우스도 요한 알브레히트 벵엘(Johann Albrecht Bengel)과 요한 코케우스(Johann Coccejus)에 연계해서 특히 계시록에 근거해서 신적인 왕국사(王國史)의 비밀을 최종적인 완성에 이르기까지 밝히려고 시도하였던 "예언자적인" 신학의 고립된 대변자였다. 더구나 그는 성서의 실재적인 표상들을 확고히 붙들었고 하나님 나라가 2000년에 실현된다고 계산했었다.[5)] 크루시우스는 이런 태도로 인해 많은 비판을 야기하였으며 심지어는 조롱도 받았다. 프리드리히 니콜라이(Friedrich Nicolai)는 자신의 소설『Das Leben und die Meinungen des Herrn Magister Sebaldus Nothanker』(석사 세발두스 노트한커의 생애와 사상, 1773-1776)에서 소설의 주인공을 크루시우스의 종말론에 대한 추종자요 계시록에 대한 열정적인 평론가로 해학적으로 그려냈다. 실제로 크루시우스는 신봉세력이 적지 않았다. 추종자 가운데 한 사람으로 도버루거(Doberluger)의 감독관인 하인리히 아우구스트 티프케(Heinrich August Typke, 1830년 사망)는『하나님의 나라는 몇 시인가?』라는 작품을 기술했다. 물론 제믈러(Semler)가 계시록의 진정성을 문제 삼고 난 이후에,[6)] 니콜라이가 언급했던 소설의 말미에 적었던 것처럼 "어느 누구도 더 이상 계시록을 읽으려하지 않았다."

크루시우스의 견고한 성서주의(Biblizismus; 성서를 글자 그대로 해석하는)는 분명 라이프치히의 동료였던 요한 아우구스트 에르네스티의 주석적인 방법과 일치할 수 없었다. 에르네스티는 성서가 모든 다른 책과 마찬가지로 언어학적인 방법으로 설명될 수 있다는 원칙을 세워놓았고 이를 수행하였다.[7)] 그에겐 본문의 역사적인 이해가 중요했다. 그는 그릇된 경외심을 가지고 "열광적"이거나 환상적인 의미를 부가했던 모든 것들에 맞섰다. "성서는 단지 하나의 의미만을 갖는다. 이것은 문법적인 혹은 문자적인 의미(sensus grammaticus oder literalis)이다." 그는 신학적으로 자신의 동료인 크루시우스와 충돌할 수

---

4) "Entwurf der notwendigen Vernunftwahrheiten, wiefern sie den zufaelligen entgegengesetzt werden", Leipzig 1745, §§ 16. 17. 46.

5) "Hypomnemoneumata ad theologiam propheticam", 3 Teile, Leipzig 1764.

6) "Christliche freye Untersuchung ueber die so genannte Offenbarung Johannis, aus der nachgelassenen Handschrift eines fraenkischen Gelehrten"(= des Schwaben Georg Ludwig Oeder), Halle 1769.

7) Institutio interpretis Novi Testamenti, Leipzig 1761, 1809. 5 Aufl.

밖에 없었다. 당시 이러한 논쟁은 라이프치히 대학을 뒤흔들어놓았다고 1766년부터 1769년까지 그곳에서 수학했던 괴테가[8] 증언하였다.

그럼에도 불구하고 에르네스티의 "이성적인 해석방식"(괴테)은 결코 교회에 낯선 것도 아니었으며 심지어는 교회에 적대적인 합리주의도 아니었다. 에르네스티는 자신의 해석방식을 가지고 교회의 권위와 교회의 교리를 훼손할 의도는 전혀 없었다. 물론 그의 신학은 이중적인 성격을 갖고 있기는 하다. 그럼에도 그는 자신의 중재적인 마음가짐으로 교회가 그의 언어학적인 주석에 대해 싸우지 않고 오히려 인내하며 받아들여주기까지 이르렀다. 다른 한편 에르네스티는 성서주석과 입문학과 연계해서 제믈러와 텔러(Teller)에게 결정적인 영향을 끼쳤다. 에르네스티는 라이프니츠의 이성적 진리와 사실적 진리의 구분을 받아들였으며, 우연적인 역사적 진리인 사실적 진리를 필연적인 이성적 진리에 맞서 열정적으로 변론하였다. 그래서 그는 교부학, 예배학, 기독교 그리스 문헌에 대한 연구를 요구하였으며, 역사적이고 신학적인 연구에 새로운 원사료를 개척하였다. 그는 역사에 정통하였고, 계시에 근거하여 기독교 종교의 역사적으로 긍정적인 근거들을 인지하면서 고양시키고 사유하면서 관철시키도록 신학에 과제를 부여하였다.

교회의 교리에 대한 그의 보수적인 태도에도 불구하고 에르네스티는 문법적으로 주해된 성서를 바탕으로 적어도 교파적인 스콜라주의를 비판하기 시작했는데, 이는 그의 『Programma de officio Christi triplici』(그리스도의 삼중직무에 관한 선포, Leipzig 1769)에 잘 나타나있다. 루터파 정통주의는 그리스도의 삼중직(예언자, 대제사장, 왕)을 서로 분리시켰으며, 시대적 순서에 따라 설명하였다. 에르네스티는 이런 가르침을 자의적인 것으로 해체시켰고, 성서의 진술을 바탕으로 삼중직의 특징들이 서로 뒤섞이는 것으로 입증하였다. 그리스도의 사역상의 행위는 전체성으로 보아서 예언자의 직무뿐만 아니라 왕권의 타이틀로도 발전될 수 있는 것이다.

에르네스티의 신학은 계속해서 발전하는 과도기신학이었다. 과도기신학은 보수적인 신중함에도 불구하고 신신학(Neologie)의 도래를 이미 강력하게 제시하였고, 제믈러에게도 준비되었던 것이다.

---

8) Dichtung und Wahrheit, 2. Teil, 7. Buch.

제7장

볼프주의

볼프의 신학적인 제자들은 스승의 사상을 확장하였고, 성서와 계시에 대한 그의 "학문적인" 방법론을 적용하였다. 이에 상응하여 자연적인 종교에 보다 넓은 공간을 허용하였으며, 마찬가지로 이는 신론과 하나님의 존재증명에도 해당되었다.

특히 볼프는 우주론적인 증명을 선호하였다. 그는 우연성으로부터의 논증(contingentia mundi)에서 벗어났다. 즉 세상과 인간은 우연적이기에 그들은 자신 외에 충분한 근거를 갖지 않으면 안 된다는 것이다. 이때 자기 자신 안에 충분한 근거를 갖는 본질은 하나님이시다. 물론 이미 크루시우스에 의해 1745년 반박되었던 존재론적인 증명이 보충적으로 덧붙여진다. 즉, 하나님은 모든 완전을 소유하시며, 그 결과로서 현존재의 필연성과 고유한 능력을 지닌 실존도 갖는다. 하나님은 다른 모든 존재들의 원천이시다.

> "볼프에 의해 주장된 계시의 자명성은 영속적인 주지주의가 불가능한 것으로 입증되었다. ... 합리주의적인 요소가 언제나 깊이 침투했고, 점차 계시가 모든 중요한 점들로부터 무가치해졌고 배제되었다. 이로써 볼프학파 신학자들의 역사는 정통적인 체계의 해체라는 역사가 되었다."[1]

물론 철학과 학문이 신학과의 연관은 적극적으로 작용하였고, 이런 연대를 통해 비록 계시를 대가로 지불한 것이긴 하지만 양자의 붕괴는 저지되었다. 볼프학파의 신학자들은 교회와 신학의 진리가 교육받은 교양인 계층에서 사유 가능하도록 만들고 급진적인 공격을 막아내기 위해 신학과 교회에 영적인 무기를 공급하였다. 개신교 변증학이 첫 번째 전성기를 구가하게 되었다. 볼프주의 철학자들인 마르틴 크누첸(Martin Knutzen)[2]과 게오르크 프리드리히 마이어(Georg Friedrich Meier)는 자신들의 재능 일부를 변증학을 위해 기여하였다.

---

1) H. Stephan, Artikel: Wolff, Christian, RE 3 Aufl. XXI, 460, 51ff.

2) M. Knutzen(1713-1751)은 쾨니히스베르크에서 철학교수였으며 칸트의 스승이었다. 이곳에서 그의 작품 『Philosophischer Beweis von der Wahrheit der christlichen Religion』(1740)을 제시하였다. 슈미트(M. Schmidt)가 그의 항목에서 잘못 표기한 것

볼프주의자들은 곧바로 급진적인 금서문헌들을 집중적으로 다루었다. 즉 문헌사가요 비평가인 요한 크리스토프 고트쉐트(Johann Christoph Gottsched, 1700-1766)는 라이프치히 대학의 교수로 『De Tribus Impostoribus』(3대 사기꾼)의 필사본 한 부를 소유하였으며, 라인베크(Reinbeck)는 두 권을 소장하고 있었다. 바움가르텐(Baumgarten)의 학생이었던 안드레아스 고트리브 마쉬(Andreas Gottlieb Masch, 1807년 사망)는 노이스트레리츠에서 감독관으로 있었는데, 바움가르텐에게서 견본이 네 권이나 있음을 보았다. 바움가르텐은 1749년 논박할 목적으로 사기꾼의 책에서 세 단락을 출판하였다.

요한 구스타프 라인베크(Johann Gustav Reinbeck, 1683-1741; 1717년 베를린의 감독교구장)는 『Betrachtungen ueber die in der Augspurgischen Konfession enthaltene und damit verknuepfte goettliche Wahrheiten, welche teils aus vernuenftigen Gruenden, allesamt aber aus Heiliger goettlicher Schrift hergeleitet und zur Uebung in der wahren Gottseligkeit angewendet werden』(아우구스부르크 신앙고백에 포함되었고 이와 결부된 신적인 진리에 관한 고찰, 4권, 1731-1741)을 작성하였다.

그는 이 작품에 신학에서 이성과 세계지혜의 사용에 관한 서문을 첨부하였다. 이 작품은 실천적인 교회의 선포에 있어서 볼프주의에서 결정적인 영향을 끼쳤다. 즉 후일 라인베크의 영향 아래에서 볼프의 철학에 다가갔던 군인황제는 프로이센의 모든 교회도서관이 구입할 것을 명령하였다. 덧붙여 라인베크와 고트쉐트는 볼프의 원칙들에 따라 설교론의 형성을 위해 함께 연구하였고, 두 사람은 1736년 세워진 알레토필렌(Alethophilen)의 학문연구소에 속하였다.

지그문트 야콥 바움가르텐(Sigmund Jakob Baumgarten, 1706-1757)은 1753년 할레 대학을 방문했던 볼테르(Voltaire)에 의해 "독일 학자의 우두머리"으로 칭송을 받았다. 그는 1734년부터 할레 대학의 조직신학 교수였으며, 이미 언급된 철학자들의 형제였다. 바움가르텐은 엄청난 부지런함으로 가장 위대하고 견고한 학문을 통일하였다. 강연은 상당히 진부하였음에도 불구하고 그는 매우 활동적인 학자였다. 그의 주저는 『복음적인 신앙론』(Evangelische Glaubenslehre)인데, 온건하게 볼프의 노선을 따랐다. 이 작품은 그의 제자 요한 살로모 제믈러(Johann Salomo Semler)에 의해 1759-1760년에 세 권으로 출간되었다.

바움가르텐은 할레 경건주의 출신이었다. 예로써 그는 프랑케 재단의 라틴어 학교 감독관이었다. 에른스트 볼프(Ernst Wolf)는 그에게서 "경건주의자들의 비밀스러운 합리주의가 일종의 과도기의 위기로" 뚫고 나타났다고 표현할 수 있었다.[3] 그의 강의에서 경건주의적인 경건성은 볼프의 논증방식으로 대체되었다. 개인적인 경건에서 그는 경건주의자로 남았다. 신학적으로 우리는 이미 볼프에게서 발견했던 모든 것을 그에게서 발견한다. 즉 이성과 계시의 전제된 조화는 이때 실제적으로는 성서의 권위를 대체로 자연적인 신학의 판단에 종속하는 것으로 만들었다. 이는 이미 자연적인 하나님인식이 특별한 계시의 사유에로 안내한다는 근본적인 이해로부터 발생하였다. 바움가르텐은 하나님의 실존과 성서의 진리를 위해 합리적인 증거를 제공하였는데, 그 내용은 자연적인 종교를 보충하는 것이었다. 그는 정통적인 체계에서 단지 개별적인 것만을 바꾸었다. 그는 은총의 선택 교리와 아직은 복음과 접촉하지 않은 영원한 숙명에 대한 설명에서 보편적인 입장을 대변하였다. 보편구원론(Universalismus)은 1614년 브란덴부르크-프로이센에서 개혁주의 지기스문트 신앙고백(Confessio Sigismundi)에 근거하였고, 특히 프리드리히 빌헬름 1세 치하에서 국가강령이 되었다. 중요한 점은 바움가르텐이 당시의 현대적인 자연과학이라는 인식을 정당하게 하려고 시도했다는 것이다. 여호수아 10장 12절 이하와 같은 구절들은 "인간의 미미한 이해력"에 대한 성서 저자의 적응이 문제이다. 바움가르텐에 따르면 당시에 적응의 문제를 두고 발생한 논쟁은 "대부분 상이한 표현들에 대한 불명료함"에 기인하며, "성서에서 비본래적인 설명들을 낙관적으로 오류와 부당한 것으로 바꾼 것에" 따른 것이었다. 바움가르텐은 문자영감설이라는 정통적인 교리를 모욕하길 원치 않았고, 성서의 진술을 오류라고 표현하는데 조심하였다. 성서의 진술을 "오류"로 설명할 수 있는지 아니면 단지 "올바른 문장을 비본래적인 표현들로" 나타낸 것이라고 주장하는 것인지는 "커다란 차이"이다.[4]

역사-비평적 연구는 제믈러에 의해 수행되었다. 그러나 바움가르텐은 역사적인 관심사를 요청하였고, 이때 그는 비평적인 신 현상, 특히 이신론적인 방식으로 독일의 독자들

3) E. Wolf, Sigmund Jakob Baumgarten, in: 250 Jahre Universitaet Halle, Halle 1944, 68.

4) S. J. Baumgarten, Untersuchung Theologischer Streitigkeiten III, hg. v. J. S. Semler, 1762, 181f.

에게 자신의『Nachrichten von einer Hallischen Bibliothek』(할레 도서관의 보도, 8권, 1748-1751)를 소개했다. 그래서 그는 계몽주의의 완전한 돌파를 독일에 준비시켰던 것이다.

지속적인 발전에 결정적인 것은 볼프 철학에서의 분열이었다. 이론적으로는 계시와 이성의 협력이 있었으나, 실제적으로는 계시가 이성 아래에 종속되었던 것이다. 이는 두 개의 진영이라는 발전을 낳았다.

볼프주의 우파는 동등한 기초를 대변하는 계시와 이성의 연합을 꾀하였는데, 여기에는 튀빙겐 대학의 교수였던 이스라엘 고트리프 칸츠(Israel Gottlieb Canz, 1690-1753)가 속했다. 그는 자신의 책들인『Usus philosophiae Leibnitianae et Wolffianae in theologia』(신학에 있어서 라이프니츠와 볼프 철학의 용법, 1728ff)와『Philosophiae Wolffianae consensus cum theologia』(볼프철학과 신학의 동의, 1735)에서 볼프에 의해 대변된 은총과 자연의 "동의"를 변호하였다. 왜냐하면 "은총은 자연의 능력을 지양하지 않고, 오히려 개선하며 이때 자연의 능력은 성서에 새로운 빛을 제공하기" 때문이다.

볼프주의 좌파는 분명히 계시를 이성 아래에 두었거나 또는 헤르만 사무엘 라이마루스(Hermann Samuel Reimarus)라는 인물 안에서 계시에 대해 논쟁을 벌였다. 무엇보다 여기에는 요한 로렌츠 슈미트(Johann Lorenz Schmidt, 1702-1749)를 언급할 수 있다. 그는 베르트하임(Wertheimer) 성서의 창작자이다. 슈미트는 예나 대학과 할레 대학에서 수학하였고, 1725년부터 마인 강에 위치한 베르트하임에서 젊은 백작 뢰벤슈타인-베르트하임(Loewenstein-Wertheim)의 교사로 지냈다. 그는 그곳에서 1737년까지 성서번역에 힘썼으며, 1735년에 모세오경까지 출간하였는데, 제국의 검열로 체포되어 구금되었기 때문이다. 그는 네덜란드를 거쳐 함부르크로 도망하는데 성공했다. 이곳에서 그는 임시로 "슈뢰더(Schroeder)"라는 이름 아래 교정원으로 살아갔으며, 1746년부터 볼펜뷔텔(Wolfenbuettel)에서 가정교사로 일했다.

지나치게 방대한 서론과 거의 1600여개의 주해를 담고 있는 성서작업이 등장했을 때, 슈미트는 볼프의 원칙을 자신의 번역에 적용하였다. 즉 충분한 근거를 지닌 문장, 분명한 개념의 사용, 사물에 대한 완전한 연결이 그렇다. 특히 그에게 명백한 - 그에 의해 당시에 분명하게 자각된 - 개념들은 중요한데, 이를 통해 그는 성서의 표현들을 대체하거나 설명하려고 했다. 이는 세세하고 통속적이며 일상적인 것까지 해당하였고, 그 결과 "어머니" 또는 "의사" 같은 단어들까지 각주를 달아 설명되어야 했다. 본래 전체는 결코 번역이 아니라, 오히려 당시에는 성서본문에 대한 "현대적인" 석의(釋義)이다. 번역의 중심사상은 오경이 그 자체로부터 설명되어야만 하며, 그 결과 개념들은 이후의 성서기자들(예언서들과 신약성서의)에게 결코 투입될 수 없어야 한다는 것이다. 이는 그 어떤 구약성서의 구절도 메시아적인 예언들로 이해되어서는 안 된다는 것을 뜻한다. 여기에서 슈미트는 볼프를 넘어 영국의 자유사상가들에게 연결되며, 그는 자신의 서문에서 울스턴(Woolston)과 틴달(Tindal)을 언급하였다. 번역은 틴달의 원칙을 따르고 있는데, 그 원칙에 따르면 계시는 이성에 모순되지 않는 한에서 참되며 보편적으로 타당한 것으로 받아들여질 수 있다는 것이다 "나는 진리를 인식하는데 있어서 우리의 이해력 외에는 그 어떤 다른 수단을 알지 못한다. 그리고 당연히 이를 사물의 본성으로부터 흐르는 방식으로 사용하는 것 외에 그 어떤 다른 규칙을 알지 못한다." 그래서 슈미트는 자신의 번역을 위한 변증서를 1736년에 작성하였다.

여기에서 번역의 견본으로서 창조이야기(창세기 1:1-8)의 처음을 제공했다.

> "모든 천체와 우리의 지구 자체는 처음에 하나님에 의해 창조되었다. 특별히 지구에 관해 관련된 것으로는 처음부터 황량하고 적막했다는 것이었다. 지구는 어두운 안개로 둘러싸여 있었고, 주위는 물이 흘렀다. 그 위를 거센 바람이 불기 시작했다. 그러나 동일한 것이 마치 신적인 의도를 요구했던 것처럼 밝아졌다. 왜냐하면 이는 매우 필요했고 유용한 것이었기에 하나님이 이렇게 만들기로 하셨던 정리정돈에 따라 그때부터 빛과 어두움이 지속적으로 바뀌면서 나타났던 것이다. 이것이 낮과 밤의 기원이다. 밤과 낮은 함께 첫 날을 결정했다. 이제 신적인 의도에 따라서 물의 일부가 특별하게 구별되어야만 했고, 지구 주위를 원을 만들었다. 그러므로 지구 주위에 원이 발생하여 물의 일부는 그 자체에 포함되나, 다른 일부는 아래에 머물러 있다. 그리고 이 원이 공기이다. 이제 다시 밤과 낮이 지나고 다

른 날을 만들었다."

베르트하임 성서는 고통스러운 논쟁을 불러일으켰고, 그 제물은 저자가 되었다. 이 성서는 거의 도처에서 냉혹하게 거부되었고, 저자의 요구를 약속했던 라인베크에 의해서도 거부당했다. 그러나 무엇보다 이 성서는 할레의 경건주의자요 교수인 요아힘 랑에(Joachim Lange, 1670-1744)에 의해 열정적인 투쟁을 감당해야 했다. 랑에는 "철학적인 종교비방자"(Der philosophische Religionsspoetter, in dem ersten Teile des Wertheimischen Bibelwerkes verkappet, aber aus dringender Liebe zu Jesu Christo ... freimuetig entlarvet, 1735, 1736 2. Aufl.)였다.

매우 의미가 있었던 것은 함부르크 김나지움의 교수요, 볼프주의자인 헤르만 사무엘 라이마루스(Hermann Samuel Reimarus, 1694-1768)의 필생의 작업이다.

라이마루스는 학자로서 널리 알려져 있었다. 그는 1751년과 1752년에 디오 카시우스(Dio Cassius)의 작품들을 출간하였는데, 이는 이미 그의 장인인 요한 알베르트 파브리키우스(Johann Albert Fabricius, 1668-1736, 마찬가지로 그도 함부르크 아카데미의 교수였다)가 작업했었다. 1756년 라이마루스의 『Vernunftlehre als Anweisung zum richtigen Gebrauch der Vernunft』(이성의 올바른 사용에 대한 지도로서의 이성론)이 출판되었고, 1760년 오늘날까지 유명한 책인 『Allgemeine Betrachtungen ueber die Treibe der Tiere』(동물의 성향에 대한 일반적인 고찰)이 출판되었다. 가장 위대한 고찰은 앞선 1754년에 출간된 『Abhandlungen von den vornehmsten Wahrheiten der natuerlichen Religion』(자연적인 종교의 진리에 관한 논문들, 1791 6 Aufl. 그의 아들 요한 알베르트 하인리히 라이마루스 Johann Albert Heinrich Reimarus에 의해서 간행되었다)이었다. 이 작품은 무신론에 맞서 자연적인 종교에 대한 빛나는 변호로 평가받고 있다.

단지 소수의 신뢰했던 동료들만이 이 "논문들"과 두 편의 후기 작품들이 독립적이고 강력하게 확대되었다는 것과 급진적인 문서를 중립적으로 다룬 부분들이었다는 사실을 알고 있었다. 이때 라이마루스는 자신의 생을 마감할 때까지 비밀리에 이를 작업했던 것이다. 새로운 연구들이 입증했던 것처럼[5], 라이마루스는 그가 1736년 자극을 받은 이후에 이 연구를 시작했는데, 이는『Hamburgischen Berichte von neuen gelehrten Sachen』(새로운 학설에 관한 함부르크의 보도)을 위해 베르트하임 성서에 대한 두 편의 익명의 평론을 작성하려는 것이었다. 비록 그가 이제까지 정통주의의 입장에 서 있었으나, 이제 그는 베르트하임의 작품을 통해서 성서의 논쟁적인 메시아 예언논증에 관해 다루어야 할 필요성을 깨달았다. 이 문제는 이미 1724년부터 영국의 자유사상가들(안토니 콜린스 Anthony Collins, 매튜 틴달 Matthew Tindal)에 의해 공격을 받고 있었다. 이 연구는 그를 점점 더 비평적인 입장을 수용하도록 이끌었다. 라이마루스는 이 비밀스러운 작품을 대략 30년 동안 기술하였고 여러 차례에 걸쳐 개정하여 "하나님의 이성적인 경외자를 위한 변증서 혹은 비호문서"(Apologie oder Schutzschrift fuer die vernuenftigen Verehrer Gottes)라고 명명하였다. 함부르크에서 원본으로 나온 것 외에 괴팅겐과 함부르크에서 출간된 사본이 존재한다. 그는 이 연구를 정통적인 기독교, 즉 "우리에게 쇄도한 신앙의 강요"에 맞서 이성적인 종교의 추종자들을 위한 변증서로 고찰하였는데, 이를 예비보고에서 밝히고 있다. 따라서 라이마루스는 자기 시대의 기독교를 강요된 종교로 받아들였고, 이에 맞서 자신을 변호하는 것이 타당하다고 여겼다. 그러므로 그는 자신의 작품에서 자연적인, 즉 이성의 규칙에 상응하는 종교의 수행을 위해 관용을 요구하였다. 그 근본원칙들은 초자연적인 계시, 성서의 전승 그리고 기독교의 교리를 거부하는 가운데 하나님의 실존, 도덕적인 행동 그리고 영혼의 불멸 등이었다. 그는 단지 예수의 도덕적인 규칙들에만 인정을 표하였다.

라이마루스는 죽을 때까지 자신의 원고를 출간하는 것에 반대하였는데, 이는 그가 문서가 지닌 기독교에 적대적인 경향이 분노의 격동을 불러일으킬 것이며 이 문서를 출판했을 때에 그 자신을 커다란 어려움에 빠뜨릴 것이라는 사실을 인식했기 때문이었다. 비록 레싱(Lessing) 자신이 많은 점에서 저자와 다르게 생각했음에도 불구하고 1774년부터 1777년까지 그에 의해 발행된 잡지인「Zur Geschichte und Literatur. Aus den Schaetzen

5) 비교. P. Stemmer, a.a.O., Kap. 3, Anm. 14.

der Herzoglichen Bibliothek zu Wolfenbuettel』(역사와 문학, 볼펜뷔텔 도서관의 보고(寶庫)로부터)에 저자의 사후에 의견충돌을 환기시키기 위해서 6편을 출판했다. 레싱은 이 "단편들"이 볼펜뷔텔의 도서관에서 발견된 것들이라고 주장했다. 1778년 그는 특별한 출판물로서 『Von dem Zwecke Jesu und seiner Juenger』(예수와 그의 제자들의 목적에 관하여)를 발행하였다. 그의 사후인 1789년 "그밖에 아직 출판되지 않은 볼펜뷔텔 단편저자들의 작품들"(Uebrige noch ungedruckte Werke des Wolfenbuetteler Fragmentisten)이 발간되었는데, 그 편집자는 슈미트(C. A. E. Schmidt, 베를린의 설교자인 안드레아스 리엠 Andreas Riem의 가명이었다)였다. 그런데 레싱은 언제나 저자의 이름을 일관되게 침묵하였고, 베르트하임 성서의 창작자인 요한 로렌츠 슈미트를 저자로 제시하였다. 비로소 1814년에 요한 알베르트 하인리히 라이마루스가 아버지의 저작권을 시인하였다. 이때 이후에 단지 한편만이 더 출간되었다.[6]

1972년에서야 비로소 게르하르트 알렉산더(Gerhard Alexander, 함부르크의 요아힘-융기우스-연구소 Joachim-Jungius-Gesellschaft의 위임에 따라서)를 통해 저작의 최종판이 인젤(Insel)출판사에서 전부 출판되었다. 이때 레싱의 원본은 본문이 발전하는데 있어서 중요한 초기 단계를 그대로 재현하는 가운데 출판된 것이었다. 알렉산더에 의해 조심스럽게 다루어진 발행본은 두 권으로 902+627=1529 페이지에 달한다. 그러므로 여기에서 범위에 따라 내용을 묘사하는 것은 불가능한 일이다. 슐체(H. Schultze)는 이에 대한 평론에서[7] 매우 좋고 일목요연한 내용의 목록과 가치를 제공해주었다.

라이마루스는 자신이 집필한 원고에서 "경솔함이나 경박함"을 쫓지 않았고, 오히려 "미리 주어진 신적인 계시의 각각의, 그리고 모든 부분에서 분명히 드러났던 명백한 모순이 우리의 신앙을 불가능하게 만들고, 우리로 하여금 전적으로 이성적인 종교에 천착하도록 강요한다."고 주장했다.(I,179) 그러므로 성서의 내용은 신적인 계시가 완전의 척도(볼프에 따르자면)를 구상할 수 있도록 기대한다면 모든 점에서 모순 가운데 서게 된다.

---

6) W. Klose, "Zeitschrift fuer historische Theologie"(ZHTh) 1850-1852.

7) H. Schultze, Religionskritik in der deutschen Aufklaerung, ThLZ 103 (1978), 705-713.

구약성서에 관해서 라이마루스는 지적하기를[8], "계시를 참된 예배로부터 중재하려는 것은 전적으로 부당하다. 그러므로 매우 상세하고 비평적인 분석에서 보자면, 족장들은 보편종교를 위한 선교사들일 수 없다. 족장들은 그들의 지평에 제한되었고, 그들의 행위에서 도덕적으로 미심쩍다. 모세, 사사기(판관기), 이스라엘과 유다의 왕들에게 동일한 비판이 제기되었다. 예언서들이 예수의 도래에 관해 사실에 적합하게 관련지을 수 있는 아무런 예언도 포함하고 있지 않다는 사실이 자세하게 설명되었다."

신약성서의 영역에서 예수의 제자들은 라이마루스에 의해 본질적으로 사기꾼으로 주장되었다. 그들은 예수를 정치적이고 세속적인 메시아로 이해했고, 그에 따라 자신들이 곧 권력을 쟁취하리라 기대했었다. 그들의 스승이 십자가 처형을 통해서 이런 희망이 무효로 돌아가게 되었을 때, 그들은 다른 기대의 "학설"로 옮겨갔다. 즉 그들은 이미 존재했던 표상들과 연결하였는데, 그것은 세상을 구원하기 위해서 메시아가 대속적인 고난을 당하고 부활하고 다시 도래한다는 가르침이다. 이런 목적으로 제자들은 예수의 시신을 훔쳤고, 그의 부활과 현현 그리고 승천을 날조했다. 그래서 슐체가 표현한 것처럼(709 이하), 제자들은 예수의 좌초를 "능숙한 기만작전으로서 인류를 위한 구원사건이라고 그 기능을 변경시켰다. 그래서 제자들은 적어도 스승의 죽음 이후에 예상치 못한 세력에 도달할 수" 있게 되었다. 마땅히 라이마루스는 바울신학과 투쟁하였다.

예수의 활동에 대한 분석과 연관해서 슐체는 레싱을 제시했던 것처럼 초기 문헌과 대조적으로 자신의 최종원고에서 라이마루스의 판단을 강화하는 일을 확정하였다. 이미 『예수와 그의 제자들의 목적』이라는 레싱-인쇄본에서 라이마루스는 한편으로 예수의 회개설교와 다른 한편으로 "천국"의 선포, 즉 오래 기다려왔던 메시아의 도래를 구분하였다. 라이마루스는 예수의 회개설교를 순전히 자연종교에 상응하는 것으로 간주해서 무조건 긍정했다. 하나님 나라의 선포에 관해서 라이마루스는 이미 레싱의 단편에서 "진단하기를, 예수는 자신의 고유한 권력계승을 합법화하기 위하여 의도적으로 메시아의 세속통치에 관한 불확실한 개념을 사용하였다는 것이다. 이점에서 예수는 예루살렘 입성으로 시작되었다고 생각했다."

---

8) H. Schultze, a.a.O., 707.

최종원고에서 라이마루스는 보다 분명해졌다.[9] 그가 여기에서 예수의 회개설교를 찬양했던 반면에 "천국"에 관한 예수의 설교는 완전히 부정적인 비평으로 부정하였다. 예수는 자신의 신념에 따라 "서로 애매하고 미심쩍은 수단들"을 사용하였다.

a) 그는 세칭 메시아에 대한 하늘의 소리를 바탕으로 널리 외쳤던 자신의 "가까운 사촌"인 세례 요한과 함께 공공연히 모의된 모험을 시도하였다.

b) 그가 자신의 인격에 대한 예언을 의미했던 구절들을 부당하게 연결시켰다. 즉 이 구절들은 "잘못된 논증"인데, 이는 구절들은 실제에 있어서 전혀 다른 사람들과 상황을 다루고 있기 때문이다.

c) 그 자신을 지탱시켰던 기적들은 조작된 것이라는 혐의를 불러일으켰다. 예수는 고위 법정에서 아무런 기적도 행하지 않았다.

d) 예루살렘에서 예수의 행동은 지극히 수준 이하였다. 그는 "여기저기서 모여든 하층민들"이 제자들과 함께 자신이 입성할 때 이스라엘의 왕이라고 "합의된 환호"를 지르도록 했다. 그는 현 정부에 대해 "강력하게 비난을" 퍼부었고, 성전정화는 공적인 예배에 대한 폭력적인 방해였다. "만일 이것이 예수에게 성공했더라면, 보다 격렬한 후속행위를 저지르는 것과 무엇이 다를 바 있겠는가?"

종합하자면, "일부는 복음서 기자들이 침묵할 수 없었든지, 일부는 새로운 체제의 특성상 은폐되었다고 믿었든지 이 모든 자료가 예수의 소행임을 받아들이는 자는, 고위 법정이 예수가 행한 대로 그를 처리하지 않을 수 없다는 점과 이것이 책임이 없는 것이 아니라 오히려 그 자신의 범죄를 위해서 마땅히 혼나야 했었다는 점을 인지해야만 한다. 이러한 사실로써 드러난 것은 예수가 온 세상의 죄를 위해 고난을 당하기는커녕 다른 사람을

9) 비교. 제 2부 2권의 "종결부"를 보라. Alexander 발행본 II, 175f.

위해 고난을 당한 것이 아니며, 그의 죽음은 죄를 상환하는데 있어서 어느 누구도 도울 수 없다는 것이다."

이점에서 본질적인 사실은 예수가 자신의 범죄로 말미암아 정당하게 죽임을 당했다는 주장이다. 레싱의 본문에는[10] 단지 다음과 같이 표현해고 있다. "적어도 고위 법정은 이러한 (예수와 제자들의) 착수에 대해 경계의 눈초리를 보내도록 커다란 근거를 갖고 있었다." 라이마루스를 통해서 예수의 범죄라고 간주된 "비판의 첨예화"[11]는 분명히 최종판에서 자주 언급했었던 고대의 기독교 비판가들이었던 켈수스(Celsus), 포르피리오스(Porphyrios), 황제 율리아누스(Julianus)와의 강한 전념에로 언제든 회귀하였다.[12] 특히 라이마루스는 켈수스와의 연대에서 동의하면서 관계를 맺었다. 그는 켈수스에 반대하는 오리게네스의 8권의 책을 윌리엄 스펜서(William Spencer)의 편집본(Cambridge 1677)[13]으로 소장하였으며, 켈수스에 반대하는 오리게네스 논쟁서적의 독일어 역본은 라이마루스의 작품도 발행했던 요한 칼 본(Johann Carl Bohn)에 의해 함부르크에서 1745년에 간행되었다. 오리게네스의 "켈수스 논박" 2, 44는 자신의 적대자에게 명확하게 강조하기를, 예수는 죽음을 "부당하게 당했다"는 것이다. 그러므로 레벤트로프(H. Graf Reventlow)가 주장하듯이[14], 라이마루스의 병기창은 단지 영국 이신론자들의 작품이 아니었다는 점이 반드시 이야기되어야만 한다. 라이마루스는 다소간에 상세히 콜린스(Collins), 미들턴(Middleton), 모간(Morgan), 섀프츠베리(Shaftesbury), 틴달(Tindal), 톨랜드(Toland), 울스턴(Woolston)을 언급하였고 또한 사용하였다. 그러나 그들의 작품들은 예수의 범죄에 대해 충분히 풍부하지 않았다.

라이마루스는 언제나 사시가설을 결정적으로 사용하였다. 그의 아들 요한 알베르트 하인리히는 1753년경에 『De Tribus Impostoribus』(3대 사기꾼) 사본 1부를 작성하였다.[15]

---

10) G. E. Lessing, Gesammelte Werke, ed. P. Rilla, Berlin 1954-1958, VIII, 324.

11) H. Schultze, a.a.O., 709.

12) Alexander 편집본, 예로써 II, 268f., 393.

13) Catalogus Bibliothecae beati Herm. Sam. Reimari, I, Hamburg 1769, Nr. 1488.

14) 라이마루스의 성서비평의 병기창, in: Hermann Samuel Reimarus ..., a.a.O. (Kap. 1, Anm. 9), 44-65, in Anm. 12.

15) 할레의 대학도서관과 주(州)도서관에 Hs. Stolberg-Wernigerode Zd 56로 소장되어 있다.

라이마루스는 우리가 이미 다루었던『L'Esprit de Mr. Benoit Spinoza』인 이 책의 "개정판"을 사본으로 소장하고 있어야만 했다. 왜냐하면 레싱은 라이마루스의 아들로부터 두 개의『Manuscripta de tribus Impostoribus』를 빌렸다가 1770년 4월 10일에 돌려주었기 때문이다.[16]『L'Esprit』의 필사본들이 있는데, 여기 명확히 나타나있다. "예수 그리스도는 두 명의 범죄자들과 함께 굴욕적으로 (십자가에) 매달렸고, 자신의 사기에 대한 인과응보로 치욕을 당했다."[17] 1761년 함부르크에서 로사우(Lossau) 박사의 장서가 경매에 붙여졌다. 이미 주정부(시의회)는 독자들에게 공개되어서는 안 될 이 책들을 경매에 앞서 구입하였다. 왜냐하면 이 가운데에는 종교비판적인 문헌들이 많이 있었는데 예를 들자면,『die libri de tribus impostoribus in mehreren Exemplaren』[18]이다. 여전히 오늘날에도 함부르크의 국립도서관과 대학도서관(전에는 시립도서관)에는 적어도 6편 이상의 "사기꾼-필사본"이 존재하며, 더구나 원본과『L'Esprit』이 각 3권씩 있다.[19] 함부르크에서 라이마루스는 아무래도 그의 사유가 특별히 호의적이었던 영적인 영역에서 살았던 것 같다.

그럼에도 불구하고 라이마루스는 종교성을 유지하였고, 무신론에 빠지지 않았다. 그는 다음과 같이 기술하였다.[20] "인간의 활동적인 종교를 위한 예수의 나머지 행동들이 유대인의 메시아가 되려는 의도를 통해서 그리고 혐의가 있고 선동적인 처벌을 통해서 매우 얼룩지고 은폐된 것은 유감스러운 일이다. 그러므로 우리는 하나님 경외, 인간사랑, 마음의 내적인 개선과 같은 그의 일반적인 명령들을 중지해서는 안 된다. 이는 제지되기보다는 존중되어야 하고 최선을 다해 적용되어야 한다. 그러나 세상에서 예수의 고난을 구원의 수단으로 강요하는 자는 이성적인 인간을 단지 모순 가운데 괴롭히는 것이며, 그 밖에 위로하는 만큼 죄를 짓도록 유인하는 것이다." 라이마루스는 예수의 윤리에 의해 떠받쳐

16) 비교. G. E. Lessing, a.a.O., IX, 356.

17) F. Mauthner, a.a.O. (Kap. 1, Anm. 10), I, 324 Anm.

18) Chr. Petersen, Geschichte der Hamburgischen Stadtbibliothek, Hamburg 1838, 79f. 224.

19) W. Gericke, 세 사기꾼(De Tribus Impostoribus)에 관한 책의 필사본 전승, in: Studien zum Buch- und Bibliothekswesen 6, 1988.

20) Alexander 편집본, II, 176.

진 "철저한 이신론"[21]을 대변하였다. 이를 간략히 말하자면, "납득할 수 있는 이신론"[22]이다. 라이마루스는 "자녀들이 스스로 진리를 숙고함으로써 거짓으로부터 구별하는 것을 배울 때까지" "우리의 내면 깊숙한 마음의 고통에서 우리의 자녀들을 맹목적인 신앙으로 일반적인 방식에 따라 가르치도록" 내버려두어야만 했다는 사실을 마땅히 괴로워하였다. "인식의 빛"[23]은 라이마루스에게 종교적인 크기였다. 여기에서 우리는 "억압하는 방식이 된 정통주의에 반대하는 지각할 수 있는 종교성의 비평"과 마주하게 된다.[24]

이런 입장에 대해 존중을 거부하지 않게 된다. 그럼에도 불구하고 라이마루스의 비평의 신학은 그에 대한 비판에 대항해야만 한다. 무엇보다 라이마루스는 그 철저함(마땅한 귀결)으로써 지배적인 볼프주의 원리를 성서와 교회의 선포에 대한 척도로 착수하였다. 즉, 모순에 관한 문장의 유념이다. 더구나 그는 성서학에 집중하였고, 이로써 성서의 보도들 가운데 모순들, 무엇보다 예수의 고난이야기와 부활이야기에 "특히 비평적인 방법론"[25]을 드러냈다. 비록 통찰력에도 불구하고 그의 항의 가운데 많은 것들이 성서의 증인들에 반대하는 작지만 분명한 불신으로부터 나타난 것이었다. 그러나 그는 이를 넘어서서 지배적인 신학적인 개념들에 대한 모순을 제기하였다. 완전하신 하나님은 그 자체로 아무 것도 모순되는 존재이어서는 안 되며, 모순적으로 행동해서도 안 된다. 성서와 같은 완전한 책도 마찬가지인데, 라이마루스는 성서를 하나님에 의해 영감된 완전한 말씀과 바꾸어 사용하였다. 따라서 성서는 아무 것도 모순적인 것을 포함해서는 안 된다. 그러나 만일 이것이 사실이라면, 성서의 보도도 잘못된 것이어야만 한다.

여기에서 라이마루스는 자신의 철학적인 전제를 가지고 살아계신 하나님과 그의 계시를 그르쳤다. 이미 루터는 1517년 자신의『Disputatio contra scholasticam theologiam』(스콜라신학에 반대하는 논증)에서 아리스토텔레스의 논리학이 - 볼프가 근본적으로 수용하였

21) H. Schultze, a.a.O., 711.

22) Alexander 편집본, I, 57: Vorbericht, 11.

23) 상동. Vorbericht 13.

24) H. Schultze, a.a.O., 711.

25) H. Schultze, a.a.O., 710.

던 - 세속적인 사물의 영역에서는 유용하거니와 "신학에서는"(in divinis) 적합하지 않다고 설명하였다. 아리스토텔레스 논리학에서는 회피되어야하는 모순에 관한 문장이 가치가 있었다. A와 반(反)-A는 서로 배제한다. 루터에 따르면 이 문장은 신학에 해당되지 않는다. 만일 종교개혁자가 하나님에 관한 긍정적인 내용의 진술을 만든다면, 그 중요성은 니콜라우스 쿠자누스(Nikolaus von Kues, 대립의 일치coincidentia oppositorum라는 사상을 주장한)를 재빨리 기억하는 방식에서 하나님 자신 안에 대립의 동시적 존재에 주어진다. 루터는 1527/1528년에 쓴 방대한 성만찬 문헌에서 하나님은 가장 가까이 계시며 동시에 가장 멀리 계신 분이며, 홀루 내부에 계신 분이며 동시에 홀로 외부에 계신 분이라고 말했다.[26] 유한한 사물의 영역에서 배제된 것이 하나님 안에서 하나가 된다. 하나님은 죽이면서 살리시고, 낮추면서 높이시고, 당신의 은총을 심판에서 선사하신다. 그리스도는 인간인 동시에 하나님이며, 저주하는 자이며 축복하는 자이고, 죽이시는 자이며 살리는 자시오, 비통과 행복을 주시는 분이시다.[27] 마찬가지로 그리스도인은 죄인인 동시에 의인이다(simul peccator und justus). 더구나 성서에서 계시는 그리스도에 의해 발견된다. 동시에 계시는 "그리스도가 덮고 누일 포대기와 구유이다."[28] 논리적으로 서로 배제되는 것이며, 신학적으로 동시에 존재하는 대립과 모순들의 목록들은 본질적으로 증원될 수 있었다. 그러나 여기에서 볼프도 라이마루스도 직감력을 갖지는 못했다.

다른 한편으로 라이마루스는 입증된 범법자가 순수한 도덕과 윤리를 선포하는 것 같이 모순과 함께 살 수 있었다. 함부르크 교수(라이마루스)는 - 콘라트 페르디난트 마이어(Conrad Ferdinand Meyer)의 말을 빌리자면 - 결코 "고안한 책"이 아니었으며, 모든 것을 깨닫거나 이해한 단순히 이지적인 사람도 결코 아니었다. 오히려 그는 "모순을 지닌 사람"이었다. 고대의 회의와 이신론적으로 각인된 기독교의 경건이 그에게서 불균형한 상태로 도열하였던 것이다.

26) WA 23, 123; 133.

27) WA 3, 426.

28) WA 10 I 1, 576, 12.

계몽주의 시대의
신학과 교회

제8장

프로이센의 프리드리히 2세와 프랑스 계몽주의의 영향

프로이센의 왕 프리드리히 2세(Friedrich II, von Preussen, 1712-1786, 1740년부터 통치)는 프랑스 계몽주의자들과의 친밀한 관계를 통해서 독일 계몽주의의 역사에 특별한 인상을 주었다. 그는 교회사에도 해당되었는데, 이는 그가 종교적이고 교회적인 수많은 주제들에 관해 표현하였기 때문이며, 동시에 군주로서 프로이센의 개신교 교회의 우두머리였기 때문이다. 그는 개인적으로 교회에 대해 냉담하였으나, 다음과 같은 모토에 따라 통치하였다. "종교들은 모든 것에 관용적이어야만 하며, 국고출납관은 어느 누구도 다른 이들을 단절시키지 않도록 주의를 기울여야만 한다. 이점에서 각자는 자기 취향대로 구원을 받아야만 한다."[1] 프리드리히는 다작의 저술가였으나, 실제로 독창적인 정신을 소유하지는 못했다. 그의 아버지의 잘못된 양육방식을 통해서 그는 초기에 기독교와 거리가 멀었었다. 그는 1736년부터 황태자로 라인스베르크에 거주하는 기간에 철학에 심취하였고, 처음에는 볼프주의에, 나중에는 그가 집중적으로 사용했던 사전과 관계된 베일리(Bayle)의 영향 아래 회의주의에 빠졌다. 그는 즉각적으로 볼테르와 프랑스 계몽주의의 영향에로 자신을 개방하였다. 기독교에 대한 그의 결정적인 입장은 프랑스의 추기경 클로드 플뢰리(Claude Fleury, 1640-1723)가 1691년부터 36권으로 간행하였던 교회사로부터 발췌하도록 그의 주문함으로써 1766년 작성된 서문에 잘 나타나있다.

서문은 다음과 같다.

> "기독교의 시작은 세상의 모든 세력들을 부여하는 것과 같았다. 이 종파의 주인공은 고대 히브리 예언들의 어리석은 가운데 몇몇의 선한 도덕이론과 혼합된 것으로 민족의 찌꺼기 자손 유대인으로 의심스러운 출신이며, 이에 대해 사람들이 기적으로 간주하였고 결국에는 치욕스런 죽음의 형벌을 선고받았다. 12명의 열광자들이 그의 가르침을 동방에서부터 이탈리아까지 퍼뜨렸고, 순수하고 거룩한 도덕을 통해서 지도적인 인물들을 획득했는데, 이들은 설교하고 가르쳤으며, 사람들이 열렬한 상상력을 가지고 당황스럽게 했던 몇몇의 기적들은 이신론과 다

1) 1740년 6월 22일자 방주(傍註)

를 바 없음으로 평가되었다."

물론 프리드리히는 이러한 시작이 "경건한 사기꾼"의 활동을 통해서 부패하게 된 것이라고 간주하였다. 기독교인들에 대한 박해로 인해서 - 그들 가운데는 본래 국가의 법을 위반하였고 지배적인 제의를 방해했던 몇몇의 하찮은, 무명의 열광주의자들에 대한 "엄정하지만 정당한 징계"가 문제였던 것이다 - 순교자들에 대한 경배가 생겨났고 결국 성인들에 대한 기도가 소개되었다. 이적추구와 답답한 미신이 점점 더 많이 만연되었다. 교리들이 소개되었고, 이때 플라톤주의가 숙명적인 역할을 수행하였다. 예수는 단순한 인간으로서 원시기독교에 통용되었다. 즉 "소요학파(아리스토텔레스학파)에 속한 몇몇 그리스 철학자들의 궤변을 통해서" 플라톤 형이상학의 불명확한 일부가 교회 안으로 유입되었다. 더욱 나빴던 것은 콘스탄티누스 황제가 정치적인 이유로 기독교의 보호자인척 했을 때였다. 325년 니케아 공의회와 381년 콘스탄티노플 공의회에서 삼위일체 교리가 고안되었다. 본래 교회의 공화주의 제도 대신에 감독들의 권력이 점점 더 확대되었고, 그들은 자신들의 힘을 백성으로 하여금 무지와 종속으로 유지하는데 사용했다. 그러나 가장 교활하고 양심이 없는 처사는 교황들이 행하였다. 그들은 자신들을 그리스도의 대리인으로서 황제와 왕들을 임명하거나 면직시키는 권리를 드높였던 것이다. 그레고리 7세와 더불어 교회 안에서 전제정치가 시작되었다. 세속의 통치자들이 보다 더 예속되도록 하기 위해서 교황들은 십자군의 광기를 날조하였다. 클레르보의 베르나르(Bernhard von Clairvaux) 같은 '대머리 사기꾼'들은 교황의 꼭두각시였다. 그 결과는 유럽의 붕괴였다. 무한대로 수여된 면벌부(免罰符)는 도덕에 구멍을 냈으며, 일반적으로 도덕의 퇴폐를 야기시켰다. 속임수 정신과 영혼의 어두움이라는 시기에 감독들의 호화로움과 사치, 교황들의 탐욕과 과시벽이 더욱 만연하였다. 이를 통해 축적된 가연성 물질로 인해 종교개혁이 준비되었고, 그 서광이 위클리프(Wiclif)와 후스(Huss)에게서 고지되었다. 루터에 앞서 인간의 정신이 종교개혁의 작품에서 그의 진보의 일부를 빚지고 있다. 종교개혁은 옛 미신을 제거하였고, 이성과 관용의 시대를 위한 문을 열어주었으며 새로운 학문이 꽃피우도록 길을 개척해주었다. 물론 이런 유익은 30년 전쟁 같은 지루한 논쟁과 피 흘리는 투쟁을 통해서 충분히 비싼 값을 지불하지 않으면 안 되었다. 그 결과는 다음과 같다. 교회의 역사는 인간의 작업, 즉 정치의 일이며, 사제의 공명심과 지배욕의 작품이다. 최고직위의 인간들이 벌인 파렴치한 오용의 역사는 그들의 범죄적인 열정을 위한 구실로서 존귀한 사기꾼들이 벌인 것이었다. 만일 종교가 정당하다면 그들을 지탱시키는 도구로 강요된 회개나 기적 그리고 사기 대신에 그 내적인 진리를 통해 전적으로 확신되어야 하지 않겠는가?

프리드리히는 기독교와 그 역사에 관해 자신의 작품의 여러 군데에서 동일한 방식으로 표현하였는데, 예를 들자면 그의『브란덴부르크 역사에 대한 회상록』(Denkwuerdigkeiten zur Geschichte des Hauses Brandenburg, 1751)이 있다.

무엇보다 여기에서 두드러진 것은 개신교 종교가 공화정체와 군주정체를 같은 정도로 유용하다고 본 것이다. 왜냐하면 개신교 종교는 공화정체의 본질을 해결하는 자유의 정신을 최상으로 일치하였기 때문이다. 동시에 개신교 종교는 군주정체에서 교회가 국가 안의 국가임을 자처하려는 교황의 권력으로부터의 독립성을 최상으로 획득할 수 있다고 보았다. 프리드리히는 브란덴부르크 선조들의 적합하고 관용적인 교회정치를 강조하였는데, 이로써 국가 안에서 루터파와 개혁파 모두 그들의 권리를 옹호할 수 있었고 또한 가톨릭교회를 압박하지 않도록 했다. 이를 넘어서서 브란덴부르크-프로이센에서는 모든 개신교 성향을 지닌 그룹들, 즉 프랑케와 친젠도르프 공동체의 규칙을 가진 경건주의자들도 피난처를 갖게 되었다. 프리드리히는 다음과 같은 문장으로 자신의 완성을 마감한다. “잘못된 신앙에 집중하는 것은 주교구(혹은 시골) 인구를 감소시키는 독재이다. 관용은 돌보고 번성하게 하는 부드러운 어머니와 같다.” 프리드리히는 가톨릭주의자들에 맞서 관대와 관용을 보여주었는데, 그는 예로써 베를린에 헤드비히(Hedwig)교회를 건립하도록 허용하였다.

브란덴부르크를 제외하고 왕 프리드리히는 교회사에 관한 자신의 관점으로 영국인 헨리 세인트 존 로드 볼링브로크(Henry Saint John Lord Bolingbroke, 1678-1751)가 1735

년 볼테르의 영향 아래에서 기술하였던『역사에 관한 서신들』(Briefen ueber die Geschichte, Letters on the Study and Use of History)을 해석하였다.[2] 이미 1736년 볼테르는 볼링브로크의 사상을 종합하여 다음과 같은 제목으로 집필하였다:『Examen important de Milord Bolingbroke』.

볼테르(Voltaire, Francois Marie Arouet, 1694-1778)는 당시 추방되어 유배 중이었던 볼링브로크를 1721년 프랑스에서 만나 교제하며 우정을 나누었다. 볼링브로크가 1723년 고향으로 돌아가고 난 후 볼테르는 그가 영국에 체류하는 동안에(1726-1729) 다시 그와 밀접한 관계를 유지하였다. 더구나 그는 이 기간에 영국의 자연과학(뉴턴), 철학(로크의 감각론)뿐만 아니라 섬나라 영국의 정지적인 자유와 향상하려고 애쓰는 경제적인 삶에 관여하였다.

볼테르와 볼링브로크 양자는 종교적인 관점에서 - 몇 가지는 차이가 있지만 - 다음의 사상들을 발전시켰다.

a) 최상의 가장 완전한 존재가 있다.

b) 하나님은 세상을 창조하셨고 법을 수여하셨다. 볼테르에 따르면 질료는 영원하다. 하나님은 질료를 무로부터 새롭게 형성하신 것이 아니라, 단지 질서를 세우신 것이다. 이제 하나님은 더 이상 세상, 인간 그리고 그들의 운명을 염려하지 않으신다.

c) 영혼은 결코 몸으로부터 구별된 상이한 실체가 아니다. 전인은 죽음에서 사라진다(볼링브로크). 볼테르는 영혼의 불멸을 입증하는 불가능하다는 방식으로 이 문제를 제한하여 확언하였다. 볼테르는 로크와 관련해서 기울었고, 그보다 더 강력하게 하나님은 불멸의 질료에게 사유의 선물을 수여하신다는 사실을 받아들였다.[3]

---

2) 1738년 사적으로, 1752년 공식적으로 출판되었다. 1752년 프랑스어 번역이 베를린에서 출판되어 프리드리히 2세에게 헌정되었다.

3) 비교. 예를 들어 볼테르의 "Dictionnaire philosophique"(1764, 1770년 개정판)의 항목 "Materie"를 보라. 발췌본은 Reclam Bd. 107, 1984 4 Aufl., 145.

d) 하나님은 인간에게 자연의 법칙 외에 결코 다른 계시를 주시지 않았다. 특별하고 초자연적인 계시는 요청되지도 유용하지도 않다.

e) 구약성서가 계시와 영감을 위해 지지되어야 한다는 것은 무신론적이고 이성에 어긋나는 것이다. 구약의 역사는 잘못되었고 믿을 수 없는 것이며, 구약의 종교는 하나님의 완전성에 상응하는 것이 아니다.

f) 신약성서는 두 개의 서로 모순되는 복음서들을 갖고 있는데, 하나는 예수이며 다른 하나는 바울이다. 예수 자신에 의해 가르쳐진 기독교는 그의 단순성과 순수성에서 자연법의 선포로 간주될 수 있다. 그럼에도 불구하고 구속의 죽음과 저 세상에서의 징벌과 상급이라는 그의 가르침들은 무의미하며, 하나님의 특성들과 함께 존속할 수 없다.

볼링브로크와 볼테르 양자는 교회의 단호한 반대자들이었다.[4] 그럼에도 불구하고 볼링브로크는 백성이 성서를 믿는다고 여겼고, 볼테르 역시 보답하시거나 복수하시는 하나님에 대한 대중신앙을 도덕적이고 국가적인 질서를 위한 필연적인 버팀목으로 간주하였다. “Si Dieu n'existait pas, il faudrait l'inventer.” 존재하는 세계는 모든 세계 중에서 최상의 것이라는 라이프니츠의 낙관론을 볼테르는 리스본의 대지진(1755)이라는 흔적 때문에 반박하였고, 자신의 소설『Candide ou sur l'Optimisme』(깡디드, 1759)에서 투쟁하였다.

볼테르와 볼링브로크는 “마지막 이신론자”[5]로 표현되는데, 이들은 이신론을 하나의 결정적인 점에서 이끌어갔고 마감시켰다. 즉 그들은 신에 관한 관념을 마지막 신학적인 내용으로 박탈시켰고, 모든 것은 하나님으로부터 단지 자연적인 법칙을 통해서 유도되는 것이라고 설명했다. 그들에게 역사의 운행은 순전히 자연적이고 내재적이다. 모든 것은 인간의 자연적인 본질을 통해서 그를 둘러싼 자연에 대한 상호작용 가운데 설명된다. 이

4) 볼테르의 저 유명한 금언 “Ecrasez l'infame”!

5) F. Mauthner, a.a.O. (Kap. 1, Anm. 10), II, 511.

런 원리에 따르면 볼테르는 역사서술자로 나아갔다고 할 것이다.[6)]

프리드리히 2세는 이런 사상들에 다소간 관여했다. 물론 그는 불멸성이론과 연관해서 볼테르를 넘어섰으며, 정신을 단지 "육체의 부속물"로 이해하려 했던 로크의 경험론에 의지해서 보다 볼링브로크에 가까웠다. 마찬가지로 볼테르와 달리 그는 인간적인 의지의 자유를 부인했다. 여기에서 분명 칼뱅주의적인 예정론이 작동하였는데, 이는 그가 유년시절에 그의 양육자로부터 관심을 갖게 된 것이었으며 아버지와의 갈등에서 역할을 했던 것이다. 그러나 그는 기독교의 근본 가르침에 대해 볼테르와 볼링브로크에는 동의하지 않았다.

그는 기독교가 하나님을 지시하는 "자비로운 역할"에 대해 제시하였다. "그는 자신의 유일한 아들을 세상에 보내셨다. 이분은 모든 피조물과 화해하기 위해서 스스로를 제물로 드린 하나님이시며, 부패하고 타락한 인간성을 개선하기 위해서 스스로 인간이 되셨다. 이것이야말로 위대한 제물이 아니겠는가? 그런데 세상은 그가 도래하기 이전과 같이 부패한 채로 남아있다. 하나님은 '빛이 있으라!'고 말씀하셔야만 한다. 그래서 빛이 되셨다. 내가 묻는 것은 이 하나님이 자신의 숭배할 가치가 있는 목적에 도달하기에는 불충분한 수단을 사용하셨는가? 하는 점이다. 정신적이고 육체적인 해악을 세상에서 추방하고, 백성들이 신앙에로 유입되며, 자신의 전능하심을 개방하심으로써 그들이 가는 길을 복되게 만드는 것은 유일한 의지행위만으로도 그분께는 충분하다. 다만 편협한 사상가가 하나님과 그의 섭리를 무가치한 기만(라고 주장하면서 대들었다. 그들은 위대한 기적(성육신))이 성공하지 못한 일과 매한가지라고 하나님을 공박하는 것이다."(Fleury의 교회사로부터 발췌본에 대한 서문에서)

볼테르는 1750년부터 1753년까지 포츠담과 베를린에 있는 프리드리히 궁정에서 지냈다. 프리드리히는 또 다른 계몽된 프랑스인들을 자신의 측근으로 데려와 상수시(Sanssouci) 궁전의 식탁친구로 삼았다. 그 가운데 라메트리(Julien Offray de Lamettrie, 1709-

6) 비교. 예를 들어 볼테르의 "Essai sur les moeurs et l'esprit des nations", 1754.

1751)가 있었는데, 그의 주저는 인간을 시종일관 유물론적이고 기계적으로 이해하였던 『L'homme machine』(인간기계론, 1748)이다. 또한 장 밥티스트 부와예(Jaen Baptiste de Boyer, Marquis d'Argens, 1704-1771. 1742년부터 1769년까지 프리드리히의 궁정목사를 지냄)는 보다 생산적인 자유정신의 소유자이며 저술가였고 프리드리히에게 커다란 영향을 끼쳤다. 그는 『Philosophie du bon sens』(건강한 인간지성의 철학, 1746)을 저술하였고, 프리드리히는 그가 편집해서 베일의 사전에서 발췌한 작업(1765년과 1767년)을 『Breviaire du bon sens』(건강한 지성의 요약)이라고 명명했다.

로마 황제 '배교자' 율리아누스(Julian Apostata, 재위기간: 361-163)를 위한 다르장(d'Argens)의 변증서는 언급할 만한 가치가 있다. 그는 다음의 책에서 황제를 미신과 불관용에 맞서서 이성을 위해 투쟁했던 인물로 묘사하였다: 『Defense du paganisme par l'empereur Julien』(황제 율리아누스의 이교도 방어, 베를린 1764) 이 책을 위해서 그는 율리안의 단편들을 번역하고 상세하게 주석을 달았다. 1768년 다르장는 『Les discours de l'empereur Julien sur le christianisme』(기독교인들에 대한 황제 율리아누스의 논증)를 발간하였다. 더구나 다르장는 이미 1741년 율리안의 작품을 완성하고 미신의 지배에 종지부를 찍으라고 프리드리히가 요청했었던 이 주제를 다루면서 볼테르를 본보기로 삼았는데, 프리드리히는 인간이 진리를 위해 만들어지지 않았다는 생각을 거부한 까닭이었다. 볼테르의 『Dictionnaire Philosophique』(철학사전)에 있는 '율리안'이라는 항목도 이런 연관성에 속한다. 이 항목은 디드로(Diderot)가 1764년 편찬한 『Encyclopedie』(백과사전)에 대한 일종의 사적이며 경쟁적인 기획에 해당한다. 게다가 프리드리히 2세는 율리안의 단편들을 스스로 읽었으며, 자신의 진술을 통해 제시하였다.[7] 또한 그는 기독교인들과 투쟁했던 켈수스(Celsus)의 단편들도 알고 있었다. 그는 이 고대 철학자의 이름을 언급했고, 자신의 진술에 사용하였다.[8]

---

7) 비교. K. Philip, Julianus apostata in der deutschen Literatur (Stoff- und Motivgeschichte der deutschen Literatur 3), Berlin/Leipzig 1929, 58.

8) 비교. W. Gericke, Glaubenszeugnisse und Konfessionspolitik der Brandenburgischen Herrscher bis zur Preussischen Union 1540-1815 (Unio und Confessio 6), Bielefeld 1977, 77.

그러나 프리드리히는 볼테르와 다르장와 더불어 고대의 기독교 논쟁에 발을 들여놓았을 뿐만 아니라 계몽주의에서 내밀하게 유통되고 널리 퍼졌던 문헌들도 알고 있었다. 이런 인식이 그에게 카를 슈테판(Karl Stephan, Charles Etienne) 조던(Jordan, 1700-1745)을 매개해주었다. 위그노교도 가정에서 출생한 조던은 1725-1732년까지 프렌츠라우(Prenzlau)에서 프랑스-개혁파 목사로 있었다. 1736년 이후 그는 프리드리히 휘하에서 강독자요 도서관 사서로 있었으며, 이후 1741년에 각료요 대학의 부총장으로 지명되었다. 조던은 비정통적인 금서문헌의 전문가였다.

1725년부터 프랑크푸르트의 장서가(愛書)요 시장인 우펜바흐의 자카리아스 콘라트(Zacharias Conrad von Uffenbach, 1683-1734)와 주고받았던 편지들이 프랑크푸르트의 시도서관과 대학도서관에 보존되어 있는데, 조던은 금지된 제목으로 가득한 서신을 교환했다. 예를 들자면 '세르베투스(Servet)의 Restitutio Christianismi'와 'De trinitatis erroribus, 빌헬름 스토쉬(Fr. Wilhelm Stosch)의 Concordia fidei cum ratione', '존 톨랜드(J. Toland)의 Pantheisticon(1720)', 그리고 '브르노(G. Bruno)의 여러 가지 서적들', '보나방튀르드 페리에(Bonaventure des Periers)의 Cymbalum mundi', '테오도르 루트비히 라우(Theodor Ludwig Lau)의 두 개의 "Meditatione"', '장 보댕(Jean Bodin)의 Heptaplomeres', '지오프리 발레(Geoffroy de la Vallee)의 La Beatitude des Chrestiens' 등이며, 마찬가지로 "De Tribus Impostoribus"(De Imposturis Religionum)과 루카스(J. M. Lucas)의 "L'Esprit de Mr. Spinoza"도 있다.

정신적인 것을 육신적인 것의 기능으로 파악하였던 라메트리의 영향 외에 이 많은 문헌들은 주로 자연주의적 혹은 스피노자식의 내용이었는데, 여기에 프리드리히는 하나님을 "자연에서 모든 생명의 지적인 원리"로 묘사하였다. 그는 이를 1770년 볼테르에게 보낸 서신에서 표현하였다.[9] 그러나 이런 자연주의는 부당하게 이신론적인 자연과 일치한다. 원래 프리드리히에 의해 대변된 영적인 하나님에 대한 파악은 유물론적인 세계와 대

9) Œuvres XXIII, 173.

립하고 있다. 이제 늙은 왕 프리드리히는 이런 모순을 해결할 수 없었다. 그래서 그는 결국 인간 지성의 제약성을 언급하면서 "배심원의 판결 연기 평결"(non liquet)에 만족해야만 했다. 그에게 유일하게 확실한 것은 회의주의자로 비쳐졌다. "사람이 늙으면 늙을수록 보다 더 그분의 거룩한 위엄과 우연, 고통스러운 이 세상의 3/4을 염려해야 한다는 사실에 설득되기 마련이다."[10)]

그래서 프리드리히는 결국 하나님을 "숙명"(Destin) 또는 "모험"(Hazard)으로 대체하였다. 왜냐하면 그 자신이 모험가였으며, 이런 모험적인 신앙에서 정신적으로 마음에 맞는 설득을 발견했기 때문이다.

10) 1759년 12월 3일자로 볼테르에게 보낸 서신에서, CEuvres XXIII, 27. 비교. E. Zeller, Friedrich der Grosse als Philosoph, Berlin 1886, 51.

계몽주의 시대의
신학과 교회

제9장

신(新)신학(Neologie)

급진적이고 교회에 적대적인 계몽주의의 형태에 맞서서 신신학(새로운 가르침)[1]은 계몽주의의 온건하고 교회적인 양식에 해당된다. 신신학에서 볼프의 철학, 영국의 이신론적이고 반(反)-이신론적인 문헌, 에르네스티의 방법론과 경건주의에 의해 발생한 고요한 내면성을 향한 경향, 종교적이고 도덕적으로 교화하려는 경향을 종합적으로 만나게 된다. 분명 이 신학은 학파적인 관점에서 볼프의 철학에 의해 지배되지는 않았다. 여기에서 작동되는 것은 보다 형식적인 영향들이다. 즉 정확한 정의에 대한 경향, 현상들에 대한 실용적인 연결, 논증을 위한 편애 등이다. 사람들은 인간적인 이성을 필요로 하는데, 볼프와 더불어 이성과 계시의 완전한 조화에 납득되었기 때문이다. 특히 바움가르텐(S. J. Baumgarten)을 통해서 이신론적이고 반(反)-이신론적인 문헌들이 점점 더 독일에 알려지게 되었다. 이런 문헌들을 통해서 이성 혹은 자연과 계시의 관계에 대한 물음이 비로소 정당하게 독일 계몽주의 신학의 중심 주제가 되었다. 이 주제는 계시는 초-이성적이지만 반(反)-이성적이지 않다는 로크적인 신념의 의미에서, 그리고 다양한 변형 안에서 조화라는 볼프의 사상에 기초하여 논의되었다. 더욱이 강력한 기준에 의거하여 신약성서의 개별 문서들에 해당하는 질문들을 탐구하였는데, 특별히 역사적이고 조직신학적인 관점에서 이러한 탐구가 진행되었다. 교리의 발전을 조사하게 되는 일이 발생하지 않을 수 없었다. 즉 교리사 분야가 발전하게 되었다는 것이다.

인물들과 사상들이 대량인 점을 고려해서 우선 계시와 이성의 관계에 대한 물음에 신신학이 어떤 답변을 제시하였는지를 묻도록 할 것이다.

신신학의 옛 대변자들(슈팔딩 Spalding, 작크A. F. W. Sack, 예루살렘 Jerusalem)은 이성에 맞서 계시에는 지원하고 지시하며 교육적인 기능이 있음을 인정하였다. 반대로 토엘르너(Toellner)는 계시에 단지 이성종교를 보충하는 역할만을 승인하였다. 예를 들어 그루너(Gruner) 같은 다른 이들은 계시의 내용을 이성종교 자체와 동일시하였고, '계시'라는 개념을 유지하였다. 가장 급진적인 자들은 그들의 발전과정에서 기독교적으로 특별한 계시에 개념을 부과하는 것을 무시하였는데, 뢰플러(Loeffler), 텔러(Teller), 바르트(Bahrdt) 등이

1) 이로써 정통주의적인 신학자들의 전체 방향이 새로운 것으로 표현되었다. 이 표현에는 부패하고 위험한 것이라는 부가적인 의미가 수반될 수 있다.

있다. 그들은 합리주의에 이르렀고, 텔러 같은 이는 영성주의에 빠졌다. 그래서 결국 신신학은 이성에 맞서 기독교적인 계시의 특수성에 관한 인식을 상실하고 말았다. 예를 들어 에버하르트(Eberhard)는 사람들이 소크라테스에게서 발견할 수 없듯이 그리스도가 그 어떤 명제도 진술하거나 개진하지 않았다는 입장을 대변하였다.

기독교적인 종교가 이성종교로 점점 축소하는 것은 무시했을 뿐만 아니라 결국 많은 기독교적인 가르침의 내용들을 분리한 까닭이었다. 더구나 신신학자들이 그들의 교리적인 형식에서 삼위일체에 관한 표상을 제거하거나 폐지했던 반면에 다양한 방식으로 합리적인 해석의 변경을 취하였다는 사실은 주목할 만한 가치가 있다. 물론 그들이 그리스도의 대리적인 보상이라는 가르침에 반대한 것은 결정적인 일이었다. 왜냐하면 라이프니츠에 의해 결정된 철학적이고 낙관적인 세계관에 의해 진노하시는 하나님이라는 성서적인 표상은 불가능해졌기 때문이며, 그들 스스로가 무조건적인 하나님의 선하심에 대한 신앙에 배어있었기 때문이다.

신신학의 첫 번째 중요한 대표자는 요한네스 요아힘 슈팔딩(Johannes Joachim Spalding, 1714-1804)이었는데, 그는 1764년 베를린에서 성 니콜라이 교회와 마리아 교회의 수석사제였고, 종교국 위원이었다. 사람들은 그를 "당시 베를린의 설교자들 가운데 가장 공감이 가며 고상한 인물"로 불렀다.[2)]

슐라이어마허(Schleiermacher)는 「Jenaer Literaturzeitung」(예나 평론지, 1805)에 실린 애도사에서 그의 조용하고, 분명한 심성을 칭찬하였고, 그의 고상하고 품위 있는 성향을 기렸으며, 그를 전적으로 내면에로 향하며 외적으로 현혹되길 원치 않았던 당대 종교성의 완전한 대표자로 묘사하였다.

슈팔딩의 인간됨은 분명해졌다. 즉 "근저에는 볼프주의에서 신신학에로 이행을 수반하는 이성개념의 확장이 있었다. 더 이상 이해력만이 이 개념을 성취할 수는 없었다. 정서

2) W. Wendland, Die praktische Wirksamkeit Berliner Geistlicher im Zeitalter der Aufklaerung, JBrKG 9 u. 10 Jg., Berlin, 1913, 353.

와 도덕적인 인식이 덧붙여졌다."[3]

슈팔딩의 첫 작품은 『Die Bestimmung des Menschen』(인간의 규정, 1748, 1794 13 Aufl.)[4] 이었다. 그는 삶의 의미에 대해 다음과 같이 물었다. "나는 왜 존재해야 하며, 내가 이성적인 방식으로 존재해야만 하는 것은 무엇인가?" 그 답변은 다음과 같다. 인간은 하나의 규정을 가지고 있는데, 그것은 일반적으로 지각할 수 있는 삶의 관점 배후에 놓여있으며, "참된 것과 선한 것을 인식하고 사랑하라는" 사실에 존재한다. 결국 완전과 질서의 "원형"이신 하나님은 "내 능력에 따라 닮아가라"고 말씀하신다. "나는 내 안에서 무한을 향한 성장이 가능한 능력을 감지하고 이 육체와의 연합 외에도 나타날 수 있는 것이 적지 않다." 그러므로 "이 가시적인 삶은 내 현존재의 모든 목적을" 소진하지 않았다. "완전한 계몽주의"가 의미하는 바는, 내가 나 자신을 한 번 "완전의 원천과 영원히 일치시키는 것인데, 이는 올바른 성향의 모든 쾌락을 혼탁함이 없이 그리고 중단됨이 없이 누리는 것이며, 그렇게 할수록 큰 목적에 도달할 수 있게 되며, 이를 위해 나는 내 본성을 통해서 규정되는 것이며 나의 창조자에 의해 규정되는 것이다. 즉 정당하고 올바른 방식으로 행복한 존재가 되는 것이다." 피상적이며 단조로운 행복주의(Eudaemonismus)와 전적으로 다르기를 원하는 이런 실행의 배후에 계몽주의적인 세 요소인 "하나님, 미덕, 불멸성"이 놓여있다. 슈팔딩에 따르면 세 요소는 예수의 가르침과 일치한다. 이때 슈팔딩은 대다수 계몽주의자들에 의해 사람들은 미덕을 통해서 불멸성을 획득할 수 있으리라고 주장했던 보상 혹은 인과응보의 사상을 거부하였다. 사람들은 선과 선한 의지를 행해야만 한다는 영국의 섀프츠베리 경(Lord Shaftesbury, 1671-1713)의 견해가 여기에서 작용하고 있다. 슈팔딩의 첫 번째 문필가의 업적은 섀프츠베리의 도덕론을 1745년에, 미덕에 관한 그의 논문을 1747년에 번역한 것이었다.

주목할 것은 인간이 하나님께 가까이 갈 수 있는 능력이 있음을 강조한 대목이다. 슈팔딩은 원-죄책과 원죄에 관한 아우구스티누스의 가르침에 동의하지 않았고, 이를 노골

---

3) K. Aner, a.a.O. (Kap. 5, Anm. 1), 152.

4) H. Stephan에 의해 원판대로 1908년 기센에서 발행되었다.(Studien zur Geschichte des neueren Protestantismus, 1. Quellenheft) 이 작품은 프리드리히 2세의 아내인 Elisabeth Christine에 의해 1776년 프랑스어로 번역되었다.

적으로 거부하였다. 선에 대한 인간의 완전한 무능력함을 그는 인정할 수 없었다. 오히려 인간은 영적인 감화를 위하여 자신의 이성을 통해 수용할 수 있으며, 이런 감화의 중재를 통해서 그의 마음과 양심을 일깨우고 선을 향한 길에서 자신을 하나님께 향할 수 있는 것이 가능하다. 그러므로 아담으로부터 모든 인간에게 전가된 원-죄책에 관한 가르침은 완전히 포기되었고, 원죄에 관한 가르침은 참을 수 있을 정도로 제한되었다. 아우구스티누스의 죄론에 대한 거부와 비평을 통해서 슈팔딩은 신신학을 대표하였다. "아우구스티누스 신학과 종교개혁 신학 간의 반(反)-자연적인 혼인을 해지하는 것은 역사적으로 필연적인 사건이며, 이를 도입한 것이 신신학의 실제적인 공로이다."[5)]

슈팔딩은 하나님, 올바름 그리고 불멸성에 대해 강조하는 가운데 단지 자연종교의 옹호자에 그치는 것으로부터 멀리하였다. 그에게 무게는 계시된 종교의 측면에 있었다. 슈팔딩은 『인간의 규정』 제3판(1749)의 부록에서 양자의 관계를 다음과 같이 정의하였다. "복음의 빛이 신자들을 일깨웠던 곳에서 자연종교가 언제나 최상으로 인식되고 가르쳐졌다는 사실은 부정할 수 없는 경험이다." 왜냐하면 "우리의 이성은 감각적인 사물을 넘어서서 종교의 진리에까지 높아지려면 스스로 그리고 다른 지시 없이는 전혀 불가능한 것이기 때문이다." 그러므로 우리는 "계시가 인간의 가장 외적인 요구와 필요에 대해 가르침을 통해서 유익하게 도움을 줄 수 있기에 계시에 감사하지 않으면 안 된다." 슈팔딩에 따르면 자연종교에 대한 계시의 관계는 지원하고 지시하는 차원이다. 그는 여기에서 1756년 독일어로 번역된 영국국교회 감독 조셉 버틀러(Joseph Butler, 1692-1752)의 작품인 『종교의 유비』(The Analogy of Religion, 1736)를 파악하였다. 버틀러는 이미 유명해져서 널리 보급된 자신의 책에서 이신론에 맞서 계시를 자연종교와 도덕성에 대한 필수불가결의 지원으로 특징지었다.

자신의 책 『Ueber die Nutzbarkeit des Predigtamtes』(설교직의 유용성에 관하여, 1772,

5) E. Hirsch, a.a.O. (Kap. 3, Anm. 18), IV, 30. 세 요소인 "하나님, 미덕, 불멸성"은 영국의 초자연주의자 클라크(Samuel Clarke, 1675-1729)에게 소급된다.

1773. 2 Aufl., 1791. 3 Aufl.)에서 슈팔딩은 당대의 계몽된 설교자들을 위한 설교학적인 원칙들을 세웠다. 설교의 과제는 인간을 선하고 올바르게 생각하도록 만드는 것이며, 따라서 사람들이 조용하고 행복하게 될 수 있다. 이에 상응하여 삼위일체, 그리스도의 두 본성론, 만족설과 칭의론, 세계의 종국을 포함하여 총체적인 계시록은 축복에 기여하지 않는 무익한 사변이므로 이러한 "이론적인 종교교리들은" 설교로부터 생략될 수 있다. 반대로 사람들은 정서와 삶에 영향을 끼치고 행복에 기여하는 표상들에 대해 진술해야만 했다. 설교는 사로잡히며, 도덕적인 특성을 가져야만 한다. 슈팔딩은 "도덕적인 세계질서"라는 개념을 사용하였다. 슈팔딩에 따르면 시간과 영원을 위해서 도덕적인 세계질서를 포괄하는 정서의 개발은 설교자의 첫 번째이자 근원적인 목적이 되어야만 한다. 여기에서 설교자가 "공적인 도덕의 공탁자"라는 자신의 종교적인 과제를 소홀히 함으로써 파면될 위험에 대해서 헤르더(Herder)는 자신의 지역신문인 <설교자에게>(An Prediger, 1774)에서 슈팔딩에 대한 비판을 가했다. 그러나 슈팔딩은 결코 십자가에 달리신 그리스도가 설교되어서는 안 된다는 것을 원치 않았다. 그리스도를 설교한다는 것은 바울과 함께 "영적이고 영원한 행복에 대한 가르침으로서, 그리스도가 특별히 신적인 파송으로 이 세상에 오셨다는 것을 사람들에게 선포하기" 위함이다.[6] 정치적이고 경제적인 설교들을 슈팔딩은 비난했다. 당시에 시골강단에서는 경제를 개선하려는 의도로 훈계하는 설교들이 있었는데, 그 예로 축사 내 사육의 유용성에 관한 설교가 행해졌다. 그의 관점에서 볼 때, 이런 설교들의 목적은 의심할 바 없이 잘 숙고된 것이기는 하지만, "강단에 전혀 어울리지 않는 방식으로" 변질될 수 있다.

슈팔딩은 주교좌 목사인 아우구스트 프리드리히 빌헬름 작크(August Friedrich Wilhelm Sack, 1703-1786)를 통해서 베를린으로 왔다. 1731년부터 마그데부르크에서 개혁파 목사로, 1740년에는 프리드리히 빌헬름 1세의 치하에서 베를린에 있는 궁정설교자요 주교좌 목사로 사역했던[7] 작크는 독일의 개혁파 교회 내에서 매우 중요한 신학저술가요 설교자

6) 고린도전서 1장 23-24절에 대한 성금요일 설교; W Wendland, a.a.O., 358. 예수의 인격이 아니라, 그분의 가르침이 설교의 대상이다.

7) 비교. R. v. Thadden, Die Brandenburgisch-Preussischen Hofprediger im 17. und 18. Jahrhundert(Arbeiten zur Kirchengeschichte 32), Berlin 1959.

가운데 한 사람이었다. 프리드리히 2세는 그를 매우 아꼈고, 베를린 아카데미의 회원으로 삼았다. 그러나 그는 자신의 비교회성으로 인해 결코 작크와 가까운 교제를 하지 않았다. 작크의 주저는 『Verteidigter Glaube der Christen』(기독교인들의 변증적인 신앙, 1748-1751) 이었다.

작크의 신학은 슈팔딩의 신학과 매우 유사했다.

a) 작크도 계시가 이성종교에 대해 지원하는 역할을 한다고 지시하였다. 이해력은 우리가 계시라는 도움을 취하기까지는 자신의 의심으로부터 자유롭지 못하다. 왜냐하면 계시는 "이성의 천체망원경"이기 때문이다. 이것이 없이는 자연종교의 가장 중요한 진리들을 전혀 관찰할 수 없거나 혹은 매우 어둡게만 관찰할 수 있다.

b) 작크도 미덕과 불멸성을 강조하면서 기독교의 도덕적인 파악에 우세를 두었다. 비록 교리적이고 종교적인 측면에도 불구하고 그는 슈팔딩과 마찬가지로 이를 강력하게 배후로 옮겨 놓았다. 예를 들어 그는 자신의 회중들의 눈앞에서 "화해의 피"를 강렬하게 제시하였다. 그럼에도 그가 "깍듯이 하나님에 의해 제정된 의식이요 축제로" 표현했던 성례전의 경우, 그것이 본질적인 것의 객관적인 차원이 아니라, 주관적이고 인간적인 측면이라고 이해했다. 즉 세례는 우리를 기독교 신앙에로 이끌며, 따라서 거룩한 삶의 의무를 져야만 한다. 마찬가지로 신앙고백적인 특성이 부각되었다. 특히 성찬은 예수의 고난과 죽음을 기억하는 행위로 이해되었다.

c) 슈팔딩과 같이 작크는 아우구스티누스주의를 부인하였고, 사람들에게 아담의 원·죄책을 지시하는 것을 거부하였다. 반면에 그는 원죄성을 지속적으로 강조하였다. "우리의 첫 부모의 타락의 역사는 죄를 지은 인간의 역사이다." 그는 은총론에서 은혜의 조력에 도덕적인 태도가 필수불가결한 것으로 간주했다. 물론 저항

할 수 없는 은총론이라는 가르침은 거부의 가능성으로 인해 폐기되었는데, 여기에서도 주관적이고 인간적인 요소에 보다 여지를 둔 까닭이었다. 이것은 신신학이 주관적이고 인간적인 요소에 점증하는 정도로 가치를 두었다는 것을 잘 보여준다.

여기에서 또한 작크의 아들인 프리드리히 사무엘 고트프리트(Friedrich Samuel Gottfried, 1738-1817)가 언급되어야만 한다. 그는 프리드리히 2세를 통해서 1777년 베를린의 궁정설교자요 주교좌 목사로 부름 받았고, 1816년 프리드리히 빌헬름 3세에 의해 감독으로 임명되었다. 그는 자신의 신학에서 아버지의 태도와 약간은 차이를 두었다. 오히려 그는 보수적인 인물이었고, 신학적인 저술가라기보다는 실천적인 교회의 인도자였다. 그는 루터파와 개혁파가 프로이센 제국 내에서 연합하는 것에 앞장섰던 정열적인 선구자에 속했다.

이와 관련해서 요한 프리드리히 빌헬름 예루살렘(Johann Friedrich Wilhelm Jerusalem, 1709-1789)도 이에 속한다. 라이프치히와 라이덴 대학에서 확장된 연구를 마치고 그는 우선 여러 해 동안 네덜란드와 영국 등 외국을 여행하였고, 1742년 볼펜뷔텔(Wolfenbuettel)의 궁정설교자가 되었다. 1749년에는 마리엔탈(Marienthal)의 수도원장, 1752년에는 리닥스하우젠(Riddagshausen, 설교자신학교)의 수도원장, 1771년 볼펜뷔텔 의회의 부의장이 되었다. 괴테는 예루살렘의 아들 칼 빌헬름(Karl Wilhelm in Wetzlar, 1772)의 자살을 『젊은 베르테르의 슬픔』이라는 문학으로 표현했다. 예루살렘의 주요 저작들에는 『Betrachtungen ueber die vornehmsten Wahrheiten der Religion』(종교의 으뜸진리에 관한 고찰들, 1768, 1769 2 Aufl., 1770 3 Aufl., 1776 5 Aufl.)과 『Fortgesetzte Betrachtungen ueber die vornehmsten Wahrheiten der Religion』(종교의 으뜸진리에 관한 연속적인 고찰들, I, 1772, 1774 2 Aufl.; II, 1779)이 있다. 예루살렘은 이성 능력의 제한을 확신시켰다. 그러므로 계시의 도움이 필요했다. 그럼에도 불구하고 예루살렘은 이미 슈팔딩과 작크에 의해 대변되었던 입장을 능가하였다. 그는 계시종교에 대한 자연종교의 태도에 대해서 새로운 개괄을 제시하였다.

예루살렘에 따르면 자연종교는 다음의 세 가지 진리들을 포함한다.

a) 무한히 완전하고, 지혜로우며, 자유롭고 선한 본질인 하나님이 계신데, 그는 이 세계의 첫 근원이시다.

b) 자연의 모든 개별적인 부분들과 인간 개개인에게 미치는 섭리가 있다.

c) 우리의 현재적인 삶은 여전히 완성된 삶을 규정하고 있는 우리 실존의 첫 단계이다.

이 위대한 자연적인 진리들은 진리에 맞서 나태함과 혐오에 빠지고 감각성에 의해 잘못 짜 맞춰져서 언제든지 다시 오류의 길로 빠지는 인간에게 비로소 점차로 인식되는데, 그것도 하나님의 지시와 계시를 통해서 인식된다. 예루살렘은 하나님이 인간에게 몸의 보존에 대해 처음으로 직접적인 지시를 주셨다는 원-계시를 받아들였다. 하나님은 인류에게 직접적인 지도를 통해 본질적으로 도덕적인 근본개념들을 점점 더 제시하셨다. 이때 하나님은 교육학적으로 앞서가셨고, 한 번에 모든 진리를 나누지 않으셨다. 이런 계시는 아브라함이 아니라 모세에게 나타났다. 그럼에도 이 계시는 단지 "여명이요, 위대한 빛의 전조"였다. 이 위대한 빛은 그리스도 안에서 꽃을 피웠다. 그리스도는 이전에 계시된 근본 진리들을 명백히 했고, 특별히 기독교적인 가르침 가운데 "빛과 강함의 보충"으로 주었고, 이로써 종교에 위대한 의무와 진정시키는 확신을 수여하였다.

이를 레싱의『Erziehung des Menschengeschlechts』(인류의 교육)에 대한 개괄에서 상기하게 된다. 아네르(Aner)에 따르면[8], 예루살렘은 레싱의 교육론 제4장에 동의하지 않을 수 있었으리라고 본다. "그러므로 계시는 인류에게 아무 것도 제공하지 않는다. 스스로를 방임하는 인간의 이성도 도래하지 않으며, 오히려 계시는 인류에게 이 사건의 가장 중요한 것을 앞서 주는 것이다." 예루살렘에 따르면 계시 없는 인간은 진정한 종교가 불가능하다.

그러므로 예루살렘은 종교의 두 개의 상이한 절반, 즉 자연종교와 계시종교의 구분을

8) K. Aner, a.a.O., 194.

더 이상 알지 못한다. 전체 종교는 그에게 오히려 계시된 종교로 타당하다. 즉 원-계시, 모세-계시 그리고 그리스도-계시가 세 단계인 것이다. 그러나 계시 전체는 이성의 비평을 통해서, 특히 이전의 예루살렘을 통해서 점점 더 본질적으로 축소되었다. 그래서 예루살렘은 1779년까지 원죄의 교리에 대한 완전한 제거를 향해 전진해갔다. (앞에서 밝힌 『종교의 으뜸진리에 관한 연속적인 고찰들』 2권에서)

예루살렘은 그의 만년의 작품에서 요한복음에 대한 비평적인 주석을 통해서 교회의 삼위일체 가르침을 거부하였다. 아버지와 아들 간에 그 어떤 본질의 일치가 존재하지 않으며, 오히려 도덕적인 일치만이 있다. "성령"은 결코 삼위일체-내적인 존재가 아니다. 대중적인 성서의 언어로 보자면 단지 아버지의 영이다. 신약성서에서 선재(先在)에 대한 진술들은 아들의 영원한 선택과 규정이라는 의미에서 이해될 수 있다. 결국 예루살렘은 고대교회의 두 본성론을 제거했다. 그의 "신앙고백"은 다음과 같은 진술로 구성된다. 즉 예수는 위대한 신적인 사자(使者)로 하나님이 영원 전부터 인간의 구세주로 결정했다. 무엇보다 그의 확증은 예수의 성품의 완전성에 달려있다. 라이마루스 단편들에 맞서 그의 부활은 솔직하게 구전적인 제자들의 고백에 근거해서 견지된다. 그리스도는 죄와 죄책의 통치로부터 해방과 구원의 선포자이다. 그리스도는 자신의 삶을 헌신함으로써 이를 확증하였다. 그러나 예루살렘은 예수의 고난이 하나님으로 전환되는 활동이라는 것을 부인하였다. 마찬가지로 성서의 활동은 만족이나 대리와 같은 개념들에 낯설다(satisfactio vicaria). 예루살렘은 영원 전부터 지옥의 형벌을 말하는 것을 오만이라고 보았다. 하나님은 영벌을 협박하신다. 그러나 그는 자신의 사면권을 단념하지 않으신다.

더구나 예루살렘은 교리사라는 이념을 가졌던 첫 번째 인물이다.[9] 그의 머리에 떠올랐던 목적은 결코 순전히 역사적인 것이 아니었다. 오히려 독자들이 잘못된 신앙 내용들과 올바른 신앙 내용을 구분하는 것을 돕기를 바랐던 것이다. 무엇보다 예루살렘은 히에로니무스(Hieronymus)와 아우구스티누스(Augustinus)에게 반대했다. "나는 양자가 정당하게 옳다고 보지 않는다. 왜냐하면 그들은 펠라기우스에게 종종 부당하게 행동했고, 스스로

9) 1747년 1월 12일자로 곧쉐트(Gottsched)에게 보낸 서신에, K. Aner에 의해 게재됨. a.a.O., 223f.

가 은총에 관한 명백한 가르침을 엉클어지게 했기 때문이다. 한 사람은 제어하기 어려운 격정을 통해서, 다른 사람은 자신의 인위적인 기교를 통해서 그렇게 했다." 또한 예루살렘은 그때마다 지배적인 철학을 고려했다. 후에 그는 교부들에게서 두 개의 근본적으로 상이한 방향을 구분하였다. 그는 하나를 "플라톤주의자"(Platoniker)라 명했는데, 여기에는 플라톤적이고 신플라톤적인 영향이 통합되어 있다. 특별히 이 그룹은 정통적인 체계의 장점을 내세우려는 성향이 있다. 다른 하나는 신약성서로부터 클레멘스 로마누스(Clemens Romanus), 이그나티우스(Ignatius), 이레나이오스(Irenaeus)를 거쳐 사벨리우스(Sabellius)에까지 해당한다. 플라톤주의를 거부하는 문제에 있어서는 모스하임(Mosheim)의 영향이 주목할 만하다. 그는 영국 국교회 성직자 스베렝(I. Souverain)의 『Le Platonisme devoile』(1700)와 일치하여 멜란히톤(Melamchthon)의 테제를 갱신하였다. "교회가 시작된 직후 기독교의 가르침은 플라톤 철학에 의해 뒤흔들렸다."(Statim post ecclesiae auspicia per Platonicam philosophiam Christiana doctrina labefactata est)[10] 예루살렘은 교리사의 계획을 집행할 수 없었다. 그럼에도 불구하고 자신의 유고로 인해 초안적인 방식으로 단편들이 출간되었다. 자신의 프로그램은 뮌셔(W. Muenscher, 1797)에 의해 첫 번째로 교리사가 우뚝 솟아났다.

계속해서 요한 고트리프 토엘르너(Johann Gottlieb Toellner, 1724-1774)가 언급되어야만 한다. 그는 할레에서 수학하면서 바움가르텐(S. J. Baumgarten)에 의해 가족으로 받아들여졌고 그곳 도서관을 감독하는 일을 맡았다. 1756년 그는 프랑크푸르트에서 철학과 신학 교수가 되었는데, 이곳에서 그는 재능 있고 호평 받는 교사였다. 그는 질병으로 인해 일찍 사망했음에도 불구하고 상당한 분량의 신학적인 문서들과 작품들을 저술하였다.

토엘르너에게서 신신학은 이성종교의 경계에 도달했다.[11] 왜냐하면 그는 계시의 비-일반화를 고려하면서 이미 자연종교가 확실한 경계에서 행복의 달성을 위해 충분하다고 보았던 것이다. 슈팔딩, 작크와 예루살렘에게 계시는 이성종교를 지원하고 지시하는 것인데, 토엘르너에게는 더 이상 그런 정도가 아니었다. 오히려 계시는 단지 이성종교를 보완

10) 신학총론(Loci communes, 1521) 1521; 비교. K. Aner, a.a.O., 227.

11) "하나님이 이미 인간에게 자연의 계시를 통해서 축복으로 이끄셨다는 증거"

하고 확장하는 기능을 할 뿐이다. 프랑크푸르트의 교수는 1769년 익명으로 발간된 소책자를 기술하였다. 『Meine Ueberzeugungen』(나의 신념, 1771 2 Aufl, 1777 3 Aufl.)의 결론에서 그는 다음과 같이 기록했다. "계시는 단지 나의 행복에 보다 많은 신적인 시설들이며, 종교와 미덕에 이르는 보다 많은 동기이다."

성서의 영감과 관련해서 토엘르너는 이것이 단지 성서의 책들을 작성하는데 하나님의 조력이었다는 점과 성서의 특정한 부분에만 해당된다는 이해를 대변하였다. 그러므로 성서는 그 전체성으로 놓고 볼 때, 토엘르너가 표현한 바대로 하나님의 말씀과 하나의 동일한 것이 아니다.[12] 마찬가지로 제믈러(Semler)와 레싱(Lessing)도 그렇게 생각했다. 기독교적인 계시를 성서의 도그마로부터 분리시킴으로써 즉각적으로 성서의 다양한 부분들이 신앙과 여러 가지 관계로 나타났다. 토엘르너와 그와 같은 견해를 지닌 이들에게 예수의 가르침이 기독교 진리의 총체가 되었다. 후기의 예루살렘과 유사하게 그는 신신학의 지배적인 관심사가 예수의 진정한 인간성을 위해 눈에 띄도록 만들었다. 실제적으로 그에게 예수 안에 있는 인간이 행동하는 대상이며, 신적인 본성은 단지 협력하는 것뿐이다. 그의 가장 중요한 작품인 『Der taetige Gehorsam Jesu Christi untersucht』(예수 그리스도의 능동적인 순종을 연구함, 1768)에서 토엘르너는 그리스도의 능동적인 순종이 우리에게 책임을 지운다는 가르침을 거부하였다. 타인의 행동이 신자에게 유익해야만 한다는 설명은 하나님의 계명이 폐기되기 때문에 계몽된 도덕주의에는 견딜 수 없는 것이었다. 토엘르너는 그리스도의 고난당하시는 순종에 관한 가르침을 놓지 않았다. 이를 통해 인간은 자신의 순종과 죄에 대한 두려움이라는 자극을 받아야만 한다. 프랑크푸르트의 신학자는 만족이라는 형식적인 개념을 유지하였다. 다른 신신학자들과 같이 그가 원죄의 교리를 거부하였다는 사실은 확실하다.

그밖에 토엘르너의 『Theologische Untersuchungen』(신학연구, 1773f)는 삼위일체론과 그리스도의 신-인되심에 관해 신신학자들과 옛 신학자들 간의 대단한 논쟁을 보여준다. 이때 중요한 역할은 새뮤얼 클락(Samuel Clark, 1675-1729)의 『The scripture doctrine of the

12) 비교. 이에 대한 다음의 저술이 있다. 『성서의 신적인 영감』(Goettliche Eingebung der Schrift, 1771/1772).

trinity』(삼위일체에 관한 성서적인 교리, 1712, 독일어 번역은 1714. 이 번역본에 제믈러가 서문을 달았다)를 독일어로 개정하면서 일어났다. 무엇보다 이 책에서 클락은 요한복음 14,28절("내 아버지는 나보다 크신 분이시다")을 바탕으로 로고스 혹은 아들을 아버지에게 종속시킴으로써 삼위일체에 관한 아리우스적인 이해를 대변하였던 것이다. 그러자 우리가 이미 보았듯이, 예루살렘은 1779년까지 삼위일체론을 폐기하고 아버지와 아들의 도덕적인 일치만을 붙잡았던 것이다.

요한 크리스토프 되덜라인(Johann Christoph Doederlein, 1746-1792)은 1772년부터 알트도르프(Altdorf)의 교수로, 1782년에는 예나에서 교수로 활동했다. 그는 자신의『Institutio theologi christiani』(기독교신학 요강(要綱), 1780)에서 기독론을 다루면서 속성의 교리(communicatio idiomatum)에 관한 가르침을 완전히 포기하였고, 예수 그리스도의 인간적인 본성이 로고스와 함께 단지 사랑의 연대 안에서 결합되었다고 주장했다. 더구나 되덜라인은 기적 같은 다른 문제점들에는 철저하게 보수적이었다. 그에게 기적은 예수의 신적인 파송을 위한 증거였다. 볼펜뷔텔에서 출간된 라이마루스의 단편들에 반대하는 저작을 기술함으로써[13] 신신학자들의 영역(뤼트케Luedke와 제믈러를 제외하고)에서 유일했던 그는 "예수가 부활했거나 아니면 그는 사기꾼"이라고 주장했다.

요한 프리드리히 그루너(Johann Friedrich Gruner, 1723-1778, 1764년부터 할레의 교수)는 토엘르너에 근거해서 삼위일체 교리를 이성에 반하는 것으로 증명하였는데, 그럼에도 불구하고 하나의 본질 안에 세 개의 위격적인 행동이 있다고 받아들였다. 그래서 그는 신성의 내적인 생활과정을 설명하기 위해서 양태론적인 삼위일체론을 형성했다. 그밖에 그는 언어학적인 주석에 바탕을 둔 신앙론『Institutiones theologiae dogmaticae』(1777)을 플라톤적이고 아리스토텔레스적인 모든 찌꺼기로부터 해방시켰다. 그는 계시의 내용을 단지 이성종교로 알았고, 그러므로 새로운 철학자가 자연신학(Theologia naturalis)에 대한 설명을 고유한 사유의 성과물로 자칭하려는 권리를 박탈했다. 반면에 이런 설명은 전적으로 "성서 안에 포함된 신적인 계시의 자신으로부터"(ex spoliis revelationis divinae, quae in scriptura sacra habetur) 유래한다.(비교. 120) 그루너는 결정적인 그러나 전형적인 신신학자

13) "Fragmente und Antifragmente", 1778f., 199.

의 한 사람이었는데, 계시의 사상에 대해서 거의 완전히 합리주의적인 태도를 견지했던 것이다.

예수 그리스도의 능동적인 순종에 관한 토엘르너의 작품(1768)을 불러일으킨 논쟁은 중요했다. 무엇보다 이 논쟁에서 신신학 시기에 가장 중요한 신학자 가운데 한 사람인 요한 아우구스트 에버하르트(Johann August Eberhard, 1739-1809)가 연루되었다. 당시 그는 베를린의 설교자였고, 1772년에 『소크라테스의 변증 혹은 이교도의 축복에 관한 가르침 연구』(Apologie des Sokrates oder Untersuchung der Lehre von der Seligkeit der Heiden) 제1권을 발간했다.

이 책의 출간은 그의 영적인 경력에 커다란 단절을 의미했다. 결과적으로 그는 1774년 큰 어려움을 가운데 샬로텐부르크(Chalottenburg)의 목사가 될 수 있었다. 1778년부터 그는 할레의 철학교수가 되었다.

『Neuen Apologie des Sokrates』(소크라테스의 새로운 변증, 1778)의 2권에서 에버하르트는 마땅히 벌을 받아야만 하는 죄인을 윤리적으로 개선하시길 원하시는 하나님을 지혜롭고 선하시며 사랑으로 가득한 아버지로 묘사하였다. 그러므로 하나님은 우리를 위해 징계를 폐기하거나 또는 우리가 무죄가 되도록 징계를 다른 이에게 양도하는 그 어떤 행사를 실행에 옮길 수 없다. 따라서 대리적인 만족에 관한 가르침은 필요 없다.

만일 신약성서가 대리적인 만족의 개념을 확증하는 것처럼 보이는 몸값, 희생 제물에 관해 말한다면, 여기에서는 동화이론이 사용된다. 즉 유대인들은 제사장, 희생 제물, 화해와 연관해서 구약성서의 율법수여의 속박 아래 있었다. 본질적으로 보자면, 신약성서는 인간을 외적인 예배로부터 해방시키고 참된 하나님 인식에 근거해서 보다 나은 삶에로 나아가도록 예수가 유대인들의 반대를 죽을 때까지 확고하게 견뎌냈다는 진술이 중요하다. 그러므로 예수의 죽음은 분명히 우리를 무지와 미신 그리고 죄로부터 해방시키기 위한 자기희생이다.

에버하르트의 사상은 강력한 영향을 끼쳤는데, 예를 들어 고트헬프 사무엘 슈타인

바르트(Gotthelf Samuel Steinbart, 1738-1809. 바움가르텐과 토엘르너의 제자로 1774년 프랑크푸르트에서 에버하르트의 후계자가 되었다)가 있다. 슈타인바르트는『System der reinen Philosophie oder Glueckseligkeitslehre des Christentums』(순수 철학의 체계 혹은 기독교의 행복론, 1778, 1794 4 Aufl.)을 작성했다. 그는 독재적이고 자의적인 하나님이 그리스도의 희생 제물을 통해 해방되어야만 한다는 만족설을 유대적인 영향으로 환원하였다. 그러므로 구속은 결코 보편적인 의미를 갖지 않는다. 구속은 단지 유대적인 인식에 관련된다. 반면에 우리의 하나님인식은 하나님 아버지 사랑에 대한 기독교적인 동시에 이성적인 인식에 기초한다. 이는 예수가 가르쳤으며, 종이나 두려움의 종교에 대한 설명과 다르다. 고타(Gotha)의 감독관인 요시아스 프리드리히 크리스티안 뢰플러(Josias Friedrich Christian Loeffler, 1752-1816)는 결정적인 합리주의의 문지방을 넘었던 인물로서, 그는 직접적인 계시에 대한 신앙을 불필요한 것으로 설명했고, 죄의 용서에 대한 인간적인 신뢰를 신적인 불변성에 기초를 두었다. 즉 하나님은 스스로 변치 않고 영원한 의지를 지니신 지혜롭고 선하신 분이며 인간의 개선이라는 목적에 단호하시다.

더구나 그 사이에 에버하르트의『소크라테스의 새로운 변증』은 사랑을 받는 대중적인 철학서적 혹은 신학서적이 되었다. 첫 권(1772)은 당시에 이교도들의 축복과 지옥형벌의 영원성을 둘러싼 긴급한 논쟁에서 중요한 역할을 감당했다.

이 논쟁은 프랑스인 마르몽텔(Marmontel)의 "Belisaire"(1767)라는 문서를 통해 해결되었다. 잔인한 박해를 자행했던 위대한 장군 유스티니아누스는 소크라테스와 스토아의 진정한 제자로 묘사되었다. 영원한 축복을 위한 가치가 그를 위로했다. 로테르담의 설교자 페트루스 호프슈테데(Petrus Hofstede, 1716-1803)는 이교도들의 미덕들은 번지르르한 악덕이라는 아우구스티누스의 명제를 새롭게 했다. 그와 반대로 에버하르트는 하나님의 선하심과 의로우심에 관한 성서와 이성의 모든 개념들에 따르면 운명의 성취에 필요한 힘과 능력을 인간에게 부여하는 단지 하나의 종교체계만이 올바를 수 있다는 생각을 굳혔다. 이점에서부터 유전되고 초자연적인 타락과 초자연적으로 완치되는 은총의 수여에 관한 아우구스티누스의 가르침이 비판을 받게 되었다. 게다가 에버하르트는 아우구스티누스의 원죄론을 위한 성서의 유일한 증거본문이 로마서 5장 12절에 대한 라틴어 번역에 기초한다는 사실을 밝힌 첫 번째 인물이었다. 즉, 아담 안에서(in quo) 모두가 죄를 저질렀다(omnes peccaverunt); 그러나 그리스어 원문은 다음과 같다: 왜냐하면 모두가 죄를 지었기 때문이다(eph ho pantes hemarton).

지옥형벌의 영원성("영원한 형벌에 관해 라이프니츠", 1773)을 위해 레싱의 등장은 에버하르트의 사상을 확장하는데 나쁘지 않았다.

성찬론을 둘러싼 호이만 논쟁도 신신학의 교리논쟁들에 속한다. 1745년 괴팅엔 대학의 신학 정교수인 크리스토프 아우구스트 호이만(Christoph August Heumann, 1681-1764)은 12권으로 된 학문적인 주석(1750-1763)을 첨부해서 작업한 신약성서에 대한 새로운 번역의 저자였다. 고린도전서에 대한 해설이 간행되기 직전에, 그가 고전10,16f; 11,23ff에서 성찬의 제정선포에 대한 루터파 주해를 거부하고 개혁파의 주석이 올바른 것으로 설명했다는 사실이 알려졌다. 이로 인해 1758년 호이만은 강제적으로 퇴직을 당했다. 그의 사후에 작크는 1764년 호이만의『Erweis, dass die Lehre der reformierten Kirche von dem hl. Abendmahl die rechte und wahre sei』(성찬에 관한 개혁파 교회의 가르침이 정당하고 옳은지에 대한 증명)을 발간했다. 이를 통해 모욕을 받은 괴팅엔의 루터파 신학부가 호이만이 마침내 유치해졌다고 주장했던 것을 완화하려고 시도했다.

호이만은 루터의 가르침에 반대하는 주요 논증을 요한6장에서, 또한 생생하게 말씀하시고 행동하시는 예수가 제자들의 입에 자신의 몸을 주신다고 설명하는 것이 제자들에게는 불가능함으로부터 취했다. 개혁파의 성찬 이해에 대한 신학적인 평가절상은 근본적으로 개혁파와 루터파의 연합에 앞서 사전준비를 해야만 했다. 점차 "아마도 새롭게 복음적인"[14]이라고 명명된 견해가 발생하였다. 이에 따르면 제정선언에 대한 상이한 주해들과 성찬과 결부된 이론들이 성례전의 열매를 받아들이는 신앙에 비해 부차적인 것이라는 주장이다.

---

14) E. Hirsch, a.a.O., IV, 92.

빌헬름 아브라함 텔러(Wilhelm Abraham Teller, 1734-1804)는 철저하게 독특한(Sui generis) 인물이었다. 1761년 헬름슈테트(Helmstedt)의 감독관이요 교수였으며, 1767년에는 베를린의 감독교구장이자 의원이었다. 그는 라이프치히 출신으로 에르네스티의 언어학적인 훈련(교육)을 알았지만 그에게 속하지는 않았다. 헬름슈테트에 기거하는 동안 그는 자신의『Lehrbuch des christlichen Glaubens』(기독교 신앙 교본, 1764)을 저술했다. 아마도 텔러는 소지니주의자인 새무얼 크렐(Samuel Crell, 1660-1747)의『Cogitationum novarum de primo et secundo Adamo compendium』(옛 아담과 새 아담에 관한 새로운 생각을 다룬 입문서, 1700)라는 저작을 통해 자신의 교본에 자극을 받은 것 같다. 아담과 그리스도는 서로 하강하는 역사와 상승하는 반(反)-역사의 초보자로서 마주 서 있다. 이점에서 텔러는 특별한 교의학을 형성하였으나, 에르네스티에 의해서도 커다란 반대를 불러일으켰다. 왜냐하면 텔러의 개괄이 익숙하지 않는 개혁을 받아들였기 때문이다. 기독론을 제한해서 창조론의 관점을 수행하게 되었던 것이다. 즉 텔러는 아들의 세계창조(히1,2 "하나님께서는 이 아들을 만물의 상속자로 세우셨습니다. 그를 통하여 온 세상을 지으신 것입니다.")에 이의를 제기하였고, 영원한 출생과 두 본성의 일치를 교의학으로부터 퇴출시켰다. 마찬가지로 텔러의 체계 안에는 삼위일체론을 위한 자리가 없었다. 텔러의 입장은 헬름슈테트에서 점점 더 어려워졌고, 그는 기꺼이 베를린의 쾰른(Coelln) 감독교구장 요청을 수락하였는데, 이는 슈팔딩의 영향을 통해 이루어진 것이었다.

더구나 자신의 "교본"과 헬름슈테트에서 행한 설교들에서 텔러는 예수의 생애가 단지 모범의 사례를 제공하는 것이라는 소지니주의자들에 맞서 속죄론을 방어했다. 이를 토대로 그는 성서의 계시를 옹호하였다. 본성 안에 있는 계시는 우리의 죄책을 통해서 그 명료성을 상실하였고, 그 결과 계시는 필연적인 보완으로서 문서적인 것을 필요로 했다. 하나님과의 화해하는 수단의 인식이 자연적인 계시를 떼어낼 수 없었다.

텔러는 베를린에서 1792년까지 이런 관점을 결정적으로 포기하였다. 그의『Woerterbuch des Neuen Testaments zur Erklaerung der christlichen Lehre』(기독교의 가르침을 설명하기 위한 신약성서 사전, Berlin 1772, 1780 3 Aufl. 전체는 6판이 발행되었다)과 당시

의 다른 출간물들이 이를 증명한다. 여기에서 이제 인간 이성의 무조건적인 신뢰가 논의된다. 사람들은 건강한 인간이해력으로부터 성서의 이해를 파악할 수 있다. 이성은 성서의 내용을 파악할 수 있는 충분한 기관이다. 이성과 복음은 마지막 토대에서 조화를 이룬다. 성서는 이성의 진리들을 확증하는데, 예를 들자면 하나님은 희생 제물로서가 아니라 성결함으로 경배를 받으시길 원하신다. 이성의 진리들과 조화하기를 원치 않는 것은 경건한 자들과 아무런 상관이 없다. 제믈러의 개념들에 의하면 신학은 가르침이 아니라 가르치는 방식이며, 적은 문장들로 정확하게 규정될 수 있는 예수의 종교가 아니라 오히려 인간의 규정이다. 무엇보다 예수는 종종 인간의 파악가능성과 타협해야만 했었던 행복의 교사이다. 물론 그는 자연종교의 가장 중요한 가르침을 플라톤처럼 현자가 아니라 배우지 못한 자들에게 전승해주었다. 무엇보다 텔러는 그 사이에 이성에 의해서는 파악되지 않는 속죄론을 단념했었기 때문에 하나님의 초자연적인 전달로서 계시의 존중은 포기되었다.[15) 『사전』에서 성서의 개념들은 이성의 관점, 올바름, 유용성 그리고 행복의 관점에서 해석되었다. 즉 계몽은 수업과 다를 바 없다. 예수는 우리를 무지와 이에 결부된 악덕들로부터 구원하셨다.(골 1:13 "아버지께서 우리를 암흑의 권세에서 건져내셔서, 자기의 사랑하는 아들의 나라로 옮기셨습니다.") 하나님께로부터 태어났다는 것은 진정으로 개선되었다는 것이다. 그리스도를 옷 입는다는 것은 그의 성결을 받아들이는 것이다. 텔러에게 평화(요 14:27, 16:33)는 마음의 평정 혹은 방해받지 않는 행복에 다를 바 아니다.[16)]

이미 제목이 의미했듯이 텔러는 자신의 저서 『Die Religion der Vollkommneren, als Beilage zum Woerterbuch ueber das NT und Beitrag zur reinen Philosophie des Christentums』(신약성서 사전에 대한 부록이요 기독교의 순전한 철학에 대한 기여로서 완전한 이들의 종교, Berlin 1792, 1793 2 Aufl.)에서 순전히 종교철학으로 넘어갔다. 그는 동일한 입장을 자신의 문학적인 기고문들인 「Neuen Magazin fuer Prediger」(설교자를 위한 새로운 잡지, 마찬가지로 1792년부터 간행됨)에서도 대변하였다. 그 후에 예수가 주장했던 원리는 언

15) 비교. P. Gabriel, Die Theologie W. A. Tellers (Studien zur Geschichte des neueren Protestantismus, H. 10), Girssen 1914, 53ff.

16) P. Gabriel, a.a.O., 59.

제나 분명하게 전개되어야만 했다. 텔러에 따르면 기독교에서의 진보는 세 단계를 거친다. 즉 신앙의 기독교(교회라는 제도적인 기독교), 이성의 기독교, 마지막으로 순전한 기독교이다. 기독교가 점점 더 역사 비평의 도움으로써 모든 경험적이고 역사적인 사슬로부터 해방되는 것이 중요한 문제이다.

그래서 텔러는 "설교와 대중의 종교교육에서 도덕적인 성서해석에 관해"[17]라는 자신의 논설에서 이것은 "직무, 교회의 신앙을 점점 더 순수한 종교개념으로 변형하도록 이끌었다."고 썼으며, 이때 레싱의『인류의 교육』을 떠올렸다. 이성종교라는 두 번째 단계에서 그리스도인은 단순히 감각적인 종교에서 보다 정신적인 종교로, 신앙에서 숙고와 반성에로, 견해에서 지식으로 이른다. 완전한 이들의 종교를 위해 최고의 통과단계인 순전한 기독교는 "역사적인 종교를 전적으로 사실의 종교로, 역사적인 지식을 스스로 사유하는 지식으로, 역사적인 신앙을 신앙 안에서 명백히 인식한 진리로" 변한다. 따라서 가르침의 내용을 강력히 제한하게 되었다. 순전한 기독교의 내용과 핵심은 하나님사랑과 이웃사랑이며, 종교적으로 규정된 도덕이다.

텔러에 따르면 순전한 기독교는 이미 신약성서에서 분명하게 표현되었다. 예수는 모든 종교적인 지혜를 요한복음 4장 23절 이하의 유일한 원칙에서 다음과 같이 요약하였다. "참되게 예배를 드리는 사람들이 영과 진리로 아버지께 예배를 드릴 때가 온다. 지금이 바로 그 때이다. 아버지께서는 이렇게 예배를 드리는 사람들을 찾으신다. 하나님은 영이시다. 그러므로 하나님께 예배를 드리는 사람은 영과 진리로 예배를 드려야 한다." 텔러는 요한 4,23절 이하의 생각이 순전한 기독교의 핵심을 종결하는 것이라고 말했다. 이런 사상은 이미 30년 전에 등장하였고, 이미 1780년에 기독교의 "완전성"에 대한 관점은 그의 추측에 속하였는데, 이제는 확신으로 바뀐 것이었다.[18]

그러므로 두 번째 단계의 합리주의인 이성의 기독교는 세 번째 단계인 "순전한" 기독

17) 설교자를 위한 새로운 잡지, 7,2.4, 1799; 비교. P. Gabriel, a.a.O., 42.

18) Religion der Vollkommneren, 69, Anm.; 비교. P. Gabriel, a.aO., 65.

교, 즉 영성주의에 접근한다. 실제로 텔러는 1799년 65세의 나이에 이미 언급했던 영성적인 사상을 담은 논문을 발표했다. 여기에서 그는 칸트와 연결시키는 신비주의자의 "내적인 말씀", 또는 "내적인 빛"에 대해 말한다. 칸트에게 이 말은 누구에게나 내재하는 이성의 능력을 의미했는데, 이것은 인간에게 참된 고귀함을 제공하는 보편적이며 실천적인 진리를 고안해낸다. 그런 점에서 그는 소위 도덕적인 해석을 부여하는 것을 알기 원했다. 신비주의자들은 정신과 마음을 죽이는 체계인 형극의 좁은 길을 떠났고, 강력한 양분을 위해 노력했으며, 다만 올바른 길을 놓쳤던 탁월한 사람들이다. 그들의 내적인 빛은 이성과 양심인데, 말을 거는 이성과 양심에 대해 그들은 끝까지 말을 하지 않고 내버려둔다. 왜냐하면 상상이 너무 빨리 다시 그 속으로 혼합되기 때문이다.[19] 그래서 텔러는 내면에서 영성주의의 도움으로 계시의 가능성을 고려할 수 있었다.

스스로가 급진적인 신신학자인 텔러는 다른 급진적인 신신학자들과의 강력한 친화력을 보여주었다.

그 가운데 한 사람이 요한 하인리히 슐츠(Johann Heinrich Schulz, 1739-1823)로, 그는 슈트라우스베르크(Strausberg) 근교 길스도르프(Gielsdorf)의 설교자요 소위 "변발의 슐츠"(Zopfschulz)로 불렸다. 왜냐하면 그는 의무적으로 착용해야 하는 가발이 없이 설교단에 오르는 일을 감행했기 때문이다. 이미 1783년 그는 자신의 저작인 『Versuche einer Anleitung zu einer Sittenlehre fuer alle Menschen ohne Unterschied der Religion』(종교 간의 차이 없이 모든 인간을 위한 도덕론 입문에 대한 시도) 때문에 종교국으로부터 조사를 받게 되었다. 여기에서 그는 종교는 도덕의 토대가 아닐 수 있다는 입장을 대변했다. 체드리츠(Zedlitz)의 프리드리히 2세 치하의 문교부장관은 심문의 면소(免訴)를 명했는데, 이는 슐츠가 문제를 삼은 문장들이 성직자로서가 아니라 저술가로서 표현한 것이라고 보았기 때문이다. 길스도르프의 설교자는 볼프주의자였고 스피노자의 사상에 강력하게 기울었다. 그에게 하나님은 세계의 충분한 근거를 위한 이름이었다. 인간과 유사한 하나님, 예를 들어 구약성서의 열정적인 하나님에 대해 그는 스피노자와 마찬가지로 아무 것도 알기를 원치 않았다. 그는 구약성서를 거부하였고, 모세를 사기꾼으로 묘사했다. 그는 예수를 소크

19) P. Gabriel, a.a.O., 52.

라테스와 같이 지혜롭고 선한 인간으로 고찰했다. 그는 레싱처럼 예수의 종교를 알고 있었으나, 예수를 인간 이상이었다고 가르치는 기독교 종교는 아니었다. 또한 그는 영혼의 불멸에 대해서도 믿을 수 없었다.

뵐르너 조칙(Woellner Edikt, 1788)[20]의 공포에 따라 슐츠는 대법원 앞에서 직무해지를 고발당했다. 종교국 위원이었던 텔러에 대해 종교국의 판정이 이행되었다. 이것은 투표로 이루어졌다. "만일 그가 이미 시민생활에서 평화와 질서를 지키는 공동체에서 기독교적인 가르침에 대해 별것 아닌 것으로 보이는 진술을 통해서라도 종교의 목적이 유지된다면" 그것으로 족하다. 이후의 분리된 서약에서 텔러는 다음과 같이 설명했다. "각 사람은 신앙문제에서 그 자신의 고유한 재판관이다." 대법원은 슐츠가 개신교-루터파적인 설교자는 결코 아니지만, 기독교 설교자이며 그의 공동체를 기독교적인 공동체로 지속하고 감수하려 했다고 결정했다. 격분한 왕은 1792년 텔러를 3개월간 정직에 정직시켰고, 그의 봉급은 회수되었고, 정신병원이 사용되었다. 텔러와 대법원 위원회는 엄한 문책을 받았다. 슐츠는 직책을 벗었다. 프리드리히 빌헬름 3세 치하에서 소송의 재심이 이루어졌으나 복권은 이루어지지 않았으며, 도자기식기 공장의 그릇기록관으로 고용되었다가 1808년 은퇴하였다.

다른 급진적인 신신학자는 카를 프리드리히 바르트(Karl Friedrich Bahrdt, 1741-1792)로 계몽주의의 분별없는 인간(Enfant terrible)이었다. 뒷말을 많이 들었던 그는 결국 "깊은 비천"에 빠졌다.[21] 근래에 들어 그를 관대하게 생각했다.[22] 실제로 바르트의 "끊임없는, 대개는 자기에게 책임이 있는 불운"[23]은 천박함에 달려 있었던 것이며, 신중함이 너무나 부족했다고 간주해야만 할 것이다.

20) 이를 위해서는 120페이지를 참고하라.

21) P. Tschacker, RE 3 Aufl. II, 359,45.

22) 비교. K. Aner, a.a.O., 202, Anm. 1; K. Barth, Die protestantische Theologie im 19. Jahrhundert, Zuerich 1960 3 Aufl., Berlin 1961, 147f.

23) K. Barth, a.a.O.

바르트는 1766년 라이프치히 대학의 종교 언어학 특임교수로 채용되었는데, 1768년이 직책을 중단해야만 했다. 왜냐하면 그는 창녀에 의해 협박을 받았기 때문이다. 그는 에르푸르트 대학의 철학과 성서고고학 교수로 자리를 옮겼으며, 신학 동료들과의 불화로 인해 1771년 기센 대학으로 옮겨 그곳에서 신학교수요 설교자로 활동했다. 그러나 그는 그곳에서도 계몽된 신약성서 "표준번역본"(Musterversion)을 『서신과 이야기에 나타난 하나님의 최근 계시들』(Neueste Offenbarungen Gottes in Briefen und Erzaehlungen, 1773-1775)이라는 제목으로 발행하고 난 후 더 이상 유지할 수 없었고, 1775년 마르슐린(Marschlin, Graubuenden)에서 박애사업을 떠맡았다. 그러나 이 단체의 창설자인 살리스(Salis)의 주인과 사이가 나빠지자, 1776년에 감독관으로 임명되어 뒤르크하임(Duerkheim, Hardt)으로 옮겼지만 1778년 이미 언급했던 저작 때문에 제국의 추밀고문관회로부터 정직을 당했다. 또한 그는 그곳에서 박애사업도 실패로 돌아갔다. 그는 1779년 할레에서 체드리츠(Zedlitz)의 장관을 통해 비신학적 주제(venia legendi)를 떠맡았다. 무엇보다 신학부 채용은 제믈러에게 거슬리는 일이었다. 강의의 과제를 강요했던 프리드리히 2세가 죽은 후에, 그는 1789년 뵐르너 종교조칙[24]을 조롱했다는 이유로 요새금고형에 처해져서 마그데부르크(Magdeburg)로 갔다. 바르트는 할레 근교의 바인베르크(Weinberg)에 있는 음식점 주인으로 죽었는데, 그는 이곳에서 프리메이스단의 "독일 연합"(deutsche Union)을 결성했다.

그는 모든 방면에서, 특별히 정통주의에서 독특한 방식으로 어느 정도는 부도덕한 법을 책망하는 신학과 함께 상당한 분량의 도덕적인 작품들을 작성하였다. 그 중에 『Christliche Sittenbuch fuers Gesinde, worin demselben eine Anleitung gegeben wird, sich durch treue Beobachtung seiner Pflichten gluecklich zu machen, und seinen Stand zu erleichtern, nebst Anzeige eines sehr wirksamen Mittels fuer Herrschaften, gutes und getreues Gesinde zu bekommen』(하인을 위한 기독교 도덕론, Berlin 1786)이 있다.

바르트의 유사한 도덕적인 작품을 그의 사후에 아브라함 텔러가 제4판에서 편집했다. 『K. F. Bahrdts Moral fuer alle Staende, mit Vorrede, Verbesserungen und Zusaetzen

24) 이를 위해 p. 120을 보라.

herausgegeben』(모든 계층을 위한 바르트의 도덕, 2권, Berlin 1797)이 그것이다.

바르트가 전적으로 추악한 "계몽주의 시대의 테르시테스(Thersites)"가 아니었다는 사실은 다름 아니라 할레의 에버하르트가 - 비록 무비판적인 것은 아니었지만 - 그의 '멘토'로 수행하였고, 제믈러와 바르트의 투쟁에서 그의 편에 섰다는 사실에서 유추된다.

바르트는 자신의 신약성서 해석인『하나님의 최근 계시』(1773-1775)를 텔러의『사전』(1772)을 이용하지 않고는 작성할 수 없었다. 왜냐하면 그는 여기에서 비록 견실하기는 하지만, 텔러와 같이 신약성서에 대한 계몽적인 해석을 대변했기 때문이다. 몇몇 사례를 보자면, "개선하라! 왜냐하면 하나님이 새로운 종교조합을 세우시려 하신다."(마태 3:2, 이때 아네르(Aner)[25]에 따르면 여하튼 회개(metanoia)의 재현은 루터에 비해 언어적으로 정당했다) "미덕의 달콤한 우울이 악덕의 부스럭거리는 기쁨을 끌어내는 자는 복 있도다."(마태 5:4)

괴테는 1774년 "하나님의 최근 계시에 대한 머리말"이라는 풍자적인 연극무대를 기술했다. 그래서 바르트는 1775년 기센에서 괴테를 방문했다. "외관상 친절하고 신뢰할만하다. 그는 '머리말'에 관해 농담을 했으며, 우정의 관계를 기대했다."[26]

바르트는『Geschichte seines Lebens』(자신의 생애 이야기, 4권, Berlin 1790-1791)에서 자신의 신학적인 발전을 제시하였다. 물론 이에 대해 차커르트(Tschackert)[27]가 총체적으로 "거짓, 위선, 파렴치한 매춘의 혼합물"이라고 표현하는 것은 옳지 않을 것이다. 바르트의 아버지 요한 프리드리히는 루터파 정통주의자였다. 그는 고귀한 후견인을 통해서 도브리룩(Dobrilugk)의 평범한 감독관에서 라이프치히 대학의 교수요 감독관으로, 마이센(Meissen)의 본당주임목사로 승진하였다. 젊은 바르트는 주로 아버지의 소견에 따라 사강사로 나갔다. 그는 이미 대학의 교사로서 새로운 방향에로 자신의 "회심"을 체험했다. 즉 특임교수인 요한 프리드리히 피셔(Johann Friedrich Fischer)의 강의에서 그의 청중에게 삼위일체론의 표준적인 증거본문인 요한1서 5장 7f절의 불순성을 제시하였고 다음과 같이 강조했던 것이다. 비록 이 본문이 "진정"하다 하더라도, 그것이 삼위일체론을 증명하는

25) K. Aner, a.a.O., 206.

26) Dichtung und Wahrheit, 13. Buch.

27) P.Tschackert, RE 3 Aufl. II, 359,38.

것이 아니다. 왜냐하면 "이 셋(성부, 성자, 거룩한 영)은 하나"라는 표현 방식은 고리도전서 3장 8절에 따라 해석되어야만 한다. 여기에서 바울과 아볼로가 연관된 하나(hen eisin)는 결코 본질의 일치나 연합이 아니라, 단지 "도덕적인 연합이요, 가르침, 근본명제, 의도, 최종목적의 일치"인 것이다. 이 순간에 바르트는 처음으로 삼위일체론에 대해 흔들렸고, 마침내 1774년 정통주의적인 화해론과 마찬가지로 삼위일체론을 완전히 포기했다.

덧붙여 그는 자신의 생애 기록(2권, 204)에서 다음과 같이 언급한다. "얼마나 내가 확고한 증거 본문들을 탐구하는데 있어서 괴로워했는지 무엇이라 형언할 수 없다. 왜냐하면 나는 문법적인 해석들에 친숙해진 이후로 이제 그것은 언제나 증명된 언어 사용에 바탕을 둔 해석에 근거를 두도록 내게 법칙이 되었는데, 이로써 한 본문의 해석은 모순적이지 않은 근거들을 파악해서 이 의미야말로 유일하게 가능한 것이라는 점에서 진정되지 않았다." 결국 그에게 빛을 던져준 것은 골로새서 1장 24절에 대한 새로운 이해였다. "우리 사도는 그리스도의 남은 고난을 채우노라. 여기에서 나는 속죄론에 대한 가장 날카로운 반박이 있다고 생각했다. 사도는 진리를 위해 자신의 고난에 대해 말했다. 그는 자신의 고난을 예수의 고난과 비교했다. 동시에 그는 이를 예수 고난에 대한 추가요, 계속으로 제시했다. 그러므로 예수의 고난이 사도가 고난을 겪어야했던 것과 결코 다른 목적을 가질 수 없었다는 점이 분명하다. 고난은 인간을 교훈하고 도덕적인 개선을 위한 헌신과 희생이었다."(같은 곳. 228) 그러므로 화해는 "도덕적인 개선을 통한 신의 뜻에 합당하기"(같은 곳. 227)와 다를 바 없다.

뒤르크하임에서 바르트는 자신의 『Glaubensbekenntniss, veranlasset durch ein Kaiserl. Reichshofraths Konklusum』(신앙고백, 1779)을 저술하였다. 자신의 자서전(4권, 71)에서 진술한 바대로, "특히 내가 삼위일체와 그리스도의 신성을 아타나시우스의 의미에 따라 설명할 수 없다는 솔직한 설명을 담고 있다. 나는 안셀름의 만족설도 확신하지 않았다. 나는 인간이 본성에 있어서 하나님의 대적이라는 것과 모든 악을 향한 성향을 가지고 태어났다는 것도 믿을 수 없다." 1779년 이래 할레에서 제믈러의 정경비판과 - 이때 바르트는 제믈러의 「Abhandlung von freier Untersuchung des Canon,」(정경에 대한 자유로운 탐구에 대한 논문 1771-1775)을 읽었다 - 라이마루스 단편이라는 흔적 아래에서 "거룩한 책"(heiligen Buecher, 4권, 111)의 신뢰가능성에 대한 자신의 믿음이 붕괴되었다. 나는 "충격을 받았다." 제믈러의 정경비평이 그에게 이런 영향을 행사할 수 있었던 것은 근본적으로 그가 조화롭고 불변하는 크기인 정경에 대해 정통주의적인 이해를 아직 극복하지 못했었다는 사실을 보여준다. 그 밖에 성서와 하나님의 말씀에 대한 제믈러의 구분이 정경을 비판할 수 있도록 했는데, 그는 이를 알아차리지 못했기에 복음의 구원 의미를 붙잡을 수 있었다. 그래서 성서 내용의 신적인 기원에 대한 바르트의 신앙은 추락했고, 더구나 "그리스도는 소크라테스가 가르치지 않았던 본질적인 명제를 결코 진술하지 않았다"는 에버하르트의 주장에 설득되어 영향을 받았다. "이제 내 삶의 조종(弔鐘)이 울렸다."(4권, 112.114) 즉 그의 계시신앙이다. 무엇이 남는가? "내 눈에 예수 그리스도는 죽을 운명의 인간들에게 가장 위대하시고 존경할만한 분이셨고 그렇게 남아 있다. 정통주의 시대에 내가 그를 하나님으로 경배했다면, 이제 나는 그를 인간의 은인이요 지혜와 미덕의 모범으로서 내적이며 마음에서 존경한다. 그는 내 삶의 영웅이었다."(4권, 124) 단편주의자(라이마루스)가 예수를 유대의 왕관을 획득하려는 목적을 지녔다면서 비참한 정치가로 비방했던 사실이 그를 격분시켰다. 오히려 그리스도는 비밀스러운 사회의 창설을 통해서 사제들과 성전의 주인들에 의해 내몰린 진리를 인간에게 보존하고 전파하려는 계획을 갖고 계셨다.[28] "나는 이 순간까지 이것 혹은 이와 전적으로 유사한 계획이 예수 이야기의 열쇠라는데 확신을 가지고 있었다."

베를린에서 텔러 주변의 계몽된 신학자들 가운데 프리드리히 게르마누스 뤼트케(Friedrich Germanus Luedke, 1730-1792)가 있는데, 그는 마지막에 성 니콜라이 교회의 부주교였다. 그의 이름은 신앙고백문서의 가치를 둘러싼 논쟁과 결부되었다. 그는 계몽주의 시대에 상징권위의 문제를 처음으로 착수했다. 이에 관한 논쟁은 그의 책『그릇된 종교열정에 관하여』(Vom falschen Religionseifer, 1767)를 통해서 자극되었다. 이 책은 "이제 다시금 성직자들에 의해 깨어나기 시작한" 잘못된 종교열정을 저지하도록 돕고 평화를 권고해야

28) 바르트는 1777년 말경 런던에 체류하는 동안 프리메이슨 비밀 결사단의 집합소에서 환영을 받았다.

만 했다.[29)]

뤼트케는 성서와 일치하지 않는 교회의 명제를 발견하는 신학자가 신앙고백서들로부터 벗어나서 자신의 성서이해에 맞게 가르쳐야만 하는 것은 아닌지의 물음에 대해 긍정했다. 그는 성서에 대한 총체적인 교의학을 당시에 이해될 수 있는 방식으로 구축하였으며, 이로써 교회와 신학에 평화가 도래하게 되리라고 여겼다. “만일 누군가가 더 이상 아타나시우스가 아니라, 요한과 바울에 관해 설교하고 항상 복음의 진리를 실천적인 측면에서 중심적으로 제시한다면, 이는 청중의 마음에 가장 강력한 영향을 행사하게 된다.”

함부르크의 수석목사인 멜키오르 괴체(Melchior Goeze)는『참된 종교열정에 관한 선한 일』(Die gute Sache des wahren Religionseifers, Hamburg 1770)이라는 반대서적을 작성했는데, 무엇보다 그는 뤼트케가 도덕적으로 심각한 교의론과 도덕적으로 중요하지 않은 교의론을 구분한 것을 거부했다. 그는 뤼트케가 삼위일체, 그리스도의 신성, 그의 속죄희생, 오직 은총으로부터의 칭의, 성찬에서 예수의 몸과 피의 본질적인 임재, 성서의 영감, 죽은 자의 부활에 관한 가르침을 어떤 범주에서 평가하는지 분명히 밝히라고 요청했다. 뤼트케는 단지 세례를 통해 발생한 유아신앙의 가르침을 수용하는지 아니면 거부하는지를 위임했다.

요한 고트리프 토엘르너(Johann Gottlieb Toellner)는 자신의『신앙고백서에 관한 수업』(Unterricht von symbolischen Buechern ueberhaupt, 1769)에서 입증된 부족에도 불구하고 존재하는 신조들의 폐지를 거부했는데, 이는 그가 이를 통해서 교회의 신앙의 일치가 해체됨으로써 자의적인 주관주의에 빠질 것이라는 염려 때문이었다. 반면에 빌헬름 아브라함 텔러는 이미 1768년에 뤼트케의 문헌에 동의하는 방향으로 표현했다. 베를린 종교국 위원인 안톤 프리드리히 뷔싱(Anton Friedrich Buesching, 1724-1793)은 1766년부터 그라우엔 수도원학교의 교장이었으며, 이제『복음적인 루터교회의 신조서들과 특히 아우구스부르크 고백서 해설에 관한 일반적인 언급』(Allgemeine Anmerkungen ueber die symbolischen Schriften der evangelisch-lutherischen Kirche und besondere Erlaeuterungen der Augsburger Konfession, 1770)을 작성했다. 여기에서 그는 가르침은 신조로부터 구별되어야 한다고 괴

29) 비교. K. Aner, Friedrich Germanus Luedke, JBrKG 11 u. 12 Jg., Berlin 1914, 160-232.

체가 요구했던 것을 언급했다. "그는 삼위일체론에서 인격이란 단어의 사용을 거부하였고, 니케아신조를 필요 없는 것으로 설명했고, 원죄를, 개념을 죄도 정죄도 아닌 원-해악(불행)으로 대체함으로써 선을 향한 성향으로 출생했다고 보았고, 성례전, 특히 유아세례의 초자연적인 효과에 이의를 제기하였으며, 제정사의 특별한 의미에 항의했으며, 지옥형벌의 영원성을 부인했다."[30] 뷔싱의 작품은 괴체와 오랜 논쟁을 벌였으며, 이를 넘어 다른 저자들의 상당한 논쟁서적들을 이끌어냈다. 뤼트케는 1774년『관용과 양심의 자유에 관하여』(Ueber Toleranz und Gewissensfreiheit, insofern die rechtmaessige Religion sie befoerdert und die unrechtmaessige sie verhindert)라는 책을 출간했다. 여기에서 그는 "불법적인" 희생제물, "잘못된 종교열정"에 의해 규정된 종교를 열거했다. 예를 들어, 세르베투스(Servet), 베르나르도 오치노(Ochino), 볼섹(Bolsec), 카스텔리오(Castellio), 카스파 포이커(Caspar Peucer), 니콜라우스 크렐(Nikolaus Crell), 크리스티안 볼프(Christian Wolff), 베르트하임(Werthheim)의 성서번역자 들이다.

계몽주의자들은 신앙고백서의 합법적인 가치에 반대하는 자신들의 항거를 다음의 논증들을 통해서 정당화하였다.

a) 신앙고백서들은 신학적인 진보의 장애물이다.

b) 그들의 권위적인 입장은 우리의 교회를 가톨릭의 방향으로 끌어가는 것이다.

c) 사람들은 근본적인 신앙진리들과 비근본적인 신앙진리들을 구분해야만 한다.

d) 가르침의 법적효력은 불관용을 조장함으로써 잘못된 종교열정에로 다가간다.

e) 다른 종파들과의 구별이 더 이상 신앙고백서의 존재를 정당화하지 않는다. 왜

30) K. Aner, Friedrich Germanus Luedke, a.a.O., 177.

냐하면 가톨릭과의 차이는 분명하지만, 루터파와 칼빈파 간의 차이는 사소한 것이어서 다소간에 "교회의 당파"에 해당하는 정도이다.

뤼트케의 돌진은 당시에도 많은 경우에 불관용이라는 상황을 고려하면 설명되었다. 예를 들어 바제도프(Basedow 1724-1790, 그는 독일 계몽주의 교육학의 지도적인 인물로 1761년 알토나 김나지움의 교수였다)는 1773년 성찬에서 배제되었는데, 그가 루터파 성찬론으로부터 자신이 차이가 있음을 밝혔기 때문이었다. 봐렌(Waren)의 감독교구장 헤르메스(Hermes)에 반대해서 1767년 그가 자신의 공동체서신에서 행했던 이단적인 표현들 때문에 교육방식이 통지되었다. 뷔르템베르크와 브란덴부르크-바이로이트에서 교육을 엄하게 가르치라는 교령이 간행되었는데, 프로이센의 뵐르너 조칙의 효시 격이 되었다. 그 이후 자유를 옹호하는데 있어 가르침에서 계몽주의가 언제나 놓친 것은 아니지만 주관주의에 빠질 위험이 존재했다. 예를 들어 당시에 토엘르너가 주목했던 것이다. 그러나 성서의 계시 자체는 신앙의 자유 안에서만 신앙의 규범이다. 계시의 구속력은 강요된 수단으로 성립될 수 없다. 본질적으로 이 인식이 계몽주의의 성과이다.

뤼트케는 이성기독교의 명성을 떨친 교회의 대표자 가운데 한 사람이었다. 그에게 이성은 "내 영혼에 있는 신성의 살아있는 불꽃"이었고, "하나님의 첫째요 가장 보편적인 계시"였다.[31] 더 나아가 성서의 계시는 특히 "도덕적인 악과 불멸성의 최종목적이라는 두 개의 커다란 문제"의 해결을 가져왔다. 뤼트케는 "이성으로 가득한 예수 그리스도의 가르침을" "최상의 실천적인 철학"으로 선포했고, 바울서신을 "신앙문제에서 건강한 이성의 자연법을 위한 가장 강력한 확증으로" 추천했다.

1784년 뤼트케는 목회직에 관한 책을 썼는데, 이를 통해 그는 슈팔딩의 "설교직의 유용성에 관하여"를 계승한 것이었다. "영적인 계급이 국가에 불필요한 것인지에 대한 연구와 더불어 이에 대한 폐지 논의는 해롭다." 뤼트케는 설교직의 필수불가결성에 몰두했는데, 그는 슈팔딩과 마찬가지로 우선 "사람들을 천국으로 안내한다."는 종교적인 과제로부터 이를 주장한 것이었다. 더 나아가 설교직은 실천적이고 도덕적인 측면을 갖는데, 무

31) K. Aner, ebd., 196.

엇보다 강조된 것이었다. 즉 뤼트케는 대중의 안녕, 미덕과 정의의 유지를 위한 종교의 축복을 강조했다. "나는 신을 부인하는 나라에서는 결코 지배자이길 원치 않는다." 종교가 필수적이라면, 종교교사도 마찬가지이다. 영적인 직무의 축복은 분명한데, 개별적인 일군마다 벧전 5,2-3절의 의미에서 그리스도의 양떼를 치는 모범을 보라.

뤼트케는 자신의 선례인 폴리캅에게서 지역목회자의 이상향을 그려냈다. "그의 설교들은 '기도하고 일하라.'(ora et labora)는 모토 아래에 있다. 그는 요청하지 않은 환자들에게 갔고, 그들을 친절하게 방문하되 결코 거드름을 피우지 않았다. 이로써 종종 도시목회자들이 병원의 문과는 거리를 둔다는 선입견, 즉 그는 죽음의 사자로 온다는 생각을 제거했다. 그는 목회자의 경작지를 스스로 경영하였고, 쟁기질과 거름을 주는 일에 새로운 방식을 시험하였다. 목회자의 아내는 가장 아름다운 정원의 열매를 거두었다. 그들의 성공은 공동체의 사례가 되었고, 10년 동안 목회관의 '사전작업'에 따라 마을은 과일 숲으로 둘러싸여 만개하였고, 도입된 사료용 풀이 가축의 수를 증가시키고, 들판은 축복으로 풍성했다. 번영은 하나님께 대한 내적인 감사를 일깨우고, 도덕을 고양시킨다. 친절하고 부드러운 말투가 대화를 지배한다. 더 나은 보상을 받는 하인은 기쁨에 가득해서 자신의 일을 한다. 자녀들에게조차 활기찬 노동이 보인다. 폴리캅이 강력한 관심을 보였던 학교는 가정에서 형성된 토대를 바탕으로 계속해서 세워진다. 더구나 빈민조합은 확고한 기부금으로 조직되었다."[32] 뤼트케는 목회자가 단순히 농부여야만 한다는 것을 요구하는 것이 결코 아니다. 오히려 그는 경제를 "철학"으로 자극해야 했으며, 자연과학과 수학을 이용해야만 했고, "사전작업을 하는 농부"로서 유지되어야만 했다. 뤼트케는 교사직 양성과 학교의 질을 고양하기 위해서 이를 온화하게 옹호하였다. 입증된 교사들은 후에 목회자로 진급될 수 있어야만 했다. 반대로 젊은 신학도는 우선 학교 일을 감당해야만 했다.

게다가 뤼트케는 중심적인 신학비평가로서 니콜라이(Fr. Nicolai)의 "독일의 일반 도서관"(Allgemeiner Deutscher Bibliothek: ADB)에서 특별히 근본적인 활동을 전개했다. 그래서 그는 예를 들어 볼펜뷔텔의 단편들과 그로 인해 전체적으로 야기된 문헌들을 ADB에서 협의

32) K. Aner, ebd., 216f.

하였고, 되덜라인과 동시에 자신의 평론에서 단편주의자들의 근본적인 비평을 교부했다.

ADB는 1765년부터 베를린의 출판업자인 크리스토프 프리드리히 니콜라이(Christoph Friedrich Nicolai, 1733-1811)에 의해 발행되었다. 결코 고등교육을 누려보지 못했던 니콜라이는 독학으로 방대한 지식을 습득했으며, 학술원 회원에까지 올랐다. 그 밖에 그는 지극히 성공한 상인이었다. 그는 레싱과 멘델스존의 친구였는데, 그들과는 1755년 초에 친해졌다. 그의 위대한 업적은 "ADB"에 있는데, 학문의 모든 분야와 훌륭한 문헌을 포괄하는 평론지였다. 이때 특별히 신학적인 문헌들이 주목을 받아야만 했는데, 왜냐하면 이는 당시에 독일에서 발간된 서적의 4분의 1을 상회하는 정도였기 때문이다.

니콜라이는 모든 영역의 중요한 전문가들의 대다수를 협력자로 얻어야 한다고 생각했다. 신학영역에서는 뤼트케, 에버하르트, 텔러와 다른 많은 이들이었다. 부분적으로 높은 수준을 유지하는 논평들은 교양을 갖춘 독일의 시민계급으로 하여금 종교적인 계몽주의라는 대중성에 기여하였다. ADB는 - 그 운명이 자주 바뀌곤 했는데 - 1806년까지 발행되어 총 268권을 출판했다. 가장 큰 어려움은 뵐르너 조칙의 시대에 정기간행물이 급증해서, 잡지의 편집을 "새로운 독일의 일반 도서관"(Neue Allgemeine Deutsche Bibliothek, 1793-1800)이라는 제목으로 바꿔 함부르크와 키일(Kiel)로 옮겨야만 했던 것이다. 이 제목으로 마지막 권이 발행되고 다시 베를린으로 옮겼다.

니콜라이는 자신의 모든 친구들과 협력자들보다 오래 살았고, "결국 베를린 계몽주의의 격렬한 전쟁의 수장이며, 우리에게 고전주의의 정신으로 각인된 문학사의 위대한 희생양"으로 관여하였다.[33] 건강한 인간오성을 갖춘 사람이었던 그에게 낭만주의와 관념론의 새로운 문헌과 철학은 낯선 것이었으며 또한 침묵할 수도 없는 것이었다.

니콜라이의 방식은 새로운 종(種)을 협소하고 제한적으로 받아들였고, 따라서 그에 대한 공격과 비방을 아끼지 않았다(괴테Goethe와 실러Schiller, Xenien 1796; 괴테Goethe, Faust I -『발푸르기스의 밤』- 1806: 여기에서 언급된 "프록토판타스미스트"(Proktophantasmist)는 니콜라이다; 루트비히 티크Ludwig Tieck, Das juengste Gericht, eine Vision(최후의 심판, 하나의 환

33) G. Sichelschmidt, Lessing in Berlin, Berlin 1979, 56.

상), 1800; 무엇보다 요한고트리프 피히테Johann Gottlieb Fichte, Friedrich Nicolais Leben und besonderbare Meinungen(프리드리히 니콜라이의 생애와 특별한 사상), Tuebingen 1801).

"그럼에도 불구하고 오래 전에 명예를 회복한 위대한 베를린 사람(니콜라이)은 정신적인 중심지로 베를린의 웅대한 상승을 구현하였다."[34] 무엇보다 그는 모제스 멘델스존과의 교제를 통해서 독일 유대교의 해방에 결정적인 것을 기여하였다는 점이 기억되어야만 한다.

니콜라이는 발행인이요 저술가로 종사했다. 그의 가장 중요한 작품은『Das Leben und die Meinungen des Herrn Magister Sebaldus Nothanker』(석사 세발두스 노트한커의 생애와 사상, Berlin/Stettin 1773-1776, 1799 4 Aufl.)이라는 소설이었다. 이 작품은 3권으로 커다란 성공을 거두었다.

소설은 그릇된 가르침, 즉 사교로 인해 폐위된 성직자의 운명을 묘사하고, 참을성이 없고 권력욕이 강한 정통주의를 익살과 풍자로 비판했다. 이때 니콜라이는 실제적인 전형을 생각했다. 슈타우지우스(Stauzius)의 비열한 감독관이라는 인물에 의해서 노트한커는 직무와 가족의 행복을 잃었는데, 저자는 함부르크의 담임목사인 괴체를 머리에 떠올렸다. 특히 소설 주인공의 그릇된 가르침에서 지옥형벌의 영원성에 대한 논쟁이 문제였다. 여기에서 노트한커는 "하나님은 비분강개하는 인간보다 은혜로우시다, 하나님은 우리 행동의 예정되지 않은 결과에 따라서가 아니라 우리 마음의 순수한 의도에 따라서 우리를 인도하시리라는 입장을 고수했다." 노트한커는 "인간이 하나님의 선하심에 척도와 목적을 두는 것이 어울린다고 믿지 않았다."

이 책의 진행을 따르다보면 신앙고백서들에 관해서도 논의되고 있다. 여기에서 "만일 우리 신학자들이 16세기의 신앙고백서들을 신앙의 불변하는 형식으로 받아들인다면, 그것은 우리의 재단사가 이 시대의 줄무늬 옷깃, 짧은 외투, 모피로 가장자리 장식을 단 상의를 복장의 불변하는 형식으로 확정하는 것만큼이나 영리하게 행동하는 것이다. 이 경험이 우리에게 가르치는 바는 사상들이 복장보다 적지 않게 변한다는 것이다." 세발두스는 다

34) G. Sichelschmidt, a.a.O.

음과 같이 확신했다. "만일 내가 진리의 표식으로 인식한 모든 것이 나를 속인다면, 나는 하나님 자신이 우리의 사색에 따라서가 아니라 우리의 의향에 따라 인도된다는 것을 믿어야만 한다. 하나님은 그가 행할 수 있는 존재상태에서만큼 선을 행하는 자에게 은혜로우시며, 어느 누구도 벌하시지 않으신다. 왜냐하면 지구상의 한 구석에서 시간이 흐르며 세력이 강해진 그 어떤 종파에 속한 신앙고백서를 설령 이해하지 못하거나 아니면 더 이상 동의할 수 없을지라도 원칙으로 확정을 짓기만 하면 되기 때문이다." 니콜라이-노트한커는 이에 맞서 이성적인 성서신앙을 고백했다. "사람들은 언제나 이성을 계시에 반대하여 내놓는다. 이것은 설명될 수 없는 영감(Theopneustie)을 믿는 자에게 필요한 것 같다. 그러나 나는 이제 하나님이 거룩한 책들을 완전히 직접적으로 그리고 초자연적으로 입김을 불어넣었다고 상상할 정도로 사람들이 단순하지 않기를 바란다. 기록되어야 하는 책들은 이성이 사용되어야만 하며, 독서와 이해는 이성에 속하는 것이다." "학자들은 모든 반박에도 불구하고 자신의 것을 증명할 수 있도록 옛날부터 그들의 학교를 인위적으로 건설했다. 그것은 높은 담과 깊은 도랑으로 둘러싸인 성터와 비슷한데, 그래서 그곳에 거주하는 자는 영원히 방어되며, 밖에 있는 자는 어떤 경우에도 우세하게 공격할 수 없는 것이다. 그러나 어떻게? 만일 실제로 아무 것도 우리를 방해하지 않는 이 요새를 우리가 그대로 방치하고, 건강한 이성으로 서슴없이 육지로 밀어붙인다면? 성직자들은 16세기까지 자신들의 체계를 인위적으로 변증적인 사슬에 연루시켰다. 루터는 이를 떠나 곧바로 성서로 나갔다. 그는 읽을 수 있는 모든 이들에게 모국어로 성서를 그들의 손에 쥐어주었다. 이 책의 부지런한 독서가 마음을 감동시켰고 이해력을 일깨워서 사람들이 숙고하도록 요청했다. 우리는 동일한 방식으로 계속하기를 원치 않는가?

이런 실행의 도움으로 출판업자요 저술가인 니콜라이가 교육을 받은 독일의 시민계급으로 하여금 자유로운 종교이해에 눈을 뜨도록 얼마나 사려 깊었는지가 명백해진다. 그는 이것이 성서에 고정되어야 하며, 단순한 마음의 경건과 결합되어야 한다고 보았다. 프랑스에서와 같은 기독교와 계몽주의의 대립은 독일에서는 모면되었다.

부설(附設): 신(新)신학의 시대에 나타난 찬송가와 예배

결론에 앞서 비록 베를린에 국한되기는 하지만, 계몽주의 기간에 찬송가의 형성에 대한 언급이 필요하다.

성 니콜라이 교회의 경건주의적인 감독교구장인 요한 포르스트(Johann Porst, 1668-1728)의 찬송가가 1708년부터 유효했었던 이후로, 대략 1760년부터 전 독일에 그리고 베를린에 계몽주의적인 의미에서 찬송가개혁이 일어났다. 이런 수고의 책임자는 무엇보다 마리아교회의 설교자요 1770년부터 종교국 위원이었던 요한 사무엘 디터리히(Johann Samuel Diterich, 1721-1797)였다. 우선 그는 1765년『공적 예배를 위한 찬송가』(Lieder fuer den oeffentlichen Gottesdienst)를 발행했는데, 여기에 처음으로 겔러르트(Gellert)의 곡들이 사용되었다. 이것은 포르스트 찬송가 외에 왕의 허락을 받아 예배 시에 사용하도록 수집된 것이었다. 이런 성과를 통해서 디터리히는 1780년 소위 밀리우스 찬송가(Mylius 출판사에서 간행되었기에)를 발행하도록 고무되었다. 여기에서 본질적으로 새로운 곡이 수용되었을 뿐만 아니라(대부분이 디터리히에 의해 처리되었다) 옛 곡들의 개작도 이루어졌다. 이때 디터리히는 언제나 사람들이 그를 불렀던 것처럼 "찬송가 변화의 황제"로 무조건적으로 판명되었던 것은 아니었다. 그에게 찬송곡들은 "아버지와 아들의 정신"과 같다. "예수 인류의 친구"라는 곡은 오늘날 20세기의 찬송가에서도 찾아볼 수 있다.

그는 "피와 상처로 가득한 머리"(O Haupt voll Blut und Wunden)라는 곡을 다음과 같이 시작(詩作)하였다.

"피와 상처로 가득하신 주님,
우릴 위해 십자가에 달리셨네.
그리고 우리의 생애를 위하여
말할 수 없는 위로를 얻으셨네.
고귀하신 생명의 주님,
내 이전에도 또한 나에게
구원을 내어주셨네.

나의 예수여, 주님께 감사를!"

파울 게르하르트(Paul Gerhardt)의『Salve caput cruentatum』을 위한 중세적인 모범에 대한 유사성이 그의 종교적인 실재론과 함께 사라졌고, 십자가의 의미와 성과에 관한 이성적인 고찰로 대체되었다.

공동체로부터의 저항 때문에 프리드리히 2세는 이미 폐지된 "포르스트"(Porst)를 관용의 근거로 다시 풀어주었다. 이는 다음과 같이 표현되었다. "찬송가와 관련해서 누구든지 자유롭게 노래할 수 있다. 이제 모든 숲이 쉰다. 또는 어리석고 바보같이 무의미한 짓이 늘어났다."

계몽주의 시대에 찬송가의 발전은 예배의 발전과 관련해서 보아야만 한다. 시간이 경과하면서 전체 예배는 대중의 가르침이라는 관점 아래에서 도덕적인 개선을 목적으로 하였다. 목회자는 점점 더 "설교자 가운을 입은 대중교사"[35]의 역할을 감당하게 되었으며, 그의 강연이 전체를 지배했다. 그러므로 예를 들어 이제까지 존재했던 모든 라틴어 대목들이 폐지되었는데, 마찬가지로 세례 때의 귀신 축출, 사적인 고해, 미사의 예복 등도 폐지되었다. 이런 변화의 결과는 많은 곡들이 단순히 교훈시, 가르치는 졸시(拙詩) 또는 압운된 설교가 되었다.[36] 가르침 외에 설교와 찬송은 감격과 감성을 일깨웠다. 여기에서 계몽주의는 경건주의와 일맥상통한다. 개인적이고 주관적인 요소가 점점 더 의미를 얻었는데, 그것은 설교자의 인격과 관련되었을 뿐만 아니라 개별적인 공동체 구성원의 경건과도 결부되었던 것이다. 이런 발전은 점점 더 공동체를 강조하는 종교개혁적인 경건의 해체를 이끌었다. "'우리'라는 단어는 점점 더 찬송가에서 사라졌고, 이제 더 이상 공동의 공적인 고백이 아니라, 주관적이고 감성적인 경건으로 이해되었다. 그곳에는 언제나 '나'라는 화법이 사용되었다."[37] 그러나 점증하는 종교적인 주관주의가 도처에서 예배를 방문하는 자의 감소와 교회성의 쇠퇴를 필연적으로 가져왔던 것은 아니다. 물론 궁정지역을 출입하는 귀족들

35) H. Stephan und H. Leube, Die Neuzeit (Handbuch der Kirchengeschichte 4), Tuebingen 1931, 100.

36) P. Graff, Geschichte der Aufloesung der alten gottesdienstlichen Formen in der ev. Kirche Deutschlands II, Die Zeit der Aufklaerung, Goettingen 1939, 178.

37) R. Krueger, Das Zeitalter der Empfindsamkeit, Leipzig 1972, 19f.

을 위한 프리드리히 2세의 교회적인 냉담함은 감지할만한 결과가 없는 것이 아니었지만, 베를린으로 볼 때에 니콜라이의 "세발두스 노트한커"는 오히려 그 반대를 입증해주었다.

제10장

요한 살로모 제믈러(Johann Salomo Semler)

요한 살로모 제믈러(1725-1791, 바움가르텐(Baumgarten)의 학생으로 1752년 할레대학 신학교수)는 옛 개신교 신학으로부터 신 개신교 신학으로의 역사적 전기를 이루어냈다. 제믈러의 관심사는 인간 기원의 제시와 교리와 교의학의 역사적-우연적인 조건과 가변성을 통해서 조직신학의 경직성을 해결하고, 신학적인 사유를 자명성, 유동성, 관대함으로 교육하려는 것이었다. 따라서 비록 사람들이 계속해서 그에게 반대를 제시하려고 했음에도 불구하고 제믈러는 기독교에 대한 모든 급진적 비판의 반대자였다.

호르니히(G. Hornig)[1]는 제믈러가 급진적인 계몽주의자인 바르트(K. F. Bahrdt)와 형식이 아니라 사실에 있어서 일치한다는 칼 바르트(K. Barth)[2]의 주장에 반박한다. 바르트(Bahrdt)의 원칙은 다음과 같았다. "나는 믿기 전에 먼저 나의 이성에 귀 기울여야만 한다."[3] 반대로 제믈러는 언제나 이성을 "초자연적인 것의 인식근거"로 만드는 것을 거부했다. 근본적으로 그는 신앙 내용이 그의 모든 구성요소에서 "이성적"이어야 하거나 보편적인 이성진리로 환원되어야만 한다는 요청을 거부하였다.[4]

마침내 계시를 거부했던 바르트와 달리 제믈러는 무엇보다 계시에 대한 분명한 긍정을 통해 구별되었다. 물론 그는 정통주의와 같이 계시를 통틀어서 영감을 받은 성서와 동일한 것으로 보지는 않았다. 그는 토엘르너처럼 성서를 하나님의 말씀으로부터 구분했다. 제믈러에게 "하나님의 말씀"은 우선 그리스도 자신이었다. 그리고 그리스도는 인간이 되신 하나님의 말씀이다. 그러므로 한편으로 예수의 가르침은 하나님의 말씀으로 간주되어야만 하며, 다른 한편으로 우리의 죄로 인해 십자가에 달리셨고, 우리의 의 때문에 부활하신 그리스도에 관한 사도적인 그리스도 복음으로 여겨져야 한다. 제믈러에게 하나님의 말씀은 한편으로 하나님의 능력(고전1,18)인 복음의 생생한 소리(viva vox evangelii)이며, 다른 한편으로 특정한 역사적 사건의 보고, 즉 예수 그리스도의 십자가와 부활에 관한 구원

1) G. Hornig, Die Anfaenge der historisch-kritischen Theologie, Goettingen 1961, 32.

2) K. Barth, Die protestantische Theologie im 19. Jahrhundert, Zuerich 1960 3 Aufl., Berlin 1961, 149.

3) K. F. Bahrdt, Ueber Aufklaerung und die Befoerderungsmittel derselben, Leipzig 1789, 193.

4) G. Hornig, a.a.O., 127.

의 의미이다. 제믈러에게서 하나님의 말씀과 성서를 구분하는 중요한 근거는 역사적인 사실에 놓여 있는데, 이는 가장 오래된 기독교 세계가 복음의 구전 선포를 통해서 신앙에 이르게 되었다는 것이며, 성서가 신앙수단으로 불필요하다는 레싱이 부각시켰던 관점에 기인한다. 그러나 제믈러는 레싱의 주장과 달리 영성적인 귀결에 이르지 않았다. 제믈러는 기독론적인 성서이해로부터 성서의 차별화된 가치에 대해 말했다. 이는 이미 루터가 야고보서와 요한계시록과 관련해서 행했던 것이다. 여기에서 제믈러는 자신을 철저히 종교개혁자의 후계자로 느꼈다. 그럼에도 불구하고 루터와 달리 그는 구약성서와 신약성서 간의 긴장을 지양해야 한다는 가능성을 알지 못했다. 그는 구약성서가 모든 책들에서 그리스도에 관한 예언을 담고 있다는 이해에 대해 동의하길 원치 않았다. 제믈러에 따르면 구약성서를 판단하기 위한 준거는 그 안에 "그리스도의 시간 이전에 그리스도의 정신이 계시되었는지 아닌지"[5]에 달려있다.

제믈러는 그리스도의 신성, 그의 대리적인 고난, 십자가와 부활을 통해 활동하는 구원의 계시에 대한 사상을 확고히 인식하고 있었다. 때문에 바로 여기에 "우리를 위해" 일어난 화해와 구속이 모든 사물에 선행하는 까닭이라고 보았다. 제믈러는 예수의 죽음을 우리의 죄를 위한 속죄제물이며 구속행위로서 선포하는 신약성서의 어떤 문장들에 특별한 가치를 부여했다. 그는 바로 이것을 그리스도 신앙의 "요점"이라고 표현했다.[6]

기독론과 관련해서 제믈러는 로고스의 선재사상과 성육신을 견지하였다. 비록 그가 삼위일체 교리를 거부하지는 않았지만, 그럼에도 불구하고 그는 삼위일체론의 문제들과 정의들에 대해서는 아주 작은 관심을 보였다. 왜냐하면 그는 형이상학적인 사변을 통해서 성서진술의 한계를 넘어서려는 것에 반대하여 혐오했으며, 기독론의 특정한 교리 유형에 동의할 수 없었다. 그에게 중요했던 것은 루터와 멜란히톤과 더불어 "아버지와 아들과 성령의 은혜를 기쁘고 올바르게 사용하는 것이었다."[7] 본래 제믈러는 모든 교리들로부터 단지 미래적이고 마지막 역사적인 종말론 - 무엇보다 요한계시록 - 을 신화로 체념했지

5) G. Hornig, a.a.O., 89.

6) G. Hornig, a.a.O., 104. 사례가 제시되었다.

7) G. Hornig, a.a.O., 155f.

만, 이때 "개별적인 피안적 종말론"이 유지되지 않는 것은 아니다.[8] 그는 요한복음의 현재적 종말론을 대변했다.

호르니히와 함께[9] 제믈러의 신앙을 다음과 같이 종합할 수 있다. "역사-비평적인 해석자인 제믈러가 세속적인 사건 안에서 하나님의 침투를 파악했을 때, 그는 예수 그리스도 안에서 하나님의 인간되심과 부활의 '실재'[10], 그리스도를 통해 실현된 죄의 용서와 화해의 객관적인 타당성을 믿었다." 이점에서 사람들이 제믈러를 "신신학자"라고 명명하는 것을 보류할 수 있는데, 신신학의 특징을 계시 내용의 축소화와 이성 내용을 통해 계시 내용을 대체하려는 것으로 이해할 수 있기 때문이다. 그럼에도 불구하고 제믈러는 정통주의에 맞서 율법적인 성서주의, 교회의 모든 개념들과 교리형식들 그리고 율법적인 정경이해에 반대하였다. 제믈러는『Institutio ad doctrinam Christianam liberaliter discendam』(Halle 1774)라는 교의학을 저술했다. 독일어 역은『자유로운 신학적 교수법의 시도』(Halle 1777)이다. 여기에서 "자유주의 신학"이라는 개념의 첫 흔적이 발견된다.

제믈러는 자신의 주된 관심사를 정경의 역사에 대한 연구로 돌렸다:『정경 연구에 대한 자유로운 논문들』(Abhandlungen von freier Untersuchung des Canons), 4권, Halle 1771, 1772, 1773, 1775. 그의 연구는 특히 하나님의 말씀과 성서의 동일성을 다루면서 구약성서와 신약성서의 차이를 동등하게 하려는 정통주의의 성서론에 맞섰으며, 또한 성서의 권위를 문자영감설에 토대를 두려했던 것에 반대하는 방향으로 조정되었다.

전통적인 견해에 맞서 제믈러가 제시한 두 가지의 주된 항변은 다음과 같다.

a) 정통주의 성서론은 매우 특정한 전제들을 바탕으로 한 신학의 결과물이지 결

8) G. Hornig, a.a.O., 231.

9) G. Hornig, a.a.O., 232.

10) 라이마루스에 반대해서 "Beantwortung der Fragmente eines Ungenannten insbesondere vom Zweck Jesu und seiner Juenger", Halle 1779.

코 믿음의 대상이 아니다.

b) 정통주의 성서론은 자신들의 교리의 원칙에 대한 학술적인 검증이 근거 없는 것으로 판명되었다. 이때에 "정경의 확정은 결정적인 것이었다. 정경의 확정은 2세기에 신약성서 문헌이 수집되었고, 개별적인 교회관구에서 점차적으로 매우 다양한 크기의 정경목록이 생성된 것, 그리고 우리에게 잘 알려진 형태로 정경의 제한은 수세기에 걸친 과정이며, 전통과의 경쟁물이며, 교회적인 타협의 결과물이었다는 것이다."[11] 학문적인 신학은 더 이상 제믈러의 연구와 인식의 배후로 되돌아갈 수 없다.

이러한 인식으로부터 출발했던 제믈러의 영향이 지닌 강점은 그가 자신의 성서론을 역사적으로 토대를 다져놨다는 것으로만 설명될 수 있다. 따라서 제믈러는 성경을 종교역사가와 비평적인 역사연구가로 파악했던 독일의 첫 번째 개신교 신학자이다. 그는 정경비판을 넘어 슈투트가르트의 감독장)이었던 요한 알브레히트 벵엘(Johann Albrecht Bengel, 1687-1752)[12]의 본문비평도 동의하였는데, 이는 본문비평에 관한 가르침의 교육과 개별적인 쟁점에 대한 입장표명을 통해서 지속되었다. 무엇보다 제믈러는 신약성서 본문비평의 길을 결정적으로 열어놓았던 요한 야콥 그리스바흐(Johann Jakob Griesbach, 1745-1812)[13]의 스승이 되었다. 제믈러는 신약성서 문헌사의 창시자이다. 그는 1769년 요한계시록에 대한 게오르크 루트비히 외더(Georg Ludwig Oeder)의 비평에 주해를 덧붙여 발행했다. 즉 그는 제4복음서(요한복음)와 계시록의 저자가 동일할 수 없다고 주장했다. 그는 베드로후서와 유다서를 신약성서의 가장 후기 문헌들로 보았다(2세기 말). 그리고 히브리서의 저자가 바울이라는 것과 베드로전서의 저자가 베드로라는 점에 대해 의심했다.

또한 제믈러는 신약성서의 표상 세계도 비판적으로 규명했다.

11) G. Hornig, a.a.O., 59f.

12) J. A. Bengel, Gnomon Novi Testamenti, Tuebingen 1742.

13) 그리스바흐는 1773년 할레의 교수, 1775년 예나의 교수가 되었다. 우리는 요한복음 5장 4절의 첨가가 진정성이 없다는 증거, 요한복음 7장 53-8장 11절의 간통한 여인에 관한 구절, 요일5장 7절의 콤마문제, 신약성서의 세 본문비평의 차이에 대해 그에게 고마워해야 한다. 공관복음과 공관복음서 저자의 특징도 그로부터 유래하였다.

그 동기는 소위 악마논쟁이었다. 감독교구장인 캠베르크의 고트립 뮐러(Gottlieb Mueller zu Kemberg)가 1759년에 문서를 작성했다. "안할트-데싸우(Anhalt-Dessau)의 호스도르프(Horsdof)에서 영적 지배를 받은(=신들린) 여성, 안나 엘리자베스 로만(Anna Elisabeth Lohmann)에 관한 철저한 보도. 그 직접적인 경험과 조사를 나누다." 뮬러는 이 사건에서 "악마 퇴마"에 실패했으며 악의 활동과 힘에 관해 묘사한다. 1760년 제믈러는 악령의 지배라는 관념은 근거가 없는 것이라는 반증의 글을 출판하였다. 신약의 악령은 하나님에 의해 허락된 예외적 존재로서, 이들을 통해 하나님은 인간을 조절하고 논증한다. 때문에 예수가 계신 곳에 인간들이 믿었던 악마들은 완전한 무로 판명된다.

요한 야콥 베트슈타인(Johann Jakob Wettstein, 1693-1754)[14]이 영적인 악령에 대해 이미 제안한 설명을 제믈러는 당시 아직 자신의 것으로 터득할 수 없었다. 신약의 악령에 관한 영국인 휴고 파머(Hugo Farmer)의 글을 독일어로 번역하여 출판했을 때(1776) 제믈러는 오늘날까지도 유효한 의견을 가진다. 당시의 유대인들은 특정한 중병이나 중증을 악한 마귀의 활동이라고 보았다는 것이다. 덧붙여서 제믈러는 1781/82년 3권으로 된 발타자르 베커(Balthasar Bekker, 1634-1698, 네덜란드 목사)의 유명하고 가장 근본적인 작품인 『마법에 걸린 세상』(Die bezauberte Welt, 1691/1693)을 독일어로 번역했다. 그는 마지막 권에서 혜성, 악마, 귀신, 마녀 재판에 관한 미신과 효과적으로 싸웠다.

교리사에 관해서도 제믈러는 개방적이고 자유로운 역사적 연구를 추구했다. 예를 들어 아우구스티누스(Augustine)와 펠라기우스(Pelagius)에 관한 그의 설명은 흥미롭다. 제믈러는 펠라기우스에 관해 상세히 살피면서 제시하기를, 아우구스티누스의 관점이 부분적으로는 (원죄, 은총, 노예의지, 예정) 그 당시에 완전히 새로운 것이었다고 설명한다. 성경 인용문에 있어서 그리스어 성서본문에 대해 라틴어 본문의 단순한 감소가 자주 나타나지만, 본래적인 의미와 문맥에 관한 고찰은 확실하다는 점에서 아우구스티누스의 결론이 자의적이고 주관적이라는 것을 보여준다. 분명 제믈러는 아우구스티누스의 주된 인품을

14) 베트슈타인는 마침내 암스테르담에서 신학자요 본문비평가로 살았고, 그곳에서 두 권으로 된 신약성서 2절판 본을 출간했다. 『Novum Testamentum graecum...cum lectionibus variantibus』(1751/52). 그는 신약성서 필사본을 위한 철자표시와 숫자표시를 소개했는데, 이는 지금까지도 유효하다.

정당하게 평가하지 않았다. 그러나 그는 교회의 가르침이 지닌 통일성, 필연성, 그리고 무엇보다도 불변성이 결코 존재하지 않았다는 사실을 교리사가 우리에게 가르쳐준다고 증거했다! 제믈러는 무엇보다 종교개혁과 경건주의에서 불가침적인 지식이 되었었던 이런 인식을 기독교의 첫 3세기에 적용시켰다.

그 밖에 제믈러는 신학적 형식들과 해석들에 관해 커다란 관대함을 보여주었다. 그럼에도 불구하고 교회에 그 어떤 이단적 사상이 유입하는 것을 원치 않았다. 그는 스스로 말하기를, 루터파 설교자는 소치누스나 아리우스 교리를 가르쳐서는 안 된다고 했다. 물론 각각의 분파마다 지복에 이르는 진리를 주장할 수 있다는 사실이 간과되어서는 안 되지만, 그 어떤 파당도 루터교 만큼이나 온전하지는 않다. 근본적으로 제믈러의 초교파적인 기독교 이해는 그가 진정 분명하게 인식했던 프로테스탄트였다는 사실을 숨기지 않는다. 그는 양심의 자유를 강조하였고, 성직자의 모든 실권을 거부했다. 제믈러에게 필립 멜란히톤(Melanchthon)과 필립파(Philippist)는 루터의 진정한 상속자로 간주되었다. 기독교 종교의 무궁함과 내적인 무한성에 관한 제믈러의 가르침은 독창적이다. 이후에 이 가르침은 기독교의 무제한적인 완성가능성 또는 완전성이라는 거친 표어 아래 더욱 확산되었다.(Teller!) 이점에서 바로 기독교에 대한 라이프니츠 철학의 근본사상에 바탕을 둔 적용이 존재한다. 모든 생물체의 무한히 영적인 발전과 완전성을 주장하는 세계관에서 기독교는 단지 과도기적 단계이든지 혹은 스스로가 무한성 가운데 무한히 발전한다는 것을 이해한다는 선택밖에 남지 않는다!

제믈러가 취했던 개념적 구별인 일련의 세분화 역시 주목할 만하다. 그는 당시에는 새로웠던 것으로 근본적으로 종교와 신학을 구분했다. 이로써 제믈러는 신학을 전체 성경의 내용을 재생산하는 성서론, 간단히 말하자면, "계시 신학"으로 파악했던 옛 개신교 신학의 이해를 극복했다. 제믈러는 신학을 오늘날까지 통용되는 의미인 소위 전문 학과로 이해하였는데, 이를 위해 신학자들은 필수적인 예비지식을 공급하고, 성서의 자료에서 본질적인 것으로부터 비본질적인 것을 구분하고, 교습방식을 계속해서 발전시켜야 했다.

두 번째로 제믈러는 신약성서를 위해서 이중적인 교수법을 구분했다. 무엇보다 이것은 그에게 단편주의자(Fragmentisten) 논쟁에서 중요했다. 제믈러는 예수와 제자들이 두 가지 교수법을 활용했다는 관점을 대변하였다. 우선 유대 환경에서 비롯하였고 이를 위해 특정한 교수법으로 감각적이고 비유가 많으며, 이를 통해서 청중의 상상력에 조정되었다. 이러한 감각적 교수법에 대해 단편주의자들은 반감을 가졌는데, 이는 신약성서에 또 다른 교수법이 존재하는 바, 산상수훈에서와 같이 순수한 사실을 묘사하며 모든 형상을 거부하는 영적인 교수법이 있다는 사실을 고려하지 않은 까닭이었다.

이로써 세 번째로 "도덕적인" 종교와 "역사적인" 종교에 대한 제믈러의 구별과 연관된다. 당시에 "도덕적"이라는 표현은 오늘날과는 다른 의미를 지녔다. 이 표현은 "자연적-물리적(physisch)"인 것의 반대로 이해되었다. 따라서 "도덕적"이라는 표현은 "영적이고-인격적인", "윤리적이고-이성적인" 혹은 "윤리적이고-종교적인"으로 번역되어야만 한다.[15] 모든 종교사회나 교회에는 두 가지 부류의 기독교인들이 있다. 첫 번째는 감각적인 기독교인으로서 역사적 종교에 몰두한다. 즉 진정으로 기독교 종교에 사로잡힌 자들은 도덕적인 종교에서 살고, 역사적인 종교를 단지 불완전한 의복이나 덮개로 볼 수 있다. 이러한 관념이 당시의 분위기였다. 칸트도 "역사적인 교회의 신앙"을 "순수한 종교의 신앙"으로부터 구분했고, 분명 후자만을 자연종교와 동일시하길 원했다. 이러한 생각은 제믈러의 입장과 매우 멀었다. 오히려 제믈러는 비신화화에 가까웠는데, 이는 전승된 역사적 종교에 대한 "실존적인" 해석의 한 방식이다. 그러므로 예를 들어 이러한 이해에 포함된, 유대교에서 유래한 비유들과 악마에 관한 사상, 악한 영들과 지옥은 "도덕적인" 개념으로 재해석되어야만 한다. 그러므로 제믈러에게 성경에 등장하는 장소적인 의미의 지옥은 "인간 각자 안에 있는 지옥"을 뜻했다.[16] 물론 이 사상은 이미 크누첸(Knutzen)과 에델만(Edelmann)에게서 찾아볼 수 있다. 도덕적 종교와 역사적 종교를 구별함으로써 제믈러는 후에 합리주의와 초자연주의 안에서 종교적 계몽주의의 붕괴를 사전에 준비했다.

15) E. Hirsch, a.a.O. (Kap. 3, Anm. 18), IV, 55.

16) G. Hornig, a.a.O., 235.

네 번째 구분은 기독교의 근본 항목들과 교회적인 근본 항목들에 관한 것이다. 모든 기독교인들이 공동으로 포괄하는 첫째는 모든 인간의 아버지이신 한 분 하나님, 신적인 완전을 실행하는 교사, 선행자(善行子)요 구세주이신 예수, 성령의 확신과 영생의 희망이다. 교회적인 기초항목들은 이와 반대로 종파적이고 변화적이다.

결국 이러한 것은 다섯 번째 구분인 "사적인 종교와 공적인 종교"의 차이를 불러일으킨다. 이미 우리는 이를 그로티우스(Grotius)와 홉스(Hobbes)에게서 찾을 수 있었다. (비교. 2장 D를 보라) 공적인 종교는 교회적으로 확정된 종교이다. 그럼에도 불구하고 진정한 기독교인에게는 그 어떤 교직과 교칙을 갖춘 공적인 종교공동체가 필요하지 않다. 따라서 제믈러는 공적인 종교공동체나 교회를 해체하려고 원했던 것이 아니라, 오히려 그는 당시에 일부의 지식인만이 교회의 선포가 지닌 의미를 파악할 수 있었다는 입장을 제시한 것이다. 그러므로 제믈러는 지속적인 탈교회화가 추진되어야만 한다고 보았다.

제믈러는 도덕적, 영적·인격적 그리고 개인적인 강조점을 두드러지게 하면서 내면성을 강조하는 경향을 보인다. 그래서 제믈러는 "신비주의자"로 특정지어진다. "제믈러가 걸었던 개별적인 방식은 하나님께 가까움과 신의 임재라는 신비적인 경험이다." 그에게는 "내면화된 경건의 추구"가 존재하는데, 이는 공관복음서에서 하나님 나라에 대한 예수가 선포가 요한복음에서는 현재적인 종말론과 일치되어 융합하는 것이다.[17)]

신비주의자는 전투 본능이 드물다. 제믈러는 - 슈팔딩(Spalding), 텔러(Teller), 뷔싱(Buesching), 베를린의 젊은 친구(Sack)와 달리 - 당시에 커다란 반향을 불러일으켰던 뵐러(Woellner)의 법령을 지지했다. 요한 크리스토프 뵐너(Johann Christoph Woellner, 1732-1800)는 목사였다가 훗날 프리드리히 빌헬름 2세 (Friedrich Wilhelm 2)의 문화부장관으로 지냈다. 그는 1788년에 한 법령을 작성했는데, 이 법령으로 인해 "계몽주의"가 전면적으로 거부되었다. 제믈러는 원칙적으로 법령이 공적이고 사적인 종교로 나누는 것에 대해 표면적으로는 긍정할 수 있었다. 그러나 그는 보다 깊은 근거를 갖고 있었다. 그 법령에

17) G. Hornig, a.a.O., 235f., 229.

따르자면, “사람들은 뻔뻔하게 소치누스주의자, 이신론자, 자연주의자와 다른 많은 분파들의 비참하고, 오랫동안 거부되었던 오류를 다시 거론하는 실수를 감히 저지른다. 그리고 철면피와 파렴치한 행동으로 철저히 오용된 ‘계몽주의’라는 이름으로 민중을 일깨우려고 한다.” 실제로 제믈러는 이러한 형식의 계몽주의를 대변하지 않았고, 바르트(Bahrdt)와 달리 이를 거부했다. 이에 대해 그는 1788년『교회 해석학과 교리학에 대한 재검토』라는 자신의 작품에서, “계몽주의 상호 아래” 독일에서 발생했던 급진적인 합리주의의 폭정에 반대하는 입장을 표명했다.[18]

끝으로 요한 다비드 미카엘리스(1717-1791)을 지적할 수 있는데, 그는 필경 제믈러와 대등한 인물로 비쳐질 수 있을 것이다. 1746년 괴팅겐 대학의 동양어학부 교수였던 미카엘리스는 그 당시에 한동안 가장 칭송을 받았고, 가장 영향력이 있었던 학자였다. 그는 독일에서 동양 언어와 구약성서학의 아버지였다. 많은 출판물들 외에 그는 배우지 못한 이들을 위해서 성서번역에 해설을 담은 방대한 저작과(이는 전체가 13+6부로 구성되었다, 1769-1792) “모세 율법에 대한 상세한 설명”(6부, 1770-1775)을 집필하였다. 그의 특별한 의미는 히브리어 단어연구, 구약성서 본문비평, 성서 고고학에 대한 방대한 연구에 있다.

제믈러와 달리 미카엘리스는 종종 느슨하게 풀어지긴 했으나 정통주의에 연결되어 있었다. 그는 제믈러와 달리 원칙적으로 성서와 계시의 동일시를 확고히 붙잡았다. 따라서 그에게 계시와 이성의 관계는 성서와 이성의 관계로 비쳐졌다. 그럼에도 불구하고 그의 성서해설은 교의학으로부터 자유로웠다. 그는 성서에 대해 역사-비평적으로 다루는 길을 열어놓았다. 불만족스럽긴 하지만 그는 교리적으로 삼위일체론과 기독론 같은 특정한 교회의 가르침에 대해 이성적으로 논술하지 않는다는 입장을 취했다. 그럼에도 불구하고 이성에 대한 계시된 가르침의 객관적인 모순은 존재하지 않았고, 오히려 인간의 제한된 통찰을 바탕으로 제한된 주관적인 모순만이 존재할 따름이다. 미카엘리스의『새 언약에 대한 신적인 문헌 안내』(1750, 1787 4 Aufl.)는 사도적 기원을 지닌 신약성서의 신적인 근거와 정경적인 명성이라는 결정적인 특징을 보여준다. 이점이 마가복음과 누가복음에서 주어

18) G. Hornig, a.a.O., 232, Anm. 61.

지지 않았기 때문에, 마태복음에서는 불일치가 선호되어야만 했다. 게다가 미카엘리스는 더 이상 신성이 아니라, 신약성서의 신뢰성만을 연구수단으로 증명하길 원했다.

그럼에도 불구하고 제믈러가 신학적으로 의미 있으며, 신학사적으로 앞선 것으로 드러났는데, 이는 무엇보다 성서와 하나님의 말씀에 대한 그의 철저한 구별을 통해서이다.

제11장

고트홀트 에프라임 레싱(Gotthold Ephraim Lessing)

독일 계몽주의는 고트홀트 에프라임 레싱(1729-1781)이라는 인물에게서 정점에 이르렀다. 카멘츠(Kamenz)에서 사역했던 목회자의 아들이었던 레싱은 탁월한 작가이자 철학자 그리고 '신학 애호가'로서 모든 방면에서 명성을 얻었다. 종종 그의 신학적 저술을 미미한 것으로 평가하는 경향이 있는데 이는 매우 부당하다. 오히려 신학적 저술은 레싱의 필생의 사역에 해당하는 것이며, 특히 말기에 있어서 더욱 그러했다.[1)]

레싱이 저술한 대부분의 신학 작품은 대화를 통해 생성된 것이었다. 그러므로 대개가 대화체이며 한시적인(ephemer) 특성을 갖는다. 우리는 그로부터 짜임새 있는 신학적이거나 철학적 세계관을 갖춘 체계를 발전시킨 작품을 찾아볼 수 없다. 오히려 레싱은 학문적인 논의를 촉진시키고, 격려하거나 유발하는 것에 더 큰 비중을 두었다.

그럼에도 불구하고 레싱은 신학적인 학문의 발전을 위해 기여했다. 1777년 이래 레싱은 신약성서의 정경연구를 통해 복음서의 기원사에 관한 깊은 통찰을 얻었다. 또한 레싱은 근대 케리그마(Kerygma) 신학의 아버지 중 한 명이다.[2)] 그는 복음서연구를 요구했으며[3)], 아람어로 (시리아-갈대아어)된 원복음("히브리복음 또는 나사렛 복음")을 수용한 원복음가설(Urevangeliumshyphothese)의 창시자이다. 그리고 레싱은 신학적으로는 토엘르너(Toellner)와 제믈러(Semler)의 계승자로서 성경과 하나님의 말씀, 복음서와 복음 그 자체를 구분했다. 계속해서 레싱은 초대교회에서 구전전승과 성서의 관계에 대한 물음을 해명함에 있어서 특히 이레나이오스와 터툴리안 같은 교부들의 공적을 충분히 활용했다. 이를 통해서 그는 지금까지 일방적으로 문서신앙적이며, 정통적이거나 혹은 반(半) 정통적인 교회의 가르침을 받아들였던 것보다 실체는 본질적으로 더 복잡하다는 결론에 도달했다. 이런 맥락에서 레싱은 어떠한 종류이건 언제나 "신앙의 규범"(regula fide)이 신약성서의 문헌들에 앞서 시간적인 우위성을 갖는다는 확신에 이르렀다. 결국 레싱은 그 시대에 관용사상에 관한 가장 중요한 대표자 가운데 한 사람이었다. 이런 관점에서 그는 자신의

1) 비교. 이에 대한 나의 입장을 보라. in: Sechs theologische Schriften Gotthold Ephraim Lessings (Quellen, Neue Folge, Heft 3), Berlin 1985.

2) 예를 들어 그의 "원리들"(Axiomata)을 통해서 함부르크의 주임목사인 괴체(Goeze)에 반대하였다. 1778, X. Axiom: "그러나 기독교인들 대다수는 이런 역사적인 지식에 대한 다른 원천이 있으리라고 확신한다. 즉, 교회의 구전전승 같은 것 말이다." (Lessings Gesammelte Werke, Ausgabe P. Rilla, VIII, 190).

3) "Neue Hypothese ueber die Evangelisten als bloss menschliche Geschichtsschreiber betrachtet", 1777/78. Rilla, VIII, 108ff.

『현자 나탄』이라는 기념비적인 업적을 남겼다.

레싱은 보편적인 정신의 소유자였다. 그는 독자적으로 자신이 살고 있던 시대의 다양한 흐름들을 연구했다. 그의 신학적인 태도를 가장 잘 해석하는 방법은 영성주의(Spiritualismus)일 것이다. 그러나 그는 소시니주의(Sozinianismus)나 이신론(Deismus)에 대해서도 경솔하게 지나치지 않았다. 왜냐하면 라이프니츠 철학이 그에게 깊이 각인되어 있었기 때문이다. 더불어 레싱은 특히 로크(Locke), 흄(Hume), 섀프츠베리(Schaftesbury)와 같은 영국 철학가들의 문헌들에 주목하였으며, 루소(Rousseau)와 디드로(Diderot)와 같은 프랑스 계몽주의자들의 저술에 특별한 매력을 느꼈다.

레싱의 사유에 미친 영성주의의 영향은 H. 슐체(Schultze)의 저서 『레싱의 관용 개념』, 괴팅엔 1969, 부설 2번 110쪽 이하(Lessings Toleranzbegriff, Goettingen 1969, Exkurs II, 110ff)에 잘 언급되었다. 그런데 이러한 영향은 관용에 관한 레싱의 수행뿐만 아니라, 더 많은 영역까지 국한된다.

하나의 접근 방법으로 칼 바르트(Karl Barth)의 주장에 따르면[4], 레싱은 "개신교 성서 원리를 모든 수단과 방법을 동원해서 없애버리려고" 시도했다. 여기에서 그 원칙을 자세히 다룰 수는 없다. 단지 루터가 성경의 "영"(Geist)과 "문자"(Buchstaben), "내적인 말씀"과 "외적인 말씀", "선포된 말씀"과 "기록된 말씀"의 긴장을 알고 있었다는 정도면 족할 것이다. 그럼에도 불구하고 루터에게는 이 긴장관계의 양쪽 모두 계시의 수단을 뜻했다. 기록된 말씀도 성령의 사역 안에 있을 수 있다. 그러나 이제[5] 레싱은 근본적으로 계시와 성서의 상관관계의 필연성에 대해 이의를 제기했던 것이다.

"만약 구약과 신약의 종교가 최소한의 것이나마 글로 기록되기에 앞서 이미 오래 전 시간에 계시되었다는 것이 사실이라면, 그리고 지금 우리가 구약과 신약의 정경이라고 일컫는 모든 책이 마무리기 되기 이전에 여전히 오랜 시간이 존재했었다는 것이 사실이라

4) K. Barth, Die Protestantische Theologie im 19. Jahrhundert, Zuerich 1960 3 Auf., Berlin 1961, 234.

5) Im VII. Axiom (Rilla, VIII, 178).

면, 그것은 이 책들이 없이도 생각될 수 있어야만 한다. 이 책들이 없이 나는 말한다." 그러므로 "복음서 저자들과 사도들이 기록한 모든 것이 다시 상실되고, 계시에 의해 가르쳐진 종교만 남는 것이 가능해져야만 한다."[6] 레싱의 생애 말기에 이러한 입장이 어느 정도 완화되었다는 것은 그리 중요하지 않다.[7] 레싱이 영성주의자들로부터 이런 견해를 넘겨받았다는 점에 대해 나는 의심하지 않는다. 오늘날 우리가 보았듯이 영성주의자들은 성서의 계시의미에 대해 완전히 거부하거나 아니면 극단적으로 축소시켰다.

레싱은 영성주의자들 가운데 적어도 프랑크(Franck), 뮌처(Müntzer)와 뵈메(Böhme)에 대해 알고 있었다. 세바스티안 프랑크는 1541년 프랑크푸르트에서 격언모음집을 발행했었고, 이는 레싱에 의해 활용되었다.[8] 프랑크는 그의 저서 『Chronica, Zeytbuch und geschycht bibell』, (Strassburg, 1531)라는 일련의 논문집에서 토머스 뮌처의 중심사상을 견지하였다. 이 논문집은 울름(Ulm)의 주교좌성당 목사인 엘리아스 프릭(Elias Frick)이 젝켄도르프(Seckendorf)의 파이트 루드비히(Veit Ludwig, 1626-1692)의 라틴어로 기록된 책『루터파와 건강한 종교개혁에 대한 상세한 역사』(Ausfuehrliche Historie des Luthertums und der heilsamen Reformation, Leipzig 1714)를 독일어로 편집하면서 출판되었다.[9] 레싱은 프릭의 편집본을 사용할 수 있었다.[10] 뮌처의 작품에서 추출된 논문들 중에서 프릭은 예를 들어 "Ausgedruecke Entbloessung des falschen Glaubens"(잘못된 신앙의 폭로)를 인용하였다. "만일 누군가 일평생 성경을 듣지도 읽지도 못했다면, 그는 텅 빈 성령을 통해서 대략적인 신앙만을 알 뿐이다. 어떻게 성서의 모든 책이 기록한 바를 가질 수 있는가? 신앙은 마음의 책으로부터 기술된 것이다."

레싱과 뮌처의 주된 동의는 성경이 없이도 기독교의 정신(즉, 성령의 기독교)이 존재한

---

6) VIII. Axiom (Rilla, 181).

7) In: "Sogennante Briefe an Herrn Doktor Walch" (1780; Rilla, VIII, 500).

8) Rilla, VII, 143-167.

9) 비교. S. Wollgast, Der deutsche Pantheismus im 16. Jahrhundert (vgl. Kap. 1 Anm. 12), Berlin 1972, 113-117.

10) 비교. Seckendorf(X, 654)에 대한 릴라(Rilla)의 목록. 레싱이(Rilla III, 401) 젝켄도르프의 설명을 독일어로 번역하였을 때, 분명 그에게는 젝켄도르프의 책『Commentarius historicus et apologeticus de Lutheranismo』(Frankfurt/Leipzig 1692)에 대한 프릭의 독일어 편집본이 제시되었을 것이다.

다는 확신이다. “이 책들이 없이”, 즉 오늘날 정경에 속하는 “모든 책”(alle die Buecher, 레싱) - “모든 책”(on alle buecher, 뮌처) 말이다. 이 얼마나 놀라운 일치인가!

레싱은 뵈메에 대해 단연코 다양한 입장을 취했다.[11] 레싱은 괴를리츠(Goerlitz)의 제화공인 뵈메에 관해 때때로 무비판적이지 않았다. 그럼에도 H. 숄체는 뵈메에 대한 레싱의 비판이 그저 불명확하거나, 비유적인 묘사법과 사유방식을 적용하였을 뿐이지 결코 사고내용(思考內容)에 관한 것이 아니었다고 강조한다.

계시의 원천인 성경을 거부하는 것은 다소간에 거의 모든 영성주의자들에게서 공통적이다. 18세기에도 여전히 영성주의자인 요한 크리스티안 에델만(Johann Christian Edelmann, 1698-1767)은 성서문자에 대한 뚜렷한 반대자였다. 그는 『모세의 본색』(Moses mit aufgedecktem Angesichte1740)을 기술했다. “나는 내 마음 속에 진리로 합법화되고, 모든 사람에게 비추인 이성의 빛에 모순되지 않으며, 고결하고 값비싼 성유물(Reliquien)에 앞서 살아계신 하나님의 진정한 친구들과 전문가에 관한 성서의 증거를 인정한다.” 성서의 증거는 그에게 단지 “성유물”이다. 그러므로 성서의 증거는 단지 지나간 시대의 신앙의 증거로서 역사적 가치만을 가질 뿐이다. 그러나 그는 이것을 계시의 증거로 인정하지 않았다. 이는 신앙을 위해서만 타당하다. “살아계신 하나님이 다시 사람들로부터 생생하고 확신 있는 방식으로 인식되고, 성령과 진리 안에서 하나님을 진정으로 예배하는 일이 이 모든 세상에 다시 세워지기 위해서는 성경이라는 우상이 무너져야만 한다.” 에델만의 “성경우상”(Bibelgoetze)은 레싱의 『성서숭배(Bibliolatrie)』(1779)라는 에세이 뒤에 나왔다. 비록 레싱은 처음부터 투쟁했지만, 에델만은 이 단어를 “우상숭배”(Idololatrie)에 대한 유비로 형성했다. 레싱은 모든 곳에서 이단으로 취급되고, 결국 베를린에서 망각된 채 죽었던 에델만의 운명을 기피했다. 왜냐하면 그는 “기독교인이라는 이름으로 요구되는 무지하고 심술궂은 광신자들(예를 들어 괴체 같은 이들)의 왜곡을”[12]을 두려워했기 때문이다.

레싱에게서 에델만의 작품에 나타난 지식이 자명하게 전제되어 있다는 사실이 오늘날 폭넓게 받아들여지고 있다.

---

11) 비교. 릴라의 목록, X, 490.

12) Bibliolatrie, Rilla, VIII, 482.

그 결과는 레싱의 저 유명한 작품『인류의 교육』(Die Erziehung des Menschengeschlechts)[13]에서 확인할 수 있다. 성경의 진리는 "그들이 계시되지만, ... 물론 이성의 진리가 결코 아니다. 그러나 성서의 진리는 이성의 진리가 되기 위해서 계시되는 것이다."(76) 이것은 신적인 오랜 교육과정을 통해 발생한다. 이미 교육은 구약과 신약성서의 역사적 진리의 계시였다. 이 교육은 기독교적인 이성종교를 형성하려는 목적으로 하나님에 의해 수행된다.

"교육이 계시이다."(1과 2) 레싱은 1777/80년에 이렇게 썼다! 그는 계시에 대해서 언제나 거리낌 없이 대했던 것은 아니었다. 젊은 레싱은 계시사상에 있어서 프랑스 계몽주의자들(루소, 디드로)의 영향 아래에서 정당하게 대립하였다.[14] 루소와 마찬가지로 당시에 그는 인류발달의 처음에 자연적인 이성종교가 있었고, 그 이후로 계속해서 악화를 경험하게 되었다는 확신을 갖고 있었다. 이런 이해는 그가『인류의 교육』이라는 작품을 쓸데까지 정반대로 바뀌어갔다. 이제는 이성적인 종교가 처음이 아니라, 인류 종교사의 목적이 그 시작이었다. 그 길은 낮은 곳으로부터 이성적인 고양에로 나아간다. 데이비드 흄이 이미 그의 저서『종교의 자연사』(Natural history of religion, London 1755)에서 동일한 틀을 대변하였고, 이로써 근대 종교학의 창설자가 되었다.

레싱은 교육소책자[15]의 "발행인의 예비보고"에서 다음과 같은 질문을 제기하였다. "왜 우리는 인간의 오성만이 어느 곳에서든 오직 발전할 수 있으며, 더 발전시켜야만 한다는 사실을 모든 긍정적인 종교들에서 선호하지 않는단 말인가?" 이 때문에 레싱은 신적인 계시를 통해서 교육에 관해 오직 "공공연하게"만 말했으며, 그가 계시에 대한 암묵적인 침묵 가운데 인간적인 이성의 자기발전을 "비밀스럽게"(즉, 전문가들을 위해서) 여겼음이 번번이 배제되었다.[16] 그러나 실제는 그 정반대이다. 레싱은 자신의 교육서 4에서 다음과 같이 설명한다. "교육은 인간이 스스로 소유할 수 없는 것에 대해서는 아무것도 제공하

13) Rilla, VIII, 590ff.

14) 예를 들어: "Ueber die Entstehung der geoffenbarten Religion", ca. 1760/65, Rilla, VII, 280f.

15) Rilla, VIII, 590.

16) 예를 들어, F. Loofs, Lessings Stellung zum Christentum, ThStKr 86, 1913, 31ff.; P. Rilla, Lessing und seine Zeitalter, X, 372 (별책으로 Berlin und Weimar 1981).

지 않는다. 교육은 인간이 스스로 소유할 수 있는 것만을 보다 빠르고 쉽게 제공해줄 뿐이다." 이점은 로크에 바탕을 둔 것으로, 그는 이성적이고 인간적인 발전에 대한 신적인 요청 안에서 계시의 의미를 보았기 때문이다. 즉 계시의 의미는 오늘날에도 유효한 이성인식의 예견(豫見)을 나타낸다. 교육(=계시)이 느리고 답답하게 전개되는 인간 정신의 자기발전보다 훨씬 "빠르고 쉽게" 작동하는 곳에서 레싱이 교육사상과 계시사상을 포기했었더라면, 이것이야말로 비논리적인 것으로 비쳐졌을 것이다.

레싱에 따르면 현존하는 위대한 종교 가운데 어떤 종교가 미래의 이성종교로 선두에 나설 것인가? 이 질문에 대해 그는 『Nathan』(나탄, III, 7; 1779)의 반지비유로 답을 제시하려고 시도했다. 잘 알려진 대로 유대교, 기독교, 이슬람이라는 세 계시종교가 세 개의 반지로 비유되었다. 각각의 반지에는 보석이 박혀 있다. 겉으로 보기에는 세 반지와 반지에 박힌 보석이 모두 완전히 똑같이 생겼다. 그러나 어떤 반지가 "비밀스런 능력"을 갖고 있는지는, 반지의 소유자를 "하나님과 사람들 앞에서 기쁘게 하며", "매수당하지 않고 편견이 없는 사랑"을 소유주에게 선사하는가에 달려있다. 미래의 이성종교의 본질은 순수한 사랑이다! 결국 레싱이 "성령과 능력의 증거"를 이성에 걸맞은 기독교로 기대했다는 가정은 어긋나지 않았다.[17)] 이것이 바로 교육서 86에서 언급된 "새로운 영원한 복음"이다.

신적인 교육과정의 목표로서 "영원한 복음"의 내용은 사랑과 관용이다. 레싱은 "기독교의 사랑이 기독교적인 종교가 아닌가?"[18)]라는 물음을 제기한다. 그러나 레싱이 미래의 이성적 기독교의 내용을 단지 기독교적인 도덕에 두었으리라고 상정하는 것은 잘못된 가정일 것이다. 레싱에게 기독교 신앙론은 중요했다. 그는 결코 기독교 교리를 총체적으로 부정한 것이 아니었으며, 오히려 교리에 대한 "이성적인" 재해석을 대변한 것이었다.

이미 레싱은 가장 초기의 신학 단편인 『Das Christentum der Vernunft』(이성적인 기독교, 대략 1753)[19)]에서 이와 같은 삼위일체론과 기독론 교리에 대한 재해석을 시도했었다. 그에

17) 비교. K. Barth, a.a.O., 231: "역사적으로 능동적인 종교들 가운데 하나가 참된 종교로 증거될 것이다. '나탄'에서 우주적인(보편) 종교에 대한 예술적인 창조물이 바로 선언된 것은 아니다."

18) "Das Testament Johannis"; Rilla, VIII, 21.

19) Rilla, VII, 197ff.

따르면 하나님은 그의 모든 완전함을 한 번에 생각할 수 있다.(즉 하나님은 생각하고, 설명하고, 창조하는 일이 단번에 일어난다. 3) 따라서 하나님은 먼저 자신을 전체로 사유하는데, 이는 하나님을 "아버지"로 생각하는 것이다. 그러나 이렇게 행하시는 동시에 자신을 거울처럼 자신 앞에 세우시는데, 이는 당신의 본질의 완벽한 모사인 "아들"을 나타낸다.(5,6) 성서는 "아버지와 아들로부터 나온 성령"을 이 둘의 조화라고 명명한다.(10) "이 모든 셋은 하나이다."(12) 하나님은 자신의 완전함을 생각하시면서 "분할하시는데, 이는 그가 각각의 완전함을 지닌 본질을 창조하셨다."는 것이다. 즉 세상과 그의 피조물 그리고 "단순한 본질"은 그들의 단계에서 무한한 정도로 지속적인 열을 만든다.(13) 레싱은 신론과 창조론을 연결하였다. 여기에서 그는 쿠스의 니콜라우스(Nikolaus von Kues)에 의존하는데, 그에 의하면 세계는 "하나님을 드러내는" 곳이다. 즉 하나님 안에서 일치로 "연합되어" 존재하는 것은 세상에서 서로 따로따로 분해되고 전개되고 나눠진다. 레싱의 이런 사상은 라이프니츠의 단자론(Monadenlehre)을 넘어섰다. 즉 정신사적인 길은 니콜라우스로부터 라이프니츠를 거쳐 직접적으로 레싱에 도달한다.

따라서 레싱은 삼위일체 교리를 그의 삶 말기에 작성한 교육서에서 다음과 같이 작성했다. 하나님의 일치는 "다수라는 양식이 제외되지 않는 초월적인 연합"이어야만 한다.(73)[20] 다수(多數)적이고 삼위일체적인 하나님의 실체에 복수(複數)적, 피조적, 세속적인 것이 참여한다는 사상은 본질적인 것이다.

이점에서 레싱의 이성 개념이 밝혀진다. 레싱에게 인간의 이성은 결코 순수한 고유의 내재적인 이성이 아니다. 오히려 인간적인 이성은 하나님의 영에 참여자로서 명백한 초월적 관계를 갖는다. 하나님의 완전성의 한 부분으로서 인간의 이성은 본질적으로 윤리적이고 도덕적인 이성이다. 이성은 "마음의 정결"과 관계한다.[21] 하나님의 능력에 대한 표현으로서 이성은 행동을 유발한다. 이성은 본질적으로 실천적인 이성이다. 이는 이성을 갖춘 사람에게만 타당하다. 즉 "당신의 개별적인 완전성에 합당하게 행동하라."[22] 세계정신(영

20) Rilla, VIII, 609.

21) 인류의 교육, 61 그리고 80; Rilla, VIII, 606. 611.

22) 이성의 기독교, 26; Rilla, VII, 200.

혼)의 부분으로서 이성은 정신적이고 감정에 걸맞은 구성요소를 지닌다. 그러므로 이성은 칸트의 "순수한 이성"과 일치하는 듯이 단지 논리적이고 사변적인 인식영역만을 의미하는 것이 결코 아니다. 만일 레싱이 "이성의 진리"를 말한다면, 이는 "건강한 인간의 오성"을 규명할 수 있다는 정당성을 뜻하는 것이 아니라 오히려 성령과 마음과 도덕의 진리를 의미하는 것이다.

하나님의 본질에 대해 다수(多數)적인 것의 참여라는 사상은 - 물론 레싱은 "실체"라는 개념을 사용하지 않았다 - 레싱을 생애 말년에 이르기까지 스피노자주의라는 혐의를 벗어나지 못하게 했다. 어쨌든 이런 혐의는 철학자 프리드리히 하인리히 야코비(Friedrich Heinrich Jacobi)가 레싱과 나눈 대화(1780)를 바탕으로 표현했던 것이다.[23)]

레싱은 비밀스런 스피노자주의자였다는 그의 테제에 반대했던 이는 무엇보다 레싱의 친구 멘델스존(Mendelssohn)이었다.[24)] 레싱이 스피노자주의자였다면 그가 야코비에 대해 다음과 같이 표현했다 하더라도 유보할 수밖에 없다. 즉, "Hen kai pan ... 스피노자의 철학과 다른 철학은 결단코 없다." 비록 여기에서 유사성이 있다고 할지라도 실제로 레싱의 사상은 스피노자가 아니라 라이프니츠로부터 왔다. 왜냐하면 야코비는 스스로 다음과 같이 말했기 때문이다. "그런데 나는 라이프니츠가 스피노자주의와 일치했던 정도의 교육구조에 대해 아는 바가 결코 없다."

그러나 레싱은 스피노자와는 달리 라이프니츠와 함께 인격적인 하나님을 믿었다. 그의 서신들에서 상당할 정도로 자주 나타나는 것은, 그의 하나님에 대한 관점이 "하나님의 말을 걸어오심, 하나님의 부르심"을 통해 특징적으로 표현된다.[25)] 야코비는 자신의 보고에서 다음과 같이 언급하면서도 자가당착에 빠졌다. "만약 레싱이 인격적인 신성에 대해 소개하길 원했다면, 그는 인격적인 신성을 만유의 정신이라고 생각했었다. 그리고 이는

---

23) Rilla, VIII, 616ff.

24) 비교. H. Scholz, Die Hauptschriften im Pantheismusstreit zwischen Jacobi und Mendelssohn (Neudrucke seltener philosophischer Werke, VII, hg. v. d. Kantgesellschaft), Berlin 1916.

25) E. H. Amberg, Lessings Gottesanschauung in heutiger Sicht, ThLZ 106, 1981, 466-472.

전체를 유기적인 몸으로 비유한 것이다." 레싱이 서 있던 본래적인 전통의 입장이란, 하나님에 대한 관점을 세계정신으로 보았던 영성주의(뵈메), 그리고 세계에 생기를 불어넣어 준다는 신념을 가졌던 라이프니츠와 디드로와 다를 바 없다. 그러므로 레싱에게 하나님은 "모든 것의 모든 것"이실 수 있다. 이때 레싱은 스피노자와 달리 모든 것 되신 하나님의 정체성이 아니라, 이 세계 전체에 하나님의 현재(편재)와 전능을 생각했던 것이다. 레싱에게서 정신이라는 개념이 얼마나 중요했는가는 다양한 방식으로 인간의 윤회 가능성을 고려했던 점에 잘 나타나있다.[26] 이로부터 레싱은 소위 자신의 "시스템"을 "영혼의 선재와 윤회"라고 지칭했다.[27]

레싱은 그의 저서『인류의 교육』(74ff.)에서 놀라울 정도로 상당히 정통주의 교리체계를 보존하고 있음을 보여준다. 즉 삼위일체 교리 외에도 원죄, 노예의지, 아들의 배상, 칭의론 같은 신앙원리들을 제시하는데, 그럼에도 이 모든 것은 "이성의 진리"라는 형식으로 재해석되었다. 이제 기독론에 눈을 돌려보자. "우연한 역사적 진리들은 결코 필연적인 이성진리의 증거가 될 수 없다"는 문장은 기독론에 다음과 같은 결과를 가져다준다. 역사적인 현상으로서 지상적이고 역사적인 예수는 그의 모든 가르침, 이적과 기사에도 불구하고 그 자신이 영원한 로고스, 육신이 되신 하나님의 "아들"이라는 것을 결코 증명할 수 없다. 왜냐하면 하나님이 형이상학적인 "아들"을 가지셨다는 사실은 레싱에게 필연적인 이성진리이기 때문이다. 우리가 위에서 보았던 것처럼, 하나님은 성경이 "아들"이라고 부른 "그 자체로 완전한 표상"을 필요로 하시기 때문이다. 레싱은 이러한 형이상학적 "아들"을 역사적 예수와 동일시하고, 소위 성취된 예언과 예수의 기적을 논증의 근거로 삼으려는 것에 반대하였다. 그러므로 레싱은 기독론에서 준엄한 이원론을 대변하였다. 그가 명시적으로 의심하지 않았던 예수의 부활조차 레싱에게는 역사적 예수의 하나님 아들 되심을 위한 증거가 결코 아니었다. 역사적 진리들은 "이성진리"를 위한 증거를 결코 제공할 수 없다. 레싱은 이를 다음과 같이 표현할 수 있었다. "나는 종교를 역사적 종교로부터 분리해

---

26) 에를 들어, "인간에게는 오감 이상의 것이 있을 수 있다." 대략 1776, Rilla VII, 576-579; 인류의 교육, 94-100, Rilla, VIII, 614f.

27) Rilla, VII, 579.

서 알고 싶다."[28]

레싱에게 지상의 예수는 한 인간일 뿐으로, 그는 자신의 평론『그리스도의 종교』(Die Religion Christi, 1780)[29]에서 상술(詳述)했다. 이점에서 우리는 레싱에게 끼친 소치누스주의(Sozinianismus)의 영향을 언급할 수 있다. 레싱은 파우스토 소시니(Fausto Sozzini), 에른스트 조너(Ernst Soner), 안드레아스 비조바티(Andreas Wiszowaty)같은 소치누스주의의 중요한 대변자들의 입장을 많이 다뤘다.

레싱은 "기독교 종교"(christliche Religion)와 "그리스도의 종교"(Religion Christi)를 구분했다. 즉 레싱에게 있어서 소치누스주의자들과 유사하게 역사적 예수에 대한 신념은 영혼의 불멸을 설파한 "하나님에 의해 조명된 교사"에 다를 바 없었다.[30] 레싱은 지상의 예수가 "인간 이상이었다는 것"[31]을 인정하는 한에서 "그리스도의 종교"에 대해 긍정하고, "기독교 종교"에 대해서는 반대했다. 물론 지상의 그리스도를 신격화하고 특별히 요한복음에서 발견하게 되는 "기독교 종교"는 영원히 존재할 것인데, 왜냐하면 "인간과 신성 간에 중재자를 필요로 한다고 믿는"[32] 사람들을 만나기 때문이다. 그럼에도 불구하고 레싱은 기독교 종교를 신뢰하지 않았고, 그리스도의 종교만을 옹호했는데, 이는 그의 교육서에 나타난 "영원한 복음"과 분명하게 동일한 것이었기 때문이다.

레싱이 "그리스도의 종교"와 "기독교 종교"를 구별하는 가운데 이신론적인 회상이 존재함을 볼 수 있는데, 이는 우리가 보았듯이 이미 솔즈베리의 장갑제조공인 이신론자 토마스 첩(Thomas Chubb von Salisbury)이 이런 구별을 실제적으로 선취했던 것이다.

비록 레싱이 역사적 예수의 하나님의 아들 되심에 대해 논쟁했음에도 불구하고, 그에게 나사렛 예수는 분명 계시의 담지자였다. 물론 이것은 그의 신성과 육신이 되심에 근거해서가 아니라, "조명"에 토대를 둔 것이다. 여기에서 다시 레싱의 영성주의를 언급할 수

28) X. Axiom, Rilla, VIII, 159.

29) Rilla, VIII, 538f.

30) "Gedanken ueber die Herrnhuter", Rilla, VII, 190, "인류의 교육" 58과 연계해서. Rilla, VIII, 605.

31) "Die Religion Christi", Rilla, VIII, 538.

32) "Neue Hypothese ueber die Evangelisten als bloss menschliche Geschichtsschreiber betrachtet", 63, Rilla, VIII, 131.

있다. 이런 의미에서 나는 아네르(Aner)의 주장[33]을 상기시키고자 한다. 즉 "레싱은 초자연적 계시의 담지자로서 그리스도의 성품에 대해 이의를 제기했다."

그럼에도 불구하고 신학적으로 보았을 때, 이점에서 레싱은 약점을 가진다. 왜냐하면 레싱은 내적인 삼위일체의 과정을 인간적인 구속사와 상관없이 생각했으며, 이러한 것은 단순한 사변의 틀에 머물렀기 때문이다. 레싱이 로고스의 육신이 되심을 부정했기 때문에, 결국 그는 자신의 종말론적 관점에서 제시한 바대로 역사를 벗어나게 된 위험에 처하게 되었다. 즉 그는 먼 미래에 계시의 역사적 진리가 사라지고, 전적으로 이성진리 안에서 완전히 바뀐다는 종말론적 관점을 갖고 있었다.

계몽주의는 신학적으로 계속해서 역사와 계시의 이원론으로 흘러갔다. 라이마루스(Reimarus)는 성서의 역사를 계시로부터 분리했다. 그래서 그저 역사가 없는 이성적인 도덕만이 남아있을 뿐이다. 레싱은 계시를 계시의 역사로부터 분리했다. 그래서 비역사적인 "영원한 복음"만이 남아있다.

이로써 역사적 계시와 이성 간의 대립은 이성을 위해서 결정되었고, 합리주의를 향한 길이 활짝 열리게 되었다.

부설(附設): 모제스 멘델스존(Moses Mendelssohn)

레싱은 언제나 인권을 옹호했다. 이것은 유대공동체를 위한 그의 태도에서도 알 수 있다. 베를린에서 거주했던 첫 주거지는 슈판다우어가 68번지(Spandauer Strasse 68)로 그는 유대인들과 함께 살면서, 억압받는 소수민족의 문화적인 삶을 지켜볼 수 있는 풍부한 기회를 가졌었다. 거의 20년 동안 레싱은 <유대인>(Die Juden)이라는 단막극을 썼다. 이 단막극에서 레싱은 반셈족주의의 편견에 대항했다. 레싱이 1754년부터 모세스 멘델스존(1729-1786)과 지속적인 친분관계를 유지했던 것은 좋은 본보기였다. 레싱은 멘델스존과 동갑으로 함께 베를린에 온지 14년이 되었다. "데사우(Dessau) 출신으로 유대인 부모를

33) K. Aner, Die Theologie der Lessingszeit, Halle 1929, 348.

둔 이 아들(멘델스존)은 힘이 들더라도 먼저 독일어를 배워야만 했다. ... 영국 철학자 로크(Locke)의 작품을 독학하여 통찰력 있는 사상가가 되었다. 레싱은 신체가 허약했던 이 젊은 유대인의 첫 문필가적 시도를 결코 검증하지 않았으며, 주저함 없이 출판을 시도했다. '철학적 담화'는 이미 라이프니츠에 의해 형성되었던 낙관적인 세계관에 대한 설득력 있는 변증을 설명해주었다. 유대인이 독일어로 간행하도록 허락된 이 첫 번째 책은 볼테르의 회의주의에 대한 공개적인 비방이었다. 또한 레싱은 확신을 가지고 자신의 신앙의 동지들을 해방의 길로 나아가도록 앞장서서 걷는다는 정신에 사로잡힌 이 유대인의 자기감정을 계속해서 강화하였다."[34]

멘델스존의 철학적 작품들은 계몽된 독일 시민계급에게 호소력을 가졌는데, 특히 『페돈(Phaedon) 혹은 영혼의 불멸성에 관하여』(1767)와 『아침 혹은 신의 현존에 대한 강의』(1785)가 그랬다. 이 저서들에서 드러난 이성신앙은 결코 특별하게 유대적인 것이 아니었다. 멘델스존의 정신적인 고향은 칸트 이전의 라이프니츠-볼프 철학인데, 이것이 모세법의 추종자인 그의 실존에 영향을 끼친 것은 아니었다. 오히려 그는 유대의 전통에 충실했다. 독일의 계몽주의자로 활동하며 율법에 충실한 유대인으로 살아가는 자신의 입장에 대해 그는 자신의 작품 『예루살렘 또는 종교적 권력과 유대교에 관하여』(1783)에서 정당화했다. 1763년 베를린 아카데미가 그에게 저명한 현상논문상을 수여했다는 사실과 더구나 칸트를 능가했다는 것은 당시의 프로이센의 태도에 비추어볼 때, 놀라운 일이었다.[35] 한편 칸트는 같은 해에 베를린 아카데미의 회원이 되었다.

34) G. Sichelschmidt, Lessing in Berlin, Berlin 1979, 56f.

35) 비교. H. und M. Simon, Geschichte der juedischen Philosophie, Berlin 1984, 208-212.

제12장

신앙에 대한 임마누엘 칸트의입장

쾨니히스베르크의 철학자 임마누엘 칸트(Immanuel Kant, 1724-1804)는 자신의『순수이성비판』(Kritik der reinen Vernunft, 1787) 제2판 서문에서 다음과 같이 기술했다. "나는 신앙에 자리를 부여해주기 위해서 지식을 폐기해야만 했다." 이로써 그는 지식과 신앙을 서로 배타적으로 정반대의 대립을 불러일으키는 것이 아니라, "그릇된" 지식과 "그릇된 신앙"에 맞서는 태도를 취하기를 원했던 것이다. 그에게 잘못된 학문은 세계 도처에서 모든 경험을 마무리시키는 선험적인 인식을 얻기 위해서 권리를 요청했던 낡은 "초월적인" 형이상학이었다. 여기에서부터 합리적인 신학에 대한 칸트의 신존재증명에 대한 비판이 생겨났다. 칸트에게 하나님은 이론적인 대상이 아니라, "규정관념"으로서 실천이성의 요구였다. 우리는 하나님을 인식할 수는 없으나, 신적인 것에 끊임없이 다가갈 수 있어야만 한다. 그러므로 언제나 도덕적인 결단의 특성이 올바른 신앙에 어울린다. 이점에서부터 칸트는 "그릇된" 신앙에 맞섰는데, 특히 그의 "순수이성의 한계 안에 있는 종교"(Die Religion innerhalb der Grenzen der blossen Vernunft, 1794)[1]에서 잘 드러났다.

그에게 잘못된 신앙은 다음과 같다.

a) "경험으로서 계시에 바탕을 두었고" 또한 역사에 근거하기 때문에 "역사적인" 신앙은 "모든 사람에게 도래하지 않으며, 따라서 필연적인 것이 아니라 우연적인 특성을 갖는다. 그렇지만 이성에 부합해야만 하는 신앙은 보편적으로 정당해야만 한다. 신앙은 "종교적 신앙"이며, 우연히 이 종교의 역사적인 주위에서 태어난 이들에게 만족해서는 안 된다. 이점에서 라이프니츠와 레싱으로부터 유래하는 전통이 칸트에게 나타나는데, 이는 필연적인 이성의 진리와 우연한 역사의 진리를 구분하는 것이었다.

b) 그릇된 신앙은 "교회의 규정과 더불어 신적인 권위를 구실삼아 허다한 멍에"를

1) Immanuel Kant, Schriften zur Religion (Texte zur Philosophie-und Religionsgeschichte), Berlin 1981, 91-267. 비교. H.-G. Fritsche, Kants Forderung eines 'vernuenftigen' Glaubens, in: Lehrbuch der Dogmatik, I, Berlin 1982, 2 Aufl., 128-140.

부과하는 "입상(立像) 같은 교회의 신앙"이며, "예배의 종교"라는 성향을 가지고, "자의적인 규칙"에 근거한다. 칸트는 이렇게 권위적으로 부과된 신앙을 "품삯신앙", "강제노동신앙", "똥구멍신앙"이라고 불렀다. 반면에 참된 신앙은 자발적인 신앙이다. 이것은 타율적인 신앙일 수 없다.

c) 참된 신앙은 도덕적인 신앙이지, 교리적인 신앙이 아니다. 참으로 종교적인 신념은 우리의 모든 의무를 신적인 계명으로 인식하는 가운데 결심했다. 칸트는 다음과 같이 말한다. "만일 신적인 계명(모든 종교의 본질적인 것을 해결하는)인 모든 인간 의무들의 성취에 영향을 끼치지 못하면 교회신앙의 공론) 우리로 하여금 도덕적으로 관심을 갖게 할 수 없다."

인간의 죄를 위해서 예수 그리스도의 대리적인 보상이라는 가르침은 칸트에게 통로가 없었다. 그는 "한 사람이 단번에 그의 거룩과 공로를 통해 자기 자신과 또한 다른 모든 이들을 위해 충분히 행했다는 사실이 주어졌다는 것을 믿어야만 한다."는 논제를 거부했다. 오히려 그는 주장하기를, "사람들이 모든 힘을 다해 하나님 마음에 합한 삶의 변화라는 거룩한 신념을 위해 애쓰지 않으면 안 된다. 이 신념은 이성을 통해 이미 우리에게 확신된 인간을 향한 사랑이 정직한 성향을 고려해서 행위의 부족을 보충해야 한다는 사실을 믿을 수 있기 위한 것이다." 칸트는 양심의 의무를 강조했다. 그러므로 종교가 "마침내 모든 경험적인 규정 근거에 의해 그리고 역사에 근거하고 교회신앙을 이용해서 일시적으로 인간을 선의 요청에로 일치시키는 모든 정관에 의해 점진적으로 해방되며, 마침내 순수한 이성종교가 모든 것을 지배하여 '하나님이 모든 것의 모든 것이 되시는 것'이 필연적이다. 그러므로 비록 교회신앙의 점진적인 변화의 원칙이 보편적인 이성종교에로, 그리고 신적이고 윤리적인 국가가 지상에 일반화되고 그 어디에서나 공적인 뿌리가 파악됨에도 불구하고 '하나님의 나라가 우리에게 도래했다'고 정당하게 말할 수 있다."

사람들은 이러한 실행에 대한 도덕적인 열심에 접촉하지 않을 수 없다. 칸트의 철학적인 기획인 "영원한 평화를 향해"(Zum ewigen Frieden, 1795)는 이런 도덕적이고 개선을 향해 노력하는 노선에 서 있다. 기독교 종교는 역사적인 종교이고, 그리스도는 세상에 등장한 계시자로서 이런 방식에 돋보인다. 또한 칸트는 이를 관철시키기 위해서 기독교가 영적인 힘으로서 교회의 "매체"인 조직과 시설을 필요로 한다는 이해를 가지고 있지 않았다. 사람들은 칸트의 이론의 광범위한 영향을 해명해야만 한다. 이 영역의 현저한 환속(교회와 인연을 끊기)에 기여했던 교양 있는 시민계급의 전 세대가 그의 신념 안에서 교육되었다.

칸트는 기독교를 단지 합리적으로 "자연종교"로 파악할 수 있었다. 그 내용은 도덕(도덕적인 자기규정의 전제로서 주체의 자유와 함께)과 하나님 개념(도덕적인 세계창시자의 개념으로서)과 불멸성이었다. 칸트에 따르면 이러한 이성종교는 계시에 근거한다. 그러나 이때 "경험적인", 즉 역사적인 계시가 문제가 아니라, 오히려 "이성을 통해 계시된 세계통치자의 의지"가 중요하다.

자연적이고 역사적으로 계시된 종교는 하나의 조건 아래에 있다. 즉 "만일 인간이 종교에 대해 이성의 단순한 사용을 통해서 스스로 도달할 수 있거나 도달해야만 한다는 사실이 공급된다면 말이다. 종교가 요구된 것 보다 너무 이르거나 혹은 앞선 유포에 해당되지 않는지, 따라서 계시 자체가 분명한 시간에 그리고 확실한 장소에 그리고 인류를 위해 매우 유익할 수 있다면, 그래서 이를 통해 시행된 종교가 한번 있고, 공적으로 알려지게 되었으며, 계속해서 누구에게나 그 진리가 그 자체와 고유한 이성을 통해서 설득될 수 있게 된다. 이런 경우에 종교는 비록 주관적으로는 계시된 종교임에도 불구하고 객관적으로는 자연종교이다."

레싱은 역사적으로 기독교 계시를 합리화하였고, 칸트는 이를 보편적인 이성종교로 대체했다. 그래서 계몽주의는 역사의 해체와 함께 종결되었다. 더 이상 역사적인 것과 대상적인 것이 아니라, 이성적인 것이 표준적인 것이며, 역사는 그것이 이성적인 것의 표현일 때에만 타당하다. 이점에서 칸트의 프로그램(그의 『순수이성비판』 제2판 서문에 나타난)

은 종교의 분야에서 실현되었다. 즉 우리의 인식은 대상에 따라서가 아니라, 대상이 우리의 인식에 따라서 세워져야만 한다는 것이다.

제13장

계몽주의의 종국

칸트는 기독교 종교를 이성과 도덕으로 해체시켰다. 계몽주의의 논리적인 귀결로서 합리주의의 극복은 - 적어도 원칙적으로는 - 사람들이 종교를 살아있는, 즉 인간을 내적으로 제압하고 요구하는 힘을 재발견하는 것으로, 하나님의 들을만한 언명(Hamann)으로, 직접적인 종교적 체험(Herder)으로, 우리의 관점에서 "우주"의 행동으로(Schleiermacher, 그러나 이 사람은 19세기의 신학사에 해당된다) 파악되는 곳에서 발생할 수 있었다.

A 요한 게오르크 하만(Johann Georg Hamann, 1730 - 1788)

하만은 경건주의로부터 왔으며 마찬가지로 쾨니히스베르크 출신이고 칸트와 치열하게 논쟁을 했던 인물이다. 그는 1758년 런던에서 회심을 체험했고, 후에 고향에서 파크호프관리자(Pakhofverwalter)로 살았으며, 헤르더와 관계를 맺을 정도로 다작의 저작활동을 전개하였다.

"북부의 위대한 인물"(Magnus in Norden)의 개별 저작들은 그의 어두운 문체 때문에 간단히 해석되지 않는다.[1)]

하만은 깜짝 놀랄만한 명확성을 가지고 근대의 철학이 존재를 단순한 사유의 대상으로, 사유의 가능성으로 만들었고 따라서 휘발되어 버렸다고 인식했다. 하만은 이런 발전의 출발점을 데카르트의 "Cogito ergo sum"에서 보았다. 하만에 따르면 여기에서 소위 일반적이고, 숙련되고 건강한 인간이성의 새로운 교조주의가 형성되었다고 본 것이다. 왜냐하면 시대의 "우상숭배"는 진리를 위한 고유한 견해와 선입견을 성서 계시의 판단 아래 스스로 유지하려는 것이었다. 사람들은 "볼테르의 형이상학적인 망상"을 절대적으로 설정했고, 계시가 우리의 신념에 따라 조정된다고 생각했다.

하만에게 인식은 설명이나 평가 또는 증명이 아니라, 읽기와 이해이다. 그러므로 그에게 이성은 수학적인 오성이 아니라, 하나님의 진술과 말을 "이해하는" 근원적인 어의(語義)에서 새롭게 파악되었다. 만일 그렇다면 이성은 더 이상 계시에 대립하지 않는다. "이성

1) 비교. M. Seils, Theologische Aspekte zur gegenwaertigen Hamann-Deutung, Berlin 1957, 그리고 E. Metzke의 하만 논문집인 Coincidentia oppositorum, Witten 1961이 있다.

이 무엇인지 비로소 알게 될 때, 계시와 관련된 모든 갈등은 중지된다." 계몽주의와 정통주의에 대립해서 하만은 인간을 그 자신의 본질에서, 즉 더 이상 단지 사유하는 인식에서가 아니라 그의 실존의 직접성으로부터 파악하였다. 하만은 말은 다음을 목표로 한다. 즉 "마음은 머리가 생각하는 것 보다 먼저 울린다." 우리의 실존과 마찬가지로 살아있는 진리는 우리의 이성보다 오래되었으며 개념에 관한 우회로를 필요로 하지 않는다. 그러므로 하만은 계몽주의의 개념종교에 맞서 모든 종교의 신화적이고 시적인 광맥을 제시했다. 간단히 말하자면, 그의 역사적이고 근원적인 본질을 지향하는 것이다. 이런 관점에서 그는 특별히 헤르더에게 깊은 영향을 미쳤다.[2] 이신론이 구약성서에 대해 거부와 비평의 입장을 취했던 것과 대조적으로 여기에서 다시 구약성서의 시문학의 근원적인 아름다움이 발견되었고, 이는 괴테에게 깊은 인상을 주었다.

무엇보다 하만에게 있어서 종교는 하나님이 세상으로 강하(降下)하는 것이었다. 기독교는 자신의 중점을 그리스도의 인간되심에 두었다. 그러므로 그에게 성서의 내용은 가르침이 아니라 역사이다. 하만에게는 "그리스도의 종교"가 아니라, 오히려 그리스도 자신이 역사적으로 종교적인 주체로서, 인간이 되신 분으로서, 인격이신 하나님의 계시로서 그 중심에 서 있다. 그에게 하나님의 인간이 되심은 말씀, 포괄적인 의미에서 언어였다. 왜냐하면 언어는 이성과 그의 가능성을 떠받치는 근거요, 조건이다. 하나님은 자신을 이면, 개념, 원칙이 아니라 말씀과 화신(化身)의 역사성 안에서 최고로 구체적으로 계시하셨다.

하만은 비합리성의 위험을 언제나 모면하지는 못했다. 그러나 그는 이성에 적대적이지 않았으며, 오히려 그는 당시에 우세했던 비판적인 이성이해를 받아들일만한 이성으로 대체함으로써 계몽주의를 극복하려고 시도했다.

B 요한 곧프리트 헤르더(Johann Gottfried Herder, 1744-1803)

헤르더는 칸트와 하만처럼 동-프로이센 출신이었다. 그는 1762-1764년까지 쾨니히스베르크에서 칸트에게 수학했고, 1776년 이후 그곳의 괴테에 의해 부름을 받아 바이마

2) 비교. 예를 들어 그의 작품 『Vom Geist der hebraeischen Poesie』, 1782ff.

르의 감독관이 되었다. 그의 주저는 『인류사의 철학에 대한 이념』(Ideen zur Philosophie der Geschichte der Menschheit, 1784-1791), 『인간성의 증진을 위한 서한집』(Briefe zu Beförderung der Humanität, 1791-1797)이 있다.

헤르더는 저술가요 시인이며, 연구자요 옛 대중음악의 가치가 중요하다는 것을 다시 일깨운 자이며, 다양한 변화를 경험했던 보편적인 정신의 소유자였다. 여기에서는 단지 총체적으로 그의 신학적인 관점만을 다루게 될 것이다.

하만과 마찬가지로 헤르더 역시 인상적으로 사실(Facta)의 역사를 언급했다. "사실은 다만 사실을 통해서 증명될 수 있다. 그러므로 기독교의 최상의 증거는 기독교 자체, 즉 설립과 보존이며, 가장 좋은 것은 그리스도가 사셨듯이 무죄, 능동적인 희망과 삶을 설명하는 것이다."[3)]

신학적으로 가장 중요한 헤르더의 사상들은 다음과 같다.[4)]

a) 자신의 쾨니히스베르크 스승과 마찬가지로 헤르더 역시 이성을 일깨우고 의무에 대해 길을 밝혀주는 것이 양심이라고 인식했다. 종교만이 "자연 안에서 하나님의 질서를, 인류사에서 아버지의 도덕적인 정치학(Nomokratie)"을 믿는다. 그러므로 헤르더는 의식적인 루터교도였다. "루터파 혹은 개신교회에서 양심과 분명한 신념을 폐기하려는 인간은 가장 화나게 하는 반(反)-루터교도이다." 헤르더는 "양심의 자유"를 옹호했다.

b) 도덕에서 종교를 이해했던 칸트와 달리 헤르더에게 종교는 본질적으로 "이름

---

3) J. G. Herder, Briefe das Studium der Theologie betreffend, 1780, 비교. K. Barth, Die Protestantische Theologie im 19. Jh., Zuerich 1960 3 Aufl., Berlin 1961, 296.

4) Herders saemtliche Werke, hg. v. B. Suphan, Berlin 1877-1913. 비교. 헤르더의 전집을 사안에 따라 인용하고 종합한 것은 다음을 보라. E. Ruprecht, Johann Gottfried Herder Mensch und Welt, Jena (Sammlung Diederichs) 1942. 종교에 관해서는 pp. 471-494를 보라. 우리의 인용은 이 책의 내용을 수용해서 찾아낸 것이다. 헤르더 작품이라는 증거에 대해서는 다음을 참조하라. Ruprecht, a.a.O., 526f.

을 붙일 수 없는 위대한 분에 대한 경배, 두려움, 감사, 신뢰"이며, "그분에 대한 경외, 감정, 기도"이다. 헤르더는 "신뢰하는 신앙"에 대해 말했고, 다시 기도에 주목했다. 그에게 종교는 체험이었다.

c) 헤르더는 성서에 대한 적극적인 태도를 취했고, 성서의 불멸의 시문학을 위한 강력한 의식을 갖고 있었다. 그는 창세기의 이야기들이 시작(詩作)이라는 것과 창조의 이야기를 자연과학적인 보도로 이해해서는 안 된다는 것을 인식하였다. "사람들은 인간적으로 성서를 읽어야만 한다. 왜냐하면 성서는 인간을 통해서 인간을 위해 기술된 책이기 때문이다. 언어는 인간적이며, 성서가 기술하고 부여잡고 있는 외적인 수단들도 인간적이다. 결국 성서가 파악될 수 있는 의미도 인간적이다."

d) 제믈러와 레싱과 같이 헤르더는 "하나님의 말씀"과 성서를 구분했다. 그는 그리스도 자신인 "하나님의 말씀"과 "역사적인 증언", 즉 성서에 기술된 보도들을 구별했다. 헤르더가 역사적인 증언을 레싱보다 더 높게 평가했으며, 전적으로 은총의 수단으로 보았지만 말이다. "우리는 더 이상 하나님-계시의 중심에 서 있는 것이 아니라, 우리의 신앙이 하나님의 말씀과 역사적인 증언으로부터 오는 비탈진 시대에서 흔들리고 있다."

e) 칸트와 달리 또한 헤르더는 비록 교회에 대해 비판적인 태도를 가지고 있었음에도 불구하고 그 자신이 교회의 낙관적인 종복이었다. "이런저런 형태를 가진 교회의 신앙은 그 안에서 복음이라는 열매가 자라는 껍질과 씨를 움켜쥔 껍질이었다. 우리는 이 두 가지 껍질을 버려서는 안 된다. 우리는 그들로부터 열매와 씨를 누리지만, 그럼에도 불구하고 다음과 같이 말한다. 껍질은 씨와 열매 자체가 아니다. 가장 정교한 교리와 함께 씌워진 교회의 신앙은 단지 역사적인 신앙이다. 신앙내용을 통해서나 신앙내용에 따라서도, 신앙내용 때문에도 아니다. 왜냐하면 교회의 신앙이 알려지고 믿어진 것은 인간이 의롭고 복되는 것이다." 헤르더는 "역

사적인 신앙”에서 교회의 교리신앙을 이해했는데, 이는 “소위 예수에 대한 종교”이며, 무엇보다 사도적 신앙고백과 기독론과 삼위일체 교리이다.

f) 그러므로 헤르더는 레싱과 함께 “예수에 대한 종교”와 “예수의 종교”, 즉 예수의 선포를 구별했다. 그는 후자만을 인정하기를 원했다. 반면에 예수에 대한 종교는 그에게 예수의 인격과 그의 십자가에 관한 “생각 없는 숭배”이다. “그러므로 소위 예수에 대한 종교는 시간이 흐름에 따라 필연적으로 예수의 종교로 변해야만 하는데, 그것도 알아채지 못하고 제지하기 어렵게 말이다.”

g) 레싱과 마찬가지로 헤르더는 일종의 인류의 신적인 교육을 알고 있었다. 이때 헤르더는 비록 그가 자명하게 계시를 인정했음에도 레싱처럼 계시사적으로 생각했던 것이 아니라, 오히려 흄의 모범을 따라 종교사적으로 생각했다. 그러므로 그의 통찰력은 성서적인 종교의 전개에 제한되지 않았고, 오히려 모든 “민족적인” 종교를 확대하였다. 이로써 헤르더는 민족들의 문화적인 발전에 대한 시선과 결합했다.

“모든 종교들은 서로 공유한다. 그들은 처음에 단순한 명제들과 본성의 지역적인 견해 위에 세워졌고, 마찬가지로 해의 순서, 날의 순서, 삶의 과정에 대한 단순한 의무들을 지시하였다. 한 민족의 도덕적인 개념들이나 문화가 상승하면 할수록 이러한 옛 관습들과 규정들은 더욱 이리저리 움직이게 된다. 그래서 그들 안에 정교한 의미가 자리를 잡는다.” “동양에서 첫 번째 자녀교육이 단순하고 강력하며 확고하게 마음에 명심케 한 이후로 첫 자극이 주어졌다. 하나님은 바울이 말했던 것처럼 백성들이 그들의 고유한 길을 배회하도록 내버려두었다. 하나님이 선을 내보이심으로 신적인 수업이라는 첫 번째 가르침이 발전했던 것이다. 그것은 백성들과 함께 하시는 하나님의 길이었다.”

로마제국의 보편적인 조직을 통해서 "모든 민족들의 사상이 흔들렸을 때", 하나님은 "때가 차서 자신의 아들을" 보내셨다.

h) "그때 예수가 왔고, 하나님, 인간성, 미덕, 불멸성에 관한 가장 탁월한 개념들을 단순하고도 가장 적당한 언어로 드러냈다. 개별 민족의 모든 현자들이 이제까지 힘들여 연구하고 증명했으며, 학교와 민족 그리고 선택된 집단의 서가에 가두어져 있었던 것이 그리스도를 통해 이제 세계의 보편종교가 되어야만 했다." 헤르더에게 "예수의 종교"는 "종교일 뿐만 아니라 인류의 유일한 종교, 즉 종교의 이상이다." 여기에서 "가장 인간을 사랑하는 이신론"[5]이 제시되었는데, 이는 인류가 "수천 년간 준비해왔던 것으로 유아기, 야만, 우상숭배, 감각으로부터 점차로 끄집어내야만 했던" 것이다. 예수를 통해서 인류는 "하나님종족이며 서로 형제종족"이 되었다. "그리스도 자신의 가르침과 실행이었던 그리스도의 종교는 인도주의 그 자체이다. 이것과 다른 것은 아무 것도 없다. 그러나 그리스도의 종교는 가장 포괄적인 전체로 볼 때, 가장 순수한 원천이며, 그 안에 가장 효과적인 적용이다. 그리스도는 자신을 사람의 아들(인자), 즉 한 인간으로 불리는 것보다 더 고상한 이름을 결코 알지 못했다."[6]

i) "그리스도는 우리와 같은 인간이셨지, 결코 인격화된 관념이 아니시다." 그럼에도 그는 하나님이 "때가 찼을 때" 보내신 "아들"이셨다. 왜냐하면 그리스도는 "모든 인간의 마음에 위대하고, 영원하며, 살아있는 말씀이며, (중략) 인간 안에서 신성을 볼 수 있고, 현재하며, 빛나는 순수한 인물이시기 때문이다." 하나님은 그리스도의 영혼에서 자신을 계시하셨다. 헤르더는 "계시"에서 예수의 신적인 영감을 이해했는데, 이는 예수의 입장에서 보자면, 자신의 가르침을 통해 우리 안에 하나님의 살아계신 말씀이 작용하게 하려는 것이다.

---

5) 헤르더는 "이신론"에서 단순히 "하나님의 관점"을 이해했다.

6) 인간성의 증진을 위한 서한집, 25. Brief, Punkt 30.

j) 대략 1778년부터 헤르더는 스피노자의 철학과 가까워졌다. 그러나 그는 레싱만큼이나 정통적인 스피노자주의자가 되었다. 그는 스피노자의 hen kai pan(하나와 여럿)을 레싱처럼 영성적으로 해석했다. 즉 하나님은 살아있는 세계정신, 활동하는 하나님의 정신으로서 "모든 것"이다.

k) 이것은 헤르더의 하나님이해를 위해 그 이상의 결론을 갖는다. 그에게 하나님은 세계의 바깥이 아니라, 내부에 계신다. "나는 세계 바깥의 무한을 파악하지 않는다. 그는 나를 자극하지 않는다. 왜냐하면 그는 나로부터 멀리 있기 때문이다. 그러나 내 주위에 계신 하나님은 나를 파악하고 계시고, 나를 지으셨고, 모든 것을 지으셨고, 나를 보존하시고 이끄시며, 나의 하나님이요 아버지이시다. 자연에서 힘이 있는 곳이라면 그분이 계시다. 자연의 정신이 있는 곳에 그 정신의 숨결과 능력이 있다. 그러므로 모든 것은 그것이 하나님 안에서 근거를 갖는 한에서 가능성(Kontingenz)이며, 또한 하나님의 사상에 필연적으로 속하는 한에서 필연적이다.

l) 그러나 이는 헤르더가 하나님을 세상과 동일시했다는 것을 의미하지 않는다. "분명 하나님은 너 밖에 계시며, 모든 피조물을 향해서, 모든 피조물 안에서, 모든 피조물을 통해서 계신다. 나는 세상 바깥의(extramundan) 하나님을 알지 못한다. 그러나 하나님이 네 안에 있지 않고 네가 그의 존재를 무한히 내적인 방식으로 느끼고 맛본다면 그리고 그가 자기 자신을 헤아릴 수 없이 많은 기관의 하나로서 네 안에서 누리신다면 하나님은 너에게 무엇이신가?" 헤르더가 이런 진술로서 여기저기에서 강력하게 스피노자와 유사했을 때, 그는 교리상으로 입장을 밝히는 것이 마음에 거슬렸다. "하나님은 세계가 아니며, 세계는 하나님이 아니다. 그것은 변함이 없다. 그러나 내겐 세계 바깥과 위에 있는 것은 전달될 수 없는 것이라고 생각된다. 만일 사람들이 하나님에 관해 말한다면, 시간과 공간의 모든 우상을 잊어야만 한다. 그렇지 않으면 우리의 최상의 노력은 헛된 것이다."

헤르더가 "그분은 모든 것에 앞서 있으며, 모든 것이 그 안에 존재한다. 모든 세계는 영원히 살아있고, 영원히 활동하는 그분의 능력의 표현이며 현상이다(explicatio dei)."라고 하나님에 관해 말했을 때, 그는 레싱과 같이 니콜라우스 쿠자누스(Nikolaus Kusanus)에게서 유래하고 라이프니츠에게 도달했던 전통 안에 서 있었고, 이것이 헤르더에게 깊이 각인되었다는 사실이 분명해졌다.

이점에서부터 헤르더는 계몽주의를 극복했다. "헤르더에게 계몽주의의 극복은 논리와 윤리의 우세한 세력의 극복을 의미한다. 즉 이해력의 범주만이 아니라 정언적인 명령도 (절대)감정과 경험의 발견, 직접적인 체험으로부터 인식과 진술 가능성의 발견을 통해서 극복되었다."[7] 그래서 "헤르더의 신학적인 평가는 칸트의 순수한 합리주의와 18세기 전체의 합리주의에 대한 반동"으로 이해될 수 있다.[8] "레싱과 칸트에 강력하게 몰두했던 것 같이 헤르더에게 이성과 계시 사이의 투쟁은 단지 시야의 가장자리에서 나타나며"[9] 금후 신학사에서 완전히 사라졌다.

그럼에도 불구하고 헤르더는 계몽주의의 본질적인 요소를 유지하였다. 계몽주의가 그랬듯이 그도 인간으로부터 생각했다. 그에게 기독교의 계시는 하나님의지의 표시라기보다는 인간의 완성을 위해 헌신한다. 그렇다 헤르더에게 이런 생각은 인간성이라는 이상의 신격화에서 정점을 이루었다. 그래서 헤르더에게 모든 인간적인 것의 왕관인 영감을 받은 예수의 기독론이 그 정점에 서있다. 바이마르의 총감독관은 그리스도의 신성을 부인했다. 그는 "고대교회의 기독론에 대한 격렬한 혐오"를 갖고 있었다.[10]

그에게 중요한 것은 단지 그리스도에 의해 선포된 가르침 혹은 이미 레싱이 말했듯이 예수의 종교였다. 그러므로 이제까지의 기독교적인 종교와 예수에 대한 종교 양자는 예수의 종교를 통해 대체되어야만 했다. 그때 이후로 이런 요청은 하르낙(Harnack)과 개신교 신학에서 "역사적 예수"에 대한 물음을 거쳐 오늘날까지 중대한 것으로 남아있으며, 계몽주의의 가장 중요한 영향으로 표현되었다.

---

7) K. Barth, a.a.O., 282.

8) Ebd., 301.

9) Ebd., 295.

10) Ebd., 299.

C 합리주의와 초자연주의

1800년 이후 교회의 계몽주의는 도덕적인 종교와 역사적인 종교라는 제믈러의 구별을 마지막으로 이성과 계시의 긴장을 더 이상 견디어낼 수 없었으며, 양자는 합리주의와 초자연주의라는 서로 분리된 방향으로 분열되었다.

교회의 합리주의를 대변하는 가장 잘 알려진 이는 율리우스 아우구스트 루트비히 벡샤이더(Julius August Ludwig Wegscheider, 1771-1849)로 1810년 할레의 교수가 되었다. 그곳에서 그는 대학교수로 오랫동안 매우 존경을 받았으며, 때때로 900-1000명의 학생들 앞에서 강독했다. 이는 당시에 합리주의가 여전히 젊은 세대들에게 결코 사멸된 것이 아니었음을 보여준다. 그의 교리적인 주저는『기독교 교리신학 강요』(Institutiones theologiae christianae dogmaticae, 1815, 1844 8 Aufl.)로 교의학의 소재를 완전히 이성의 척도에 따라 평가했던 것이다. 이성이라는 판사 앞에서 견딜 수 없는 것은 결코 참되지 않다.

그래서 벡샤이더는 직접적이고 초자연적인 예시를 부인했고 간접적인 계시를 받아들였는데, 즉 신적인 섭리가 기독교에서 가장 가시적인 방식으로 협력했다는 것이다. 벡샤이더가 대변한 것은 건강한 인간이해력에 바탕을 둔 합리주의였다. 그에게 예수는 단지 인간을 위한 최상의 신적인 사신이었다. 비록 숨겨진 방식임에도 불구하고 예수의 부활은 그럴듯한 죽음(假死)의 재소생으로 설명되었다. 독일관념론에 영향을 받은 칼 폰 하제(Karl von Hase, 1800-1890, 1830부터 예나대학의 교수)는 1834년부터 다양한 논쟁 서적들을 통해 합리주의의 철학적이고 학문적인 기초가 불충분함을 증명했는데, 이때 무엇보다 합리주의자였던 요한 프리드리히 뢰어(Johann Friedrich Roehr, 1777-1848, 바이마르의 총감독관을 지냈다)를 겨냥했다. 이제 합리주의는 신학적으로 끝장났다.

정반대 입장으로 소위 초자연주의가 있었는데, 으뜸가는 대표자로 프란츠 폴크마르 라인하르트(Franz Volkmar Reinhard, 1753-1812)가 언급될 수 있다. 그는 1782년부터 비텐베르크 대학의 신학교수였고, 1792년부터 드레스덴의 궁정설교자로 활동했다. 라인하르트는 진보적으로 성서적인 계시신앙의 토대 위에 발돋움했다. 그는 계시신앙의 중심을 그리스도 안에서 오직 의롭게 하는 은총론으로 보았다. 이성은 단지 하위에 종속된 것으로,

계시를 지원하고 확증하는 역할을 한다. 이성은 너무 약하고 제한되기에 계시를 공개토론장으로 끌어내기를 원한다. 여기에서 철학은 신학의 시녀라는 멜란히톤적이고 정통주의적인 입장이 새롭게 나타난다.

합리주의와 초자연주의 사이의 중재는 "초자연적인 합리주의" 혹은 "합리적인 초자연주의"로 시도되었다. 칼 프리드리히 슈토이들린(Carl Friedrich Staeudlin, 1764-1826, 1790년 괴팅겐 대학 교수)은 자신의 "합리주의와 초자연주의의 역사"(Geschichte des Rationalismus und Supranaturalismus, Goettingen 1826)를 다음의 말(S. 468)로 종결지었다. "기독교는 내게 합리주의와 초자연주의가 일치된 것으로 설립되었고 유지될 수 있는 것으로 비쳐진다고 나는 숨김없이 솔직하게 고백한다. 그것은 종교론과 도덕론을 위해 이성과 우리의 모든 영적이고 정신적인 힘을 적절하고 검소하고 겸손하게 사용하도록 재촉하며, 동시에 하나님의 아들을 통해서 나타난 초자연적인 계시에 대한 신앙을 재촉한다." 이것은 라이프니츠와 볼프 이래 다양한 변형으로 대변되었던 이성과 계시의 "적합한" 타협이 된다.

교회의 계몽주의의 출구는 "이성과 계시"라는 주제에 대해 근본적으로 새로운 것을 더 이상 제공해줄 수 없었다는 것을 가리킨다. 이런 문제의 원칙적인 해결가능성은 소진되었다.

이미 하만과 헤르더에게서, 그 다음엔 슐라이어마허와 독일 관념론 그리고 대각성운동에서 "이성과 계시"라는 특별한 테마를 지닌 계몽주의를 마무리 지어야만 하는 새로운 힘이 등장했다.

부 록

색인

KGE 도서목록

색 인

KGE 도서목록

편집인: 울리히 게블러(Ulich Gäbler), 요한네스 쉴링(Johannes Schling)
출판인: 게르트 핸들러(Gert Haendler), 고(故) 요아힘 로게(Joachim Rogge †)

◈ : 한글출판.

▲ : 독일출판예정.

Ⅰ. 초대교회부터 중세시대까지

I - 1 ◈
DAS URCHRISTENTUM
von Karl - Martin Fischer †
1986, 2. Aufl. 1991 • 200 Seiten+4 S. Beilage
ISBN 978 - 3 - 374 - 00295 - 1
『원시기독교』, 한정애 옮김
ISBN 978 - 89 - 98741 - 02 - 0
978 - 89 - 98741 - 01 - 3 (세트)

I - 2 ◈
DAS CHRISTENTUM IM ZWEITEN JAHRHUNDERT
von Karl - Wolfgang Tröger
1988 • 140 Seiten
ISBN 978 - 3 - 374 - 00465 - 2
『2세기 기독교』, 염창선 옮김
ISBN 978 - 89 - 98741 - 03 - 7
978 - 89 - 98741 - 01 - 3 (세트)

I - 3 ◈
VON TERTULLIAN BIS AMBROSIUS
von Gert Haendler
1978, 4. Aufl. 1992 • 138 Seiten
ISBN 978 - 3 - 374 - 00297 - 8
『테르툴리아누스부터 암브로시우스까지』, 조병하 옮김
ISBN 978 - 89 - 98741 - 04 - 4
978 - 89 - 98741 - 01 - 3 (세트)

I - 4
DIE KIRCHE DES OSTENS IM 3. UND 4. JAHRHUNDERT
von Hans Georg Thümmel
1988 • 136 Seiten
ISBN 978 - 3 - 374 - 00466 - 0

I - 5
DIE ABENDLÄNDISCHE KIRCHE IM ZEITALTER DER VÖLKERWANDERUNG
von Gert Haendler
1981, 4. Aufl. 1995 • 152 Seiten
ISBN 978 - 3 - 374 - 00015 - 0

I - 6
DIE ÖSTLICHEN KIRCHEN IN DER EPOCHE DER CHRISTOLOGISCHEN AUSEINANDERSETZUNGEN(5. BIS 7. JAHRHUNDERT)
von Friedhelm Winkelmann
1981, 4. Aufl. 1994 • 152 Seiten+1 Faltkarte
ISBN 978 - 3 - 374 - 00298 - 6

I - 7
DIE LATEINISCHE KIRCHE IM ZEITALTER DER KAROLINGER
von Gert Haendler
1985, 2. Aufl. 1992 • 140 Seiten
ISBN 978 - 3 - 374 - 00299 - 4

I - 8
DIE OSTKIRCHEN VOM BILDERSTREIT BIS ZUR KIRCHENSPALTUNG 1054
von Hans - Dieter Döpmann
1991 • 164 Seiten
ISBN 978 - 3 - 374 - 01195 - 0

I - 9
VON DER REICHSKIRCHE OTTOS I. ZUR PAPSTHERRSCHAFT GREGORS VII.
(10. BIS 11. JAHRHUNDERT)
von Gert Haendler
1994 • 176 Seiten
ISBN 978 - 3 - 374 - 01529 - 8

I - 10
DIE KIRCHEN IM ZEITALTER DER KREUZZÜGE
(11. BIS 13. JAHRHUNDERT)
von Friedhelm Winkelmann
1994, 2. verb. Aufl. 1998 • 164 Seiten
ISBN 978 - 3 - 374 - 01465 - 8

I - 11 ◆
THEOLOGIE IM MITTELALTER
von Volker Leppin
2007 • 184 Seiten
ISBN 978 - 3 - 374 - 02516 - 1
『중세신학』, 이준섭 옮김
ISBN 978 - 89 - 98741 - 05 - 1
978 - 89 - 98741 - 01 - 3 (세트)

I - 12 ◆
DIE ABENDLÄNDISCHE KIRCHE IM HOHEN MITTELALTER
(12./13. JAHRHUNDERT)
von Heinrich Holze
2003 • 304 Seiten
ISBN 978 - 3 - 374 - 02047 - 8
『중세 전성기의 서방교회(12 - 13세기)』,
최영재 • 권진호 • 황훈식 옮김
ISBN 978 - 89 - 98741 - 06 - 8
978 - 89 - 98741 - 01 - 3 (세트)

Ⅱ. 중세 후기, 개혁, 종파 시대

II - 1 ▲
ENTMACHTUNG UND SELBSTZERSTÖRUNG DES PAPSTTUMS (1302 BIS 1414)
von Volker Gummelt

II - 2 ◆
VON DEN REFORMKONZILIEN BIS ZUM VORABEND DER REFORMATION
von Michael Basse
2008 • 224 Seiten
ISBN 978 - 3 - 374 - 02494 - 0
『개혁공의회부터 종교개혁 전야까지』, 홍지훈 • 이준섭 옮김
ISBN 978 - 89 - 98741 - 07 - 5
978 - 89 - 98741 - 01 - 3 (세트)

II - 3, 4 ◆
ANFÄNGE DER REFORMATION / DER JUNGE LUTHER(1483 - 1521), DER JUNGE ZWINGLL(1484 - 1523)
von Joachim Rogge †
1983,2. Aufl. 1985 • 312 Seiten
ISBN 978 - 3 - 374 - 00300 - 1
『종교개혁 초기 / 청년 루터(1483 - 1521), 청년 츠빙글리 (1484 - 1523)』, 황정욱 옮김
ISBN 978 - 89 - 98741 - 08 - 2
978 - 89 - 98741 - 01 - 3 (세트)

II - 5 ◆
EVANGELISCHE BEWEGUNG UND FRÜHE REFORMATION(1521 - 1532)
von Rudolf Mau
2000 • 250 Seiten
ISBN 978 - 3 - 374 - 01795 - 9
『복음주의 운동과 초기개혁(1521 - 1532)』, 권진호 옮김
ISBN 978 - 89 - 98741 - 09 - 9
978 - 89 - 98741 - 01 - 3 (세트)

II - 6 ◆
REFORMATIONSGESCHICHTE(1532 - 1555/1556) / FESTIGUNG UND REFORMATION, CALVIN, KATHOLISCHE REFORM UND KONZIL VON TRIENT
von Hubert Kirchner
1988 • 178 Seiten
ISBN 978 - 3 - 374 - 00016 - 9
『종교개혁사(1532 - 1555/1556) / 종교개혁의 강화, 칼빈, 가톨릭개혁과 트렌트 공의회』, 정병식 옮김
ISBN 978 - 89 - 98741 - 10 - 5
978 - 89 - 98741 - 01 - 3 (세트)

II - 7 ◈

DIE ENTSTEHUNG EVANGELISCHER LANDESKIRCHEN
(1530 - 1580)
von Günther Wartenberg

II - 8 ◈

DAS KONFESSIONELLE ZEITALTER - KATHOLIZISMUS, LUTHERTUM, CALVINISMUS(I563 - 1675)
von Ernst Koch
2000 • 356 Seiten
ISBN 978 - 3 - 374 - 01719 - 3
『교파주의 시대 / 가톨릭주의, 루터교, 칼빈주의 (1563 - 1675)』, 이성덕•이상조 옮김
ISBN 978 - 89 - 98741 - 11 - 2
978 - 89 - 98741 - 01 - 3 (세트)

II - 9 ◈

DIE ORTHODOXEN KIRCHEN(1274 - 1700)
von Erich Bryner
2004 • 168 Seiten
ISBN 978 - 3 - 374 - 02186 - 7
『동방 정교회(1274 - 1700)』, 구영철 옮김
ISBN 978 - 89 - 98741 - 12 - 9
978 - 89 - 98741 - 01 - 3 (세트)

III. 근 대

III - 1 ◈

DER PIETISMUS(1675 - 1800)
von Peter Schicketanz
2001 • 196 Seiten
ISBN 978 - 3 - 374 - 01858 - 0
『경건주의(1675 - 1800)』, 김문기 옮김
ISBN 978 - 89 - 98741 - 13 - 6
978 - 89 - 98741 - 01 - 3 (세트)

III - 2 ◈

THEOLOGIE UND KIRCHE IM ZEITALTER DER AUFKLÄRUNG
von Wolfgang Gericke
1990 • 140 Seiten
ISBN 978 - 3 - 374 - 00859 - 3
『계몽주의 시대의 신학과 교회』, 이은재 옮김
ISBN 978 - 89 - 98741 - 14 - 3
978 - 89 - 98741 - 01 - 3 (세트)

III - 3

DER PROTESTANTISMUS IN DEUTSCHLAND(1815 - 1870)
von Martin H. Jung
2000 • 164 Seiten
ISBN 978 - 3 - 374 - 01794 - 0

III - 4

AUSSERKIRCHLICHE RELIGIÖSE PROTESTBEWEGUNGEN
=DER NEUZEIT
von Helmut Obst
1990 • 120 Seiten
ISBN 978 - 3 - 374 - 00964 - 6

III - 5

DER PROTESTANTISMUS IN DEUTSCHLAND(1870 - 1945)
von Martin H. Jung
2002 • 232 Seiten
ISBN 978 - 3 - 374 - 01994 - 3

III - 6

FREIKIRCHEN IN DEUTSCHLAND
(19. UND 20. JAHRHUNDERT)
von Karl Heinz Voigt
2004 • 272 Seiten
ISBN 978 - 3 - 374 - 02230 - 8

III - 7

KIRCHENGESCHICHTE GROSS - RITANNIENS VOM 17. BIS ZUM 20. JAHRHUNDERT
von William Reginald Ward aus dem engl. Manuskript
Übers. von Sabine Westermann
2000 • 204 Seiten
ISBN 978 - 3 - 374 - 01750 - 9

III - 8

DER KATHOLIZISMUS(1648 - 1870)
von Klaus Fitschen
1997, 2. Aufl. 2001 • 182 Seiten
ISBN 978 - 3 - 374 - 01633 - 2

III - 9
DAS PAPSTTUM UND DER DEUTSCHE KATHOLIZISMUS(1870 - 1958)
von Hubert Kirchner
1992 • 138 Seiten
ISBN 978 - 3 - 374 - 01406 - 2

III - 10
DIE OSTKIRCHEN VOM 18. BIS ZUM 20. JAHRHUNDERT
von Erich Bryner
1996 • 144 Seiten
ISBN 978 - 3 - 374 - 01620 - 0

III - 11 ◈
KIRCHENGESCHICHTE SKANDINAVIENS
(17. BIS 20. JAHRHUNDERT)
von Heinrich Holze

IV . 현 대

IV - 1
DIE RÖMISCH - KATHOLISCHE KIRCHE VOM II. VATIKANISCHEN KONZIL BISZUR GEGENWART
von Hubert Kirchner
1996 • 192 Seiten
ISBN 978 - 3 - 374 - 01621 - 9

IV - 2 ◈
DER PROTESTANTISMUS IM WESTEN DEUTSCHLANDS
(1945 - 1990)
von Martin Greschat

IV - 3
DER PROTESTANTISMUS IM OSTEN DEUTSCHLANDS(1945 - 1990)
von Rudolf Mau
2005 • 248 Seiten
ISBN 978 - 3 - 374 - 02319 - 3

IV - 4 ◈
PROTESTANTISCHE MINDERHEITENKIRCHEN IN EUROPA IM 19. UND 20. JAHRHUNDERT
von Klaus Fitschen
2008 • 184 Seiten
ISBN 978 - 3 - 374 - 02499 - 9
『19 - 20세기 유럽의 개신교 소수교회』, 백용기 옮김
ISBN 978 - 89 - 98741 - 15 - 0
978 - 89 - 98741 - 01 - 3 (세트)

IV - 5
DAS CHRISTENTUM IN NORDAMERIKA
von Mark Noll aus dem amerik. Manuskript Übers, von Volker Jordan
2001 • 268 Seiten
ISBN 978 - 3 - 374 - 01814 - 7

IV - 6
DAS CHRISTENTUM IN LATEINAMERIKA
von Hans - Jürgen Prien
2007 • 448 Seiten
ISBN 978 - 3 - 374 - 02483 - 4

IV - 7 ◈
DAS CHRISTENTUM IN AFRIKA UND DEM NAHEN OSTEN
von Klaus Hock
2005 • 264 Seiten
ISBN 978 - 3 - 374 - 02089 - 5
『아프리카 및 근동의 기독교』, 공성철 • 민관홍 옮김
ISBN 978 - 89 - 98741 - 16 - 7
978 - 89 - 98741 - 01 - 3 (세트)

IV - 8
DAS CHRISTENTUM IN OST - , SÜD UND SÜDOSTASIEN SOWIE AUSTRALIEN
von Friedrich Huber
2005 • 312 Seiten
ISBN 978 - 3 - 374 - 02119 - 0

IV - 9 ◈
DAS CHRISTENTUM IM 20. JAHRHUNDERT
von Hartmut Lehmann

CIP-Kurztitelaufnahme:

Theologie und Kirche im Zeitalter der Aufklärung
/ Wolfgang Gericke

Kirchengeschichte in Einzeldarstellungen
ISBN 3-374-00017-7
Bd. III/2 ISBN 3-374-00859-3

1. Aufl. Berlin: Evangelische Verlagsanstalt, 1990. 140 S.

www.eva-leipzig.de

KGE 교회사 전집
KIRCHENGESCHICHTE IN EINZELDARSTELLUNGEN

Ⅲ/2 - 계몽주의 시대의 신학과 교회
(Theologie und Kirche im Zeitalter der Aufklärung)

저　　자　볼프강 게릭케 (Wolfgang Gericke)
역　　자　이은재
초판발행　2015년 07월 30일
발 행 처　호서대학교 출판부
발 행 인　강일구
편 집 인　염창선
출 판 팀　김애리
등　　록　제 452 - 2011 - 000004호
주　　소　충남 천안시 동남구 호서대길 12
　　　　　호서대학교 천안캠퍼스 1호관 411호
전　　화　(041)560 - 8591
팩　　스　(041)560 - 8593
이 메 일　press@hoseo.edu
I S B N　978 - 89 - 98741 - 14 - 3
　　　　　978 - 89 - 98741 - 01 - 3 (세트)

※ 도서 가격은 뒷 표지에 있으며, 잘못된 책은 구입하신 곳에서 교환하여 드립니다.